U0904077

铸牢中华民族共同体意识

——基础议题与话语构建——

郝亚明 著

人民出版社

目　录

第四篇　实践路径

第五篇　结构支撑

导　言

铸牢中华民族共同体意识自提出以来，就因其所具有的现实针对性与理论创新性广受学界关注，成为近年中国人文社会科学研究的学术热点之一。大量学术研究成果以宣介、阐释、建构、实证等方式初步搭建起铸牢中华民族共同体意识的理论话语体系，也为铸牢中华民族共同体意识主线地位的确立提供了基础性学理支撑。2021 年召开的第五次中央民族工作会议在持续强调中华民族共同体意识铸牢的同时，还进一步提出了推动中华民族共同体本体建设的目标。这既为相关领域的研究指明了前进的方向，也提出了时代的要求。就政治或理论定位而言，铸牢中华民族共同体意识是马克思主义民族理论中国化的最新成果；就政策或实践定位而言，铸牢中华民族共同体意识是新时代党的民族工作和民族地区各项工作的主线。新时代做好铸牢中华民族共同体意识理论研究工作，必须具备以下四个方面的意识。

其一，要统一对铸牢中华民族共同体意识的思想认识。所谓统一思想认识，就是在为什么要铸牢中华民族共同体意识这个问题上形成共识，在要不要铸牢中华民族共同体意识这个问题上消除分歧。2021 年中央民族工作会议明确指出，铸牢中华民族共同体意识是维护各民族根本利益的必然要求，是实现中华民族伟大复兴的必然要求，是巩固和发展平等团结互助和谐社会主义民族关系的必然要求，是党的民族工作开创新局面的必然要求。“我们要从中华民族的发展历程认识铸牢中华民族共同体意识的历史必然性,从新时代党的使命任务认识铸牢中华民族共同体意识的极端重要性,从民族工作的短板弱项认识铸牢中华民族共同体意识的现实针对性,从民族领域存在的风险隐患认识铸牢中华民族共同体意识的特殊紧迫性”。① 民族工作作为“国之大者”,是中华民族伟大复兴战略全局的核心变量之一。要真正实现中华民族大团结,最根本的就是要铸牢中华民族共同体意识,“引导各族人民牢固树立休戚与共、荣辱与共、生死与共、命运与共的共同体理念。”②就此而言,在铸牢中华民族共同体意识问题上形成统一认识,是有效推进相关领域理论研究和实践工作的思想前提。

其二,要提升对铸牢中华民族共同体意识的政治认知。所谓提升政治认知,就是对铸牢中华民族共同体意识的政治属性、政治目标、政治功能形成清晰认知,真正做到从中华民族伟大复兴的历史方位来把握铸牢中华民族共同体意识的理论与实践工作。从民族工作的层面来讲,铸牢中华民族共同体意识、推动中华民族共同体建设是新时代协调民族关系、维护民族团结的根本举措;从时代背景的层面来讲,铸牢中华民族共同体意识、推动中华民族共同体建设是迎接“两个大局”时代挑战的基础工程;从主体建设的层面来讲,铸牢中华民族共同体意识、推动中华民族共同体建设是为中华民族伟大复兴、中华民族现代文明、中国式现代化进行主体构建。概而言之,铸牢中华民族共同体意识关涉到国家主权、国家安全、国家发展,体现国家最高利益、最高意志、最高战略。只有在这样的政治站位上来思考铸牢中华民族共同体意识的功能定位,才能充分挖掘并

① 尤权:《做好新时代党的民族工作的科学指引——学习贯彻习近平总书记在中央民族工作会议上的重要讲话精神》,《求是》2021 年第 21 期。

② 中共中央统一战线工作部、国家民族事务委员会编:《中央民族工作会议精神学习辅导读本》,民族出版社 2022 年版,第 11 页。

有效支撑相关领域的理论构建与实践推进工作。

其三，要构建铸牢中华民族共同体意识的话语体系。几个世纪以来，西方围绕民族、民族主义、民族国家三大核心概念构建起一套三位一体的政治话语体系，并逐渐演进为当前关于国家形态的主流理论话语。由于这套话语体系与中国历史现实存在显著张力，因而对中国统一多民族国家建设而言具有一定的解构作用。毋庸讳言，就中国统一多民族国家建设的理论与实践而言，尚未形成但又亟须构建一套可以与西方民族国家相抗衡的话语体系。现实且可行的选择就是在中华民族多元一体格局的构架上，将铸牢中华民族共同体意识、推动中华民族共同体建设的核心议题纳入其中，积极主动创立一套对历史有契合度、对现实有支撑度、对未来有引领度的理论话语体系。从话语体系构建的视角去审视，当下铸牢中华民族共同体意识研究存在一些软肋。例如学界普遍缺乏铸牢中华民族共同体意识话语体系构建的理论自觉，大量研究成果呈现松散、零散、碎片的状态；不少学科囿于传统认知欠缺参与中华民族共同体研究的学术担当，多学科共创铸牢中华民族共同体意识理论话语体系的局面远未形成。对于前者，在铸牢中华民族共同体意识被确立为新时代党的民族工作主线的背景下，学术界应该积极开展更加深入更加系统的研究，为中华民族共同体理论话语构建贡献力量；对于后者，铸牢中华民族共同体意识作为一个全新理论命题，其话语构建工作亟须中国人文社会科学各门学科形成合力，唯有如此才能具备更加坚实的理论基础和更加强大的话语感召。话语体系构建意识，不仅可以为铸牢中华民族共同体意识理论研究提供实践价值支撑，而且对于铸牢中华民族共同体意识理论研究水平提升也具有现实推动作用。

其四，要聚焦铸牢中华民族共同体意识的学理支撑。从 2014 年党中央提出中华民族共同体意识概念之后，相关研究成果以近乎逐年翻番的态势增长，但同时也暴露出研究方法相对传统、理论视角相对单一、话语逻辑相对陈旧的迹象。对于理论研究者而言，固然要积极参与铸牢中华民族共同体意识的宣介阐释工作，但更有价值的贡献则在于积极挖掘铸牢中华民族共同体意识背后的学理基础和学理支撑。首先，要注重实证性研究的导向。理论研究与社会现实之间脱节是本领域研究中面临的一大挑战，因此一方面要积极开展田野工作，鼓励进行各种形式的实证研究；另一方面要了解并结合民族工作实务部门的现实需要，有的放矢地开展研究工作。其次，要注重基础性研究的导向。在铸牢中华民族共同体意识主线地位和旗帜作用稳固确立之际，当下的研究工作应当重心下移。一方面，应该回归到传统民族研究议题，如中华民族多元一体格局研究、国家认同与民族认同关系研究、多民族国家建设与多民族社会治理研究中去，以铸牢中华民族共同体意识作为引领去推动相关研究；另一方面，应该回归到基础性议题中去，例如要积极开展中华民族共有精神家园的研究、各民族交往交流交融的研究、各民族全方位嵌入的研究、各民族共同走向社会主义现代化的研究、民族事务治理体系与治理能力的研究等，为推动中华民族共同体建设持续提供学理支持。再次，要注重跨学科研究的导向。铸牢中华民族共同体意识的理论话语亟须中国人文社会科学各门学科的滋养与孕育，例如民族学、历史学、政治学、心理学和社会学等学科对于铸牢中华民族共同体意识都有着各自的学理认识，都发挥着各自的支撑功能。通过跨学科交叉论证的方式，可以为铸牢中华民族共同体意识相关研究构建出一套逻辑严密、基础扎实、富有说服力和感召力的理论支撑体系。

作为对上述几种研究意识的体现，本书尝试从理论基础、政治定位、话语体系、实践路径、结构支撑五个角度对铸牢中华民族共同体意识的基础议题展开学理分析。第一篇“理论基础”针对中华民族多元一体格局与中华民族共同体的关系、国家认同与族群认同的共生性、族际关系中张力的来源与消解、群际接触理论与民族交往交流交融等议题进行探讨，试图为铸牢中华民族共同体意识提供多学科的学理基础；第二篇“政治定位”围绕党和国家民族工作重要会议精神与新时代党的民族工作重要理论政策论述，阐释铸牢中华民族共同体意识的历史必然性、极端重要性、特殊紧迫性和现实针对性，以达成统一思想认识、提高政治站位的目的；第三篇“话语体系”针对当前中国统一多民族国家建设缺乏成熟完整理论话语体系的现实，围绕铸牢中华民族共同体意识、中华民族共同体建设等议题，倡导多学科共创在理论上有解释力、在实践上有指导力、在现实上有支撑力、在宣传上有传播力的理论话语体系；第四篇“实践路径”紧扣中华民族共同体意识的共同体属性与社会认同属性，为铸牢中华民族共同体意识提供了一些实践维度和建设策略，提出了铸牢中华民族共同体意识要注重中华民族共同性、中华民族互嵌性、中华民族共生性的构建问题，要从价值共同体、情感共同体、利益共同体、身份共同体这些维度去推动中华民族共同体建设；第五篇“结构支撑”回归到铸牢中华民族共同体意识的社会结构领域，着重从各民族交往交流交融、各民族相互嵌入的社会结构和社区环境、族际居住格局等具体议题出发，试图为铸牢中华民族共同体意识、推动中华民族共同体建设探寻社会结构层面的支撑。

第一篇

理论基础

中华民族多元一体格局与中华民族共同体建设*

1988 年费孝通先生提出了中华民族多元一体格局理论,在海内外学界引发巨大反响。这一理论被认为“是研究中华民族结构的核心理论,是解开中华民族构成奥秘的钥匙”,①“对中华民族构成的全局和中国的民族问题作了高层次的宏观的新概括”。② 三十多年来,中华民族多元一体格局不仅已经成为国内学者研究中国民族问题、民族理论、民族政策的主流理论范式,也为中国共产党所吸纳并发展为民族理论与民族政策话语体系的有机构成部分。2014 年中央民族工作会议之后,围绕中华民族共同体意识问题又掀起了一轮中华民族研究的新高潮。毫无疑问,关于中华民族共同体的探讨都会自觉不自觉地与中华民族多元一体格局展开理论对话,或多或少地与中华民族多元一体格局产生理论交集,这一共识在很多学者的研究成果中均有所体现。然而对现有研究进行审视可以发现,针对中华民族共同体与中华民族多元一体格局两者关系进行整体性

---

* 本文以“论中华民族多元一体格局与中华民族共同体建设”为题发表于《湖北民族大学学报》2019 年第 1 期,有删节改动。

① 陈连开:《关于中华民族结构的学术新体系——中华民族多元一体格局理论的评述》,《民族研究》1992 年第 6 期。

② 宋蜀华:《认识中华民族构成的一把钥匙——〈中华民族多元一体格局〉读后》,《中央民族大学学报》2000 年第 3 期。

探究的文章还较为少见。无论是从推进中华民族共同体建设的实践需求出发,还是从廓清中华民族多元一体格局的理论关怀出发,都极有必要对两者的关系进行一个全面系统的考察。

一、中华民族共同体对中华民族多元一体格局的深化

党的十八大以来,以习近平同志为核心的党中央在民族工作上提出了一系列新论断、新理念、新战略,形成了习近平总书记关于加强和改进民族工作的重要思想,推动了中国特色民族理论的创新发展。① 习近平总书记关于民族工作的重要论述集中体现于党和国家民族工作会议的系列讲话之中,党的十九大报告将其凝练概括为"全面贯彻党的民族政策,深化民族团结进步教育,铸牢中华民族共同体意识,加强各民族交往交流交融,促进各民族像石榴籽一样紧紧抱在一起,共同团结奋斗、共同繁荣发展。"②尽管习近平总书记关于民族工作的重要论述包含着丰富的内容,但中华民族共同体意识作为其中最具创新意义的部分在整个思想体系中无疑占据着核心地位。基于此,无论是官方还是学界都纷纷将中华民族共同体意识视作习近平总书记关于民族工作重要论述的核心内容。例如时任国家民族事务委员会主任巴特尔在讲话中强调习近平总书记关于民族工作重要论述的"主线是巩固和发展中华民族命运共同体";③有

① 郝时远:《习近平新时代中国特色社会主义思想与民族工作》,《民族研究》2017年第6期。

② 习近平:《决胜全面建成小康社会　夺取新时代中国特色社会主义伟大胜利——在中国共产党第十九次全国代表大会上的报告》,人民出版社2017年版,第40页。

③ 巴特尔:《深入学习贯彻习近平新时代中国特色社会主义思想　奋力开创新时代民族工作新局面》,《中国民族》2018年第1期。

学者将铸牢中华民族共同体意识定位为习近平总书记关于民族工作重要论述的主旋律；[①]还有学者更是将习近平总书记关于民族工作的重要论述整体性地界定为“习近平中华民族共同体建设思想”予以阐释解读。[②]

基于中华民族共同体重要的理论与实践意义，学界积极展开对这一概念内涵与外延的探讨，并试图在此基础上确定其基本性质与功能定位。在中华民族共同体的理论建构过程中，中华民族多元一体格局是一个无法回避的研究基础与理论视角。有学者敏锐地指出，“中华民族、中华民族共同体和中华民族共同体意识是当前学术界和学者们关注的主要议题，而这些讨论多是在费孝通先生提出‘中华民族多元一体格局’的基础上展开的。”[③]事实上，在2014年中央民族工作会议讲话中，中华民族多元一体格局与中华民族共同体意识两个概念同时得到了强调。会议在论述中华民族多元一体格局时指出，“我国历史演进的这个特点，造就了我国各民族在分布上的交错杂居、文化上的兼收并蓄、经济上的相互依存、情感上的相互亲近，形成了你中有我、我中有你，谁也离不开谁的多元一体格局。中华民族和各民族的关系，是一个大家庭和家庭成员的关系，各民族的关系，是一个大家庭里不同成员的关系。”在论述中华民族共同体意识时指出，“加强中华民族大团结，长远和根本的是增强文化认同，建设各民族共有精神家园，积极培养中华民族共同体意识。”[④]这种表述方式一方面是对费孝通先生提出的中华民族多元一体格局理论的充分肯定，另一方面则印证了这两个概念之间紧密的内在关联。

---

① 王延中：《铸牢中华民族共同体意识建设中华民族共同体》，《民族研究》2018年第1期。

② 常安：《习近平中华民族共同体建设思想研究》，《马克思主义研究》2018年第1期。

③ 严庆：《本体与意识视角的中华民族共同体建设》，《西南民族大学学报》2017年第3期。

④ 《中央民族工作会议暨国务院第六次全国民族团结进步表彰大会在北京举行》，《人民日报》2014年9月30日。

学界积极开展中华民族共同体与中华民族多元一体格局关系的探讨,大致是出于两种目的:一是以此来形成对中华民族共同体性质与定位的判断,二是以此来形成对中华民族共同体建设方向与目标的判断。综合审视学者们关于两者关系的不同论述,大致可以找到以下几种代表性观点。第一种可称之为“深化论”,认为中华民族共同体是对中华民族多元一体格局理论的坚持与深化。例如朱维群认为,铸牢中华民族共同体意识“可以看作是新的历史条件下‘中华民族多元一体格局’理论在民族工作实践中的进一步深化”,并将坚持中华民族多元一体视作铸牢中华民族共同体意识的原则和手段。① 第二种可称之为“侧重论”,认为中华民族共同体强调在中华民族多元一体格局中应侧重和加强“一体”的建构。例如关凯认为,从“中华民族”到“中华民族共同体”发生的概念转换,具有深刻的理论内涵。“中华民族共同体”在文化和族群意义上是多元的,但在政治上是一体的。如果我们把“多元一体格局”理解为“文化多元、政治一体”,其关键是在后者。② 第三种可称之为“超越论”,认为中华民族共同体是在确认中华民族多元一体格局的基础上,试图“明确中华民族整体性、一致性”,“强化中华民族整体利益和共同利益”。例如王延中认为,“习近平新时代中国特色社会主义思想体系中不仅继承了中华民族多元一体格局的整体表述,更进一步明确提出了‘铸牢中华民族共同体意识’、‘建设中华民族共有精神家园’等强化中华民族整体性的具体工作方向。”③综合以上几种认识,可以看到不同的表述中有着诸多共识。如认可中华民族多元一体格局对于中华民族共同体建设的基础性作用;认可中华民族共同体对中华民族多元一体格局的深化与超越;认

---

① 朱维群:《如何铸牢中华民族共同体意识》,《环球时报》2018 年 5 月 3 日。

② 关凯:《建构中华民族共同体:一种新的文化政治理论》,《中央社会主义学院学报》2017 年第 5 期。

③ 王延中:《铸牢中华民族共同体意识建设中华民族共同体》,《民族研究》2018 年第 1 期。

可中华民族共同体的表述中存在对中华民族一体性与整体性的强调。

然而仅有以上共识显然不足以准确界定中华民族共同体的基本性质与功能定位,更不足以推动中华民族共同体的理论建构和实践进程。有学者指出中华民族共同体意识的核心就是认同问题,①还有学者进一步对中华民族共同体意识与“五个认同”的关系进行了全面论述。② 受此启发,笔者尝试将中华民族共同体意识和三个与其内在关联密切的认同——中华文化认同、中国国家认同、中华民族认同——之间的关系进行厘清,以便增进对中华民族共同体的进一步认识。与其他文章试图论证中华民族共同体意识与各种认同之间的契合关系不同,笔者认为需要从差异性和互补性上去探寻中华民族共同体意识的创新性内涵。

对中华民族共同体意识与中华文化认同关系的认识,有助于理解中华民族共同体的基本性质。一些研究认为中华民族共同体意识的核心是文化认同,这就使其与中华文化认同之间呈现重叠状态。传统视角下民族就是共享文化特性的人群共同体,中华民族作为 56 个民族的复合体也是一个文化共同体。然而,“中华民族是一个历史文化内涵和政治内涵都十分突出的共同体。但从现实状况来看,中华民族的政治属性和政治内涵并未受到应有的重视,中华民族仅被当作历史文化现象看待。”“中华民族共同体,既是命运共同体,也是文化共同体,更是政治共同体……中华民族就是中国的国族。”③中华民族共同体是“政治的中国人”的统称,是超越文化与族裔的政治共同体。④ 从这种角度来看,中华民族共同体意识强调的不

① 王文光、徐媛媛:《中华民族共同体意识形成与发展的历史过程研究论纲》,《思想战线》2018 年第 2 期。

② 郎维伟、陈瑛、张宁:《中华民族共同体意识与“五个认同”关系研究》,《北方民族大学学报》2018 年第 3 期。

③ 周平:《中华民族:中华现代国家的基石》,《政治学研究》2015 年第 4 期。

④ 关凯:《建构中华民族共同体:一种新的文化政治理论》,《中央社会主义学院学报》2017 年第 5 期。

只是文化认同,而是与国家的政治认同有更为强烈的对应关系。

对中华民族共同体意识与中国国家认同关系的认识,有助于理解中华民族共同体建设必要性。上文指出中华民族共同体意识与对国家的政治认同关联紧密,那么它和中国国家认同的关系为何?中国的“国家”概念是高度总体性的,它不区分地域意义上的国度(country)、民族共同体(nation)、暴力统治机器(state)以及行政执行机构(government)。① 盖因为此,我们经常并不清楚所言的国家认同具体指称的是哪一种类型或层次的国家。所谓的国家认同,全称应该是民族—国家认同。② 其中既包含对作为民族共同体(nation)的认同,也包含对国家政治制度(state)的认同。从西语的使用情况来看,国家认同通常指的是 nation 意义上的认同;国内现有的国家认同研究通常注重后者而忽视前者,注重国家建设(state building)而忽视国族建构(nation building)。③ 从民族—国家的角度而言,共同体意识对于国家而言不可替代。中华民族共同体意识同样也是国家认同的重要组成部分,甚至是国家认同中最为核心的部分。不管是民族结构简单的国家,抑或是民族结构复杂的国家,都必须努力建构一体性的民族共同体认同,以便为统一的国家认同提供支撑。威尔·金里卡在对多民族国家的认同政治问题进行考察时指出,即使是那些对所有内部民族的认同给予平等公开承认和容纳的国家,也会试图努力建构并推进一种新的超越现有民族认同的超民族认同或泛国家认同。“一个承认自己拥有不同民族群体的多民族国家,只有同时培育一种各民族群体的成员都拥护并且认同的超民族认同,它才可能是稳定的。”④

① 项飚:《普通人的“国家”理论》,《开放时代》2010 年第 10 期。

② 王卓君、何华玲:《全球化时代的国家认同:危机与重构》,《中国社会科学》2013 年第 9 期。

③ 这种倾向在很多政治学学者的研究中体现得尤为明显。

④ [加]威尔·金里卡:《多民族国家中的认同政治》,刘曙辉译,《马克思主义与现实》2010 年第 2 期。

对中华民族共同体意识与中华民族认同关系的认识，有助于正确理解中华民族共同体意识的创新性。如果将中华民族共同体意识视作一种认同的话，在概念上与其最接近的就应该是中华民族认同。但如果两者是等同的，那么中华民族共同体意识这种提法有何意义呢？这种认识的出现事实上与中华民族的传统理解有很大的关联。"'中华民族'概念出现伊始，人们就一直习惯于从族裔共同体和族裔特征的意义上来理解中华民族。""中华民族共同体是一个维护国家统一、民族团结的文化政治概念，不完全等同于传统意义上的中华民族，而是在新时期新形势下有了新的内涵。"①以"中华民族+共同体"的表述方式，一是可以强调中华民族整体性和一体性，凸显中华民族作为实体民族的存在；二是有利于摆脱中华民族问题上存在的诸多争论。即使在中华民族多元一体格局提出之后，围绕中华民族的构成及其性质等方面依然存在诸多争论。与"中华民族"相比，"中华民族共同体"更强调了"共同"的民族实体意义——共同的历史记忆、共同的精神文化、共同的责任使命、共同的前途命运。②以"共同体"作为"中华民族"的隐喻，为理解中华民族提供了参考的客观具象，丰富和充实了对"中华民族"的认知，由此在一定程度上超越了围绕"中华民族"概念所产生的争议。③

二、中华民族共同体意识是中华民族多元一体格局存续的必要条件

在中华民族多元一体格局形成与发展的过程中，一体意识一直起着

---

① 关凯：《建构中华民族共同体：一种新的文化政治理论》，《中央社会主义学院学报》2017 年第 5 期。

② 严庆：《本体与意识视角的中华民族共同体建设》，《西南民族大学学报》2017 年第 3 期。

③ 郝亚明、赵俊琪：《"中华民族共同体"：话语转变视角下的理论价值与内涵探析》，《北方民族大学学报》2018 年第 3 期。

凝聚与维持多元结构的作用。时至今日，将这种一体意识进一步升华和明确为共同体意识，对于中华民族多元一体格局的存续极有必要。

首先，中华民族多元一体格局中长期存在的内部张力在理论与实践中均有所体现。费孝通先生在《中华民族多元一体格局》一文中认为，“可以说在中华民族的统一体之中存在着多层次的多元格局。各个层次的多元关系又存在着分分合合的动态和分而未裂、融而未合的多种情状。”①陈连开先生认为，“中华民族多元一体格局理论和中华民族形成的研究，在20世纪晚叶的中国出现高潮，是有其历史必然性的。对中华民族结构中的‘一’与‘多’进行讨论和研究，盖可说与20世纪同步而来，又在20世纪中华民族的每一个历史关键时刻，都引发出研究讨论的新高潮。”陈先生将晚清立宪派与革命派关于中华民族结构的争辩、抗战时期关于“中华民族是一个”的争论等视作先导，认为中华民族多元一体格局是对“20世纪以来关于中华民族结构‘一’与‘多’辩证关系研究的一个阶段性的总结，从而开拓了关于中华民族研究的新局面。”②关凯也指出：“或许费孝通没有点明的是，‘多元’与‘一体’在某种程度上的对立紧张，正体现出‘中华民族’的结构性特征。如果‘中华民族’无法包容‘多元’或者无力塑造‘一体’，何谓‘中华民族’？”③诸多学者的类似表述，暗示了无论是从理论上还是实践而言，都需要在多元与一体均衡关系的基础上进行共同体的建构。

其次，中华民族从自在到自觉转向过程中内部巩固机制尚需进一步完善和加强。从历史的进程来看，中华民族从自在向自觉的转变过程主要是由外部力量所致，而这个自觉的民族实体的内在动因并未完全建立，

---

① 费孝通主编：《中华民族多元一体格局》，中央民族大学出版社1999年版，第36页。

② 陈连开：《修订本跋》，费孝通主编：《中华民族多元一体格局》，中央民族大学出版社1999年版，第366—371页。

③ 关凯：《族群政治》，中央民族大学出版社2007年版，第252页。

因此才需要进一步进行中华民族共同体的建设。不少学者论及,在民族国家的时代,中国的民族国家构建过程尚未完结。最突出表现在未能建构成一个与国家相匹配的政治民族,未能有效实现这个国家民族对国家的认同。这一点在费老的论述中也可以找到线索。“中华民族作为一个自觉的民族实体,是近百年来中国和西方列强对抗中出现的,但作为一个自在的民族实体则是几千年的历史过程所形成的。”①从这一论述中可以看到两点:其一是时间短。以汉族作为凝聚核心的文化共同体已经有几千年,而以国家作为凝聚核心的政治共同体则不到两百年的历史。其二是外在因素主导。近代西方帝国主义列强的入侵带来的外在压力与知识体系,重新更新着国人对中华民族的认识,促使了自觉的中华民族的形成。外在的力量使得中华民族进一步凝聚并形成自我意识,但内在的力量和凝聚的因素并未全面系统地建立,这些都使得推动中华民族共同体建设成为必然的选择。

最后,以统一多民族国家形态存在的中华民族多元一体格局,在当前还面临着内在和外在力量的压力。内在挑战主要体现在城市化和市场化上。这两者促进了人口和资源流动及配置模式的转型,使得族际分布格局突破了传统意义上的“大杂居、小聚居”模式,各民族人口一定意义上从“背靠背”走向了“面对面”,族际交往交流交融进入了一个新的阶段。但在一定时期内,以市场、效率,取代计划、公平作为资源配置的主导力量,可能会使得群际竞争性关系有所提升、族际社会分层现象有所加强,同时族际交往增加的初步阶段也不可避免会带来一些负面族际接触。外在挑战主要体现在全球化和信息化上。当全球化浪潮迎来信息化时代,包括国家在内的诸多群体组织都面临着实体边界日渐模糊与消解的巨大挑战,认同竞争与认同冲突日益成为学术研究和政治实践共同的热门话

---

① 费孝通主编:《中华民族多元一体格局》,中央民族大学出版社 1999 年版,第 3 页。

题。一方面,“全球化造成国家权力开始分层化和中空化,国家在权力体系中的中心地位受到一定程度的动摇。”①另一方面,“全球化在抽离国家力量的同时,同样进一步使事物本土化,为地方自治和新型地方主义创造了需求,地方身份认同开始变得备受关注”。② 这些因素综合起来,使得多元一体格局中的多元性得以彰显,而一体性则被遮掩起来。为了维系多元与一体之间的平衡关系,以中华民族共同体的名义巩固一体性成为了当然的选择。

三、中华民族多元一体格局是中华民族共同体建设的结构性基础

中国是一个历史悠久的多民族国家,千百年来各族人民繁衍生活在这片土地上。2020 年第七次全国人口普查公报显示,少数民族人口共计 125,467,390 人,占中国总人口的 8.89%。中国少数民族人口广泛分布于各省、自治区和直辖市中,并在长期的民族交往和民族流动过程中形成了“大杂居、小聚居”的交错居住格局。各民族共同生活共同发展,并最终成为了中华民族不可分割的一部分。2014 年中央民族工作会议指出,“多民族是我国的一大特色,也是我国发展的一大有利因素。各民族共同开发了祖国的锦绣河山、广袤疆域,共同创造了悠久的中国历史、灿烂的中华文化。”③

费孝通先生在论述中华民族多元一体格局形成过程时,认为其与世界各地民族形成过程相比既有共性也有特色。共性表现为:“由许许多

---

① 俞可平等:《全球化与国家主权》,社会科学文献出版社 2004 年版,第 40 页。

② [英]安东尼·吉登斯:《全球时代的民族国家》,郭忠华、何莉君译,《中山大学学报》2008 年第 1 期。

③ 国家民族事务委员会编:《中央民族工作会议精神学习辅导读本(增订本)》,民族出版社 2019 年版,第 20—21 页。

多分散存在的民族单位，经过接触、混杂、联结和融合，同时也有分裂和消亡，形成一个你来我去、我来你去，我中有你、你中有我，而又各具个性的多元统一体。”①特色体现在：“汉族继续不断吸收其他民族的成分日益壮大，而且渗入其他民族的聚居区，构成起着凝聚和联系作用的网络，奠定了以这疆域内部多民族联合成的不可分割的统一体的基础，形成为一个自在的民族实体，经过民族自觉而称为中华民族。”②为了论证这一过程，费孝通先生整合大量的考古发现、史料记载、语言学成果、人类学研究，令人信服地展现了中华民族形成过程及其整体结构的历史画卷。中华民族多元一体格局理论紧密依托中国的历史与现实，对中华民族的多元起源、凝聚核心的形成与发展、地区性多元统一基础上大一统局面、民族间的大混杂大融合大流动等问题进行了理论阐述，清晰完整地展现了中华民族多元一体格局逐步形成的历史进程。在这一过程中，地理条件、生产方式、文化交融、人口混杂、族际交往等一系列因素都起到了至关重要的作用。正如有学者所言：“中华民族多元一体格局，是在一定的自然、地理条件下，在一定的人类社会发展历史条件下，经过几千年的漫长过程才逐渐形成的。”③从这个角度来说，中华民族多元一体格局的形成具有一定的历史必然性，是多种内外因相互结合相互作用的结果。

社会结构对于社会运行而言有着很强的基础性和限定性作用，然而多民族社会结构问题则经常被忽视。人们并没有认识到，在民族构成复杂的多民族国家中，社会结构的民族层面在重要性上并不亚于社会结构的阶层层面。多民族社会结构是多民族国家建设的起点与基础，民族关

① 费孝通主编：《中华民族多元一体格局》，中央民族大学出版社 1999 年版，第 3—4 页。

② 费孝通主编：《中华民族多元一体格局》，中央民族大学出版社 1999 年版，第 3 页。

③ 马戎：《重建中华民族多元一体格局的新的历史条件》，《北京大学学报》1989 年第 4 期。

系的大体格局取决于这个国家的民族社会结构。① 多民族国家是中国的基本国情,而中华民族多元一体格局正是其社会结构在民族层面的集中概括。中华民族共同体建设作为多民族国家建设的核心内容,也必然应该依托于中华民族多元一体格局这一基本社会结构。

对中国作为多民族国家这一基本国情的认识,最深刻地体现在对中华民族多元一体格局的理解与接受上。中华民族多元一体格局凝聚了诸多学术前辈的心血与智慧,是对中华民族形成历史过程的科学、客观、系统的总结,对于理解中华民族的过去与未来都有着极强的理论指导作用。在中国的民族政策与民族实践过程中,应该积极发挥和高度重视中华民族多元一体格局的理论指导作用。在这种理念指导下,中华民族共同体建设及中华民族共同体意识培育问题都应该在中华民族多元一体格局的框架下予以审视。中华民族多元一体格局是中国多民族国家基本国情的集中体现,其中既蕴含着多民族国家聚合和凝聚的内在力量,也蕴含着多民族国家张力与差异的内在力量。中华民族共同体建设实践必然是在基本国情现实的基础上进行,遵循多元一体的基本规律。这种结构性基础一方面要求我们必须重视共同体的建设,另一方面也提醒我们需要注意不能超越或无视这一结构性基础去推进共同体建设。

四、中华民族多元一体格局框定了铸牢中华民族共同体意识的实践路径

中华民族多元一体格局为中华民族共同体建设提供了客观基础和动力机制,但同时前者对后者也形成了严格的结构性限制。强调进一步铸

① 郝亚明:《民族互嵌式社会结构:现实背景、理论内涵及实践路径分析》,《西南民族大学学报》2015 年第 3 期。

牢中华民族共同体意识,并非要打破既有的历史形成的中华民族多元一体格局,而是要在充满变数和冲击的现实中去巩固、延续中华民族多元一体格局。在多元一体格局之下,中华民族共同体建设的根本任务还是平衡和稳定一体与多元之间的关系。无论是将其视作结构限定,抑或是将其视为工作目标,中华民族多元一体格局都在很大程度上框定了铸牢中华民族共同体意识的实践路径。

铸牢中华民族共同体意识需要反对两种民族主义。《中华人民共和国宪法》明确规定,“在维护民族团结的斗争中,要反对大民族主义,主要是大汉族主义,也要反对地方民族主义。”历史经验证明,一旦大民族主义或狭隘地方民族主义猖獗,必然危及各民族和平相处、国家安定统一的大好局面。中国共产党正是秉持坚决反对两种民族主义的基本立场,才构建了平等团结互助和谐的社会主义民族关系,开创了中华民族多元一体格局的新篇章。以大汉族主义为主的大民族主义通常自视为整个国家或中华民族的代表,无视少数民族的历史贡献和政治地位,实质上动摇了中华民族多元一体格局,阻碍了中华民族共同体意识的形成;而狭隘的地方民族主义则具有保守孤立、排斥异己的特征,试图将本民族的文化、人口、资源、传统居住地等与统一的多民族国家进行切割,甚至在一定意义上成为了民族分裂主义的渊薮所在。无疑,大民族主义与地方民族主义都是中华民族多元一体格局的重大威胁,而铸牢中华民族共同体意识的一个重要使命就是试图消除这两种民族主义滋生的土壤。

铸牢中华民族共同体意识需要促进各民族交往交流交融。语言、宗教、文化、心理和认同上的差异影响到个体或群体的社会互动,使得多民族社会极易出现社会分割的局面。在特定场景下统一的社会可能沿着社会结构的裂痕分化成若干对立的社会群体,进而危及国家的统一和社会的安定。① 西

---

① 郝亚明:《建立各民族相互嵌入型社会结构》,《中国社会科学报》2014 年 7 月 11 日。

方学者通过大量实证研究提炼出极为经典的理论表述:族际之间的隔离分立最终导致族际关系的恶化对立,而族际之间的交往交流则可以有效改善族际关系。各民族交往交流交融作为一种政策表述,是对中国历史上民族事务成功经验的总结与概括,对于中华民族多元一体格局的形成与维系起到了重要的支撑作用。从这个意义上来说,促进各民族交往交流交融、构建各民族相互嵌入式的社会结构与社区环境,是铸牢中华民族共同体意识的基础性条件。

铸牢中华民族共同体意识需要建设各民族共有精神家园。中华民族共同体的建设除了需要统一的物质基础之外,也必然需要共同的精神文化基础。2014 年召开的中央民族工作会议强调,“解决好民族问题,物质方面的问题要解决好,精神方面的问题也要解决好……建设各民族共有精神家园,积极培养中华民族共同体意识。”①一方面,中华民族共有精神家园是中国各民族优秀文化传统的结晶与聚合体,其本身就是中华民族多元一体格局的集中体现。各民族不仅是中华民族共有精神家园的建设者,而且也理所当然地是中华民族共有精神家园的拥有者。另一方面,在中华民族共有精神家园建设过程中努力培养和强化中华民族认同意识,既是中华民族共有精神家园建设目标的基本要求,也是中华民族共有精神家园理论内涵的基本诉求。② 建设各民族共有精神家园既是铸牢中华民族共同体意识的应有之义,也是建设中华民族共同体的精神保障。

铸牢中华民族共同体意识需要“五个认同”保驾护航。从习近平总书记关于民族工作的重要论述中可以看出,“五个认同”思想与中华民族共同体意识之间有着极为紧密的理论和逻辑关联。“中华民族共同体意

---

① 国家民族事务委员会编:《中央民族工作会议精神学习辅导读本(增订本)》,民族出版社 2019 年版,第 193—196 页。

② 郝亚明:《中华民族认同:中华民族共有精神家园的建设目标》,《广西民族研究》2011 年第 1 期。

识是在历史上形成的以中国各民族为统一的前途和命运共同体的自觉自知性意识,核心内容是对伟大祖国、中华民族、中华文化、中国共产党、中国特色社会主义的认同。”①中华民族共同体意识的本质和核心是认同问题,“五个认同”的构建与中华民族共同体建设是一个相辅相成的过程。“五个认同”是维护国家统一、民族团结、社会稳定的思想基础,也是培育所有公民中华民族共同体意识、构筑中华民族共有精神家园的基石和底线。②

综上所述,30 余年来,中华民族多元一体格局不仅成为了中国民族问题研究的主流理论范式,也为中国共产党所吸纳并发展为民族理论与民族政策话语体系的有机构成部分。在 2019 年全国民族团结进步表彰大会的讲话中,习近平总书记谈道,“一部中国史,就是一部各民族交融汇聚成多元一体中华民族的历史,就是各民族共同缔造、发展、巩固统一的伟大祖国的历史。各民族之所以团结融合,多元之所以聚为一体,源自各民族文化上的兼收并蓄、经济上的相互依存、情感上的相互亲近,源自中华民族追求团结统一的内生动力。”③这些重要论述对多元共创一体、一体凝聚多元的中华民族多元一体格局历史形成过程进行了生动而深刻的阐述,并将其视作民族事务决策的基本依据之一。

党的十八大以来,中国共产党围绕铸牢中华民族共同体意识的主线来推动马克思主义民族理论中国化的创新发展,在某种意义上也丰富和完善了中华民族多元一体格局理论体系。在 2014 年中央民族工作会议指出:“我们讲中华民族多元一体格局,一体包含多元,多元组成一体,一

① 郎维伟、陈瑛、张宁:《中华民族共同体意识与“五个认同”关系研究》,《北方民族大学学报》2018 年第 3 期。

② 王延中:《铸牢中华民族共同体意识建设中华民族共同体》,《民族研究》2018 年第 1 期。

③ 习近平:《在全国民族团结进步表彰大会上的讲话》,人民出版社 2019 年版,第 7 页。

体离不开多元,多元也离不开一体,一体是主线和方向,多元是要素和动力,两者辩证统一。"①一体起着维系多元的作用,是中华民族多元一体格局稳定平衡的前提所在。明确一体作为主线和方向的地位,在很大程度上化解了"多元"与"一体"两者之间是平行对等关系的理论认识误区。2021 年中央民族工作会议又进一步将"一体与多元的关系"具象为"共同性与差异性的关系",还从实践上确立了增进共同性的民族工作改进方向。这一表述不仅有助于从理论上正确把握中华民族多元一体格局的意涵,也有利于从实践上推进铸牢中华民族共同体意识的进程。

在当前铸牢中华民族共同体意识由初步探索阶段向深入推进阶段转换的关键时期,有必要对中华民族共同体意识与中华民族多元一体的关系进行系统审视,以进一步推动民族工作高质量发展。整体而言,中华民族多元一体格局与中华民族共同体意识两者之间是一种物质与意识的关系。中华民族多元一体格局作为基本国情的集中体现,是中华民族共同体意识的客观基础,在相当程度上决定着铸牢中华民族共同体意识的实践方向;中华民族共同体意识作为统一多民族国家的意识反映,可以为国家统一、民族团结、社会和谐提供积极的推动作用,对于维系中华民族多元一体格局有着不可替代的支撑作用。

① 《习近平关于社会主义政治建设论述摘编》,中央文献出版社 2017 年版,第 150 页。

国家认同与族群认同共生关系的理论基础*

作为当前国内民族研究领域的一大热点，多族群国家认同的相关研究主要沿着两个方向展开：一是对国家认同与族群认同关系①的理论分析，二是对多族群国家认同建构路径的实践探讨。“在多族群国家中，不进行族群认同的探究，就无法进行国家认同的考查。”②“脱离民族认同而单独考察国家认同，既不能将问题说清楚，也完全没有意义。”③正是在这种意义上，国家认同与族群认同的关系成为了多族群国家认同研究中的

---

* 本文以“国家认同与族群认同的共生：理论评述与探讨”为题发表于《民族研究》2017年第4期，有删节改动。

① 国内相关研究大多是探讨国家认同与民族认同的关系，笔者使用族群认同替代民族认同主要出于两个考虑：一是 national identity 可以同时翻译为国家认同或民族认同，因此在关系探析中使用族群认同能够避免概念上的混淆与误解。二是文章用作理论支撑的外文文献普遍使用 ethnic identity，与中文的族群认同有更好的对应关系。整体而言，笔者认为族群认同在内涵上与国内传统意义上次国家民族认同并无实质性差异。

② Heere B., Walker M., Gibson H., et al., “Ethnic Identity over National Identity: An Alternative Approach to Measure the Effect of the World Cup on Social Cohesion”, *Journal of Sport & Tourism*, Vol.20, No.1, 2016.

③ 周平：《多民族国家的国家认同问题分析》，《政治学研究》2013年第1期。

"元问题",吸引了众多学者的关注和参与。① 从国内研究现状来看,越来越多的学者对两种认同关系的判断从冲突对立转向共生共存,整体上呈现冲突论与共生论二元对垒的基本态势。有学者将我国学界对这一问题的主流观点归纳为"民族认同与国家认同共存于个体的观念和意识中,应有机地统一起来,不是非此即彼;二者的长期共存是客观事实,并不必然是矛盾与冲突的情况,实践中可以存在良性互动的共生关系。"②然而,在这种理论转向带来的表面均势背后,却无法掩盖两种理论视角力量失衡的客观事实,共生论远未发展成为一种可以挑战乃至颠覆冲突论的理论模式。两者最大的差距并非体现在现实解释力上,③而是体现在理论体系层面。作为一种后发的理论视角,共生论尚缺乏完备的理论基础和自洽的理论体系,无法与冲突论已经深入人心的理论框架相抗衡,也就无力改变冲突论实质上一家独大的固有理论格局。鉴于共生论在理论和实践中的重要意义,笔者试图综合国内外相关学科的已有研究成果,对国家认同与族群认同共生关系的理论基础进行尝试性构建,以达成完善其理论体系和增进其解释力度的基本目标。

---

① 仅以《民族研究》杂志近年部分代表性成果为例,如钱雪梅:《从认同的基本特性看族群认同与国家认同的关系》,《民族研究》2006 年第 6 期;高永久、朱军:《论多民族国家中的民族认同与国家认同》,《民族研究》2010 年第 2 期;陈建樾:《认同与承认——基于西方相关政治理论的思考》,《民族研究》2010 年第 3 期;袁娥:《民族认同与国家认同研究述评》,《民族研究》2011 年第 5 期;王建娥:《多民族国家建构认同的制度模式分析——以加拿大为例》,《民族研究》2013 年第 2 期;余彬:《国际移民认同危机与族群身份政治运行机制研究》,《民族研究》2013 年第 5 期;刘力达:《高认同与高冲突:反思共和模式下法国的移民问题及其政策》,《民族研究》2013 年第 5 期;张雪雁:《主体性视域下少数民族的国家认同建构逻辑》,《民族研究》2014 年第 6 期;等等。

② 李智环:《民族认同与国家认同研究述论》,《西南科技大学学报》2012 年第 2 期。

③ 在现实世界中我们能够同时轻易地寻找到支持共生论或冲突论的例子,例如研究显示,美国拉丁裔的国家认同与族群认同呈现正相关,而非洲裔的国家认同与族群认同呈现负相关。参见 Dowley K. M., Silver B. D., "Subnational and National Loyalty: Cross-national Comparisons", *International Journal of Public Opinion Research*, Vol.12, No.4, 2000。

一、共生论:理论转向与基础缺失

随着人口跨国迁移的日趋频繁,单一族群国家的数量迅速减少,多族群国家在事实上已经成为现时代国家存在的基本形态。种族、文化、语言、宗教上的多样性不仅带来了国家治理上的复杂性,也在一定程度上提升了国家的合法性需求。诚如威尔·金里卡在分析认同政治时所指出的那样,单一民族国家的底线共识是将国家视作解决内部分歧的合适论坛,而对于多民族国家而言,则连民族与国家之间的关系都可能是存在争议的。① 在民族—国家时代,族群多样性与国家统一性之间存在难以根除的内在张力,而这种张力的调节与消解主要甚至只能是仰赖于各个族群的国家认同。正是在这个意义上,国家认同——简而言之就是人们对所属国家在情感上的依恋和行为上的服从——被视作是国家合法性的来源和基础。对于多族群国家建设而言,其中心任务之一就是强化所有族群的国家认同并进而巩固国家的合法性。然而多族群国家建设的最大困境是,一方面它对国家认同有着更高的需求和依赖,另一方面它的国家认同建构却面临着更多的挑战与难题。“今天这个时代,多民族国家的国家认同总是会受到严重挑战,这已经是不争的事实。”②作为对困境的回应,人们的头脑中逐渐形成了一个基本预设:多民族国家认同的挑战力量主要来自各族裔群体自身的族群认同。这种预设催生了国家认同与族群认同关系上的冲突论,也即判定两者存在此消彼长的负相关关系。

冲突论具有相对坚实的理论基础与现实支撑。无论是派伊所言的

① 参见[加]威尔·金里卡:《多民族国家中的认同政治》,刘曙辉译,《马克思主义与现实》2010 年第 2 期。

② 周平:《多民族国家的国家认同问题分析》,《政治学研究》2013 年第 1 期。

"认同危机"——"传统的认同方式都是从部族或种姓集团转到族群和语言集团的,而这种方式是与更大的国家认同感相抵触的"①,还是阿尔蒙德等指出的"集体忠诚冲突"——"对传统的准国家单位的忠诚同对国家的忠诚和国家的目标发生冲突"②,再到亨廷顿声称的"国家认同的挑战"——"亚民族的、双重国籍的和跨国的身份/特征开始抬头而损害了国民身份/国家特征的重要性"③,都明确表述了多民族国家中国家认同与族群认同之间存在张力的基本观点。此类论点在比较政治学学科中最为盛行,而其他学科中持类似观点的学者也不在少数。例如心理学家沃切尔(Worchel S.)和科坦特(Coutant D.)断言族群认同与国家认同经常处于冲突状态,个体不得不频繁确定何者居于更加中心的地位;④历史学家施莱辛格(Schlesinger A.M.)在《美国的分裂:对多元文化社会的反思》一书中指出,对族群认同的片面强调将会从很多方面造成美国的碎片化,其中一个重要因素是这种群体认同的政治化;⑤社会学家安东尼·史密斯也承认,在一些民族国家中,族群承诺的复苏反映了对国家价值的排斥,甚至可能是分离主义的序章。⑥ 考虑到这种张力对国家合法性的严峻影响,联合国开发计划署在《人类发展报告(2004)》中将国家认同和族群认

---

① [美]鲁恂·W.派伊:《政治发展面面观》,任晓、王元译,天津人民出版社 2009 年版,第 81 页。

② [美]加布里埃尔·A.阿尔蒙德、小 G.宾厄姆·鲍威尔:《比较政治学:体系、过程和政策》,曹沛霖等译,上海译文出版社 1987 年版,第 39 页。

③ [美]塞缪尔·亨廷顿:《我们是谁? ——美国国家特性面临的挑战》,程克雄译,新华出版社 2005 年版,第 1 页。

④ Worchel S., Coutant D., "The Tangled Web of Loyalty: Nationalism, Patriotism and Ethnocentrism".In Bar-Tal D, Staub E., eds, *Patriotism in the Lives of Individuals and Nations*, Chicago, USA: Nelson-Hall.1997, pp.190-210.

⑤ Schlesinger A.M., *The Disuniting of America: Reflections on a Multicultural Society*, Revised Edition, New York: W.W.Norton, 1998, pp.105-124.

⑥ 参见 Smith A., *The Ethnic Revival in the Modern World*, Cambridge, England: Cambridge University Press, 1981。

同的兼容性问题列为当代世界政治的一个核心要素。① 在民族主义依然作为一种主流意识形态的民族—国家时代,国家认同与族群认同的张力理所当然地被认定为多族群国家合法性的根本威胁。20 世纪三大民族主义浪潮中,地方民族主义所迸发的巨大能量及其对国际政治格局的塑造和对国内政治稳定的冲击,依然历历在目。“南斯拉夫悲惨的近代史已经说明,提升族群认同的显著度将增加群体冲突,并使得动员公民为国家利益而奋斗益发困难。”②“苏联的加盟共和国被允许实施一定程度的领土和语言自治,却最终演变成挑战并摧毁了这个多民族国家。”③诸如此类的所谓国际政治现实,加之一系列经典理论著作的鼓与呼,国家认同与族群认同的冲突对立关系似乎成为了一种不言自明的常识和深入人心的事实。

此种背景之下,学界从冲突论转向共生论经历了一个漫长的过程。这种二元对垒理论格局的缓慢形成大致有着理论与实践两个层面的推动力。从理论层面来看,随着实证研究(包括大规模的国际比较研究和系统的个案研究)的逐步积累,以及对认同本质等方面理论研究的不断深化,人们发现冲突论无法涵盖国家认同与族群认同关系的全部内容。国家认同与族群认同的关系在不同国家、不同历史时段、不同族群之间呈现差异性,彰显了存在多种关系形式的可能。从实践层面来看,纯粹的冲突论视角固化甚至强化了多民族国家政治运行中的张力,亟须共生论的调和以形成对两者关系的辩证认识。由于暴力和对抗更加引人注目,被打

① UNDP,*Human Development Report*,*Cultural Liberty in Today's Diverse World*,New York:United Nations Development Programme,2004,pp.47-51.

② Citrin J.,Wong C.,Duff B.,“The Meaning of American National Identity”,In Ashmore R.D.,Jussim L.J.,Wilder D.,eds,*Social Identity*,*Intergroup Conflict*,*and Conflict Reduction*,Oxford University Press ,2001,pp.71-100.

③ Dowley K.M.,Silver B.D.,“Subnational and National Loyalty:Cross-national Comparisons”,*International Journal of Public Opinion Research*,Vol.12,No.4,2000.

上认同冲突烙印的事件即使是偶尔发生,也常常会使人们忽视了国家认同与族群认同长期和谐共存的事实。① 国家认同与族群认同必然冲突对立的宿命论观点在实践上是极为有害的。一旦这种理论视角成为人们的共识并进一步演化成意识形态,则可能形成自我实现预言的效果,催生对抗心理或同化政策。"我们无从改变二者并存的客观事实,但却可以努力改变自己对待这一事实的态度"。② 综上所述,共生论的理论意义在于形成对两种认同关系的辩证认识,实践意义则在于为两种认同和谐关系创造一种可能。

如果冲突论表述的是国家认同与族群认同之间此消彼长的负相关关系,那么共生论作为与之对立的理论视角,至少包含了两层含义。较低层次上,两种认同互不冲突,和谐共存,体现为不相关关系;较高层次上,两种认同相互促进,互利共生,体现为正相关关系。尽管早期学界普遍支持冲突论,但当前越来越多的学者已经转向赞同共生论的基本观点,或者至少强调两者之间存在对立统一的辩证关系。如艾丽斯·杨认为:"国家认同与族群认同并非是对立的、排斥的,而是两者兼容的"。③ 整体而言,当前学界在国家认同与民族认同关系问题上已经呈现出冲突论与共生论二元对立的基本格局。然而,在这种表面的理论均势背后,是共生论无法抗衡冲突论的现实。在普通民众乃至许多学者中,国家认同与族群认同相互冲突的观念依然深入人心。除上文所述冲突论具有相对坚实的理论体系和现实支撑之外,共生论自身理论基础薄弱亦是重要原因。越来越多的学者开始强调共生论的合理性,却益发彰显共生论理论基础的相对

① Elkins Z.,Sides J.,"Can Institutions Build Unity in Multiethnic States?",*American Political Science Review*,Vol.101,No.4,2007.

② 钱雪梅:《从认同的基本特性看族群认同与国家认同的关系》,《民族研究》2006年第6期。

③ Young I.M.,"Polity and Group Difference:A Critique of the Ideal of Universal Citizenship",*Ethics*,Vol.99,No.2,1989.

缺失，主要表现在以下三个方面。

其一，共生论缺乏相关学科的支撑。与认同紧密相关的心理学、社会学、政治学理论框架未被纳入理论建构范围，导致共生论的理论基础存在视角局限。缺乏相关学科的支撑，很多共生论的理论观点自身根基并不牢固，影响到理论体系的整体构建。

其二，共生论的理论解释缺乏体系性。从国内外的研究现状来看，共生论的理论来源相当广泛，相关解释大多是一些零散的论点而非一套自洽的理论体系，从而影响到其作为一种理论视角的解释力和影响力。此外，相关研究存在着大量的话语重复，亟须对其进行归纳、提炼、整合。

其三，共生论话语体系中充斥着应然性的价值判断。不少学者从应然而非实然的角度去建构共生论的理论基础，论证基点是逻辑推论甚至是价值判断，抑或是国家统一稳定的现实政治需要。这种路径只能证明共生论的必要性和合理性，却难以有效支撑整个理论体系。

二、对国内文献中共生论理论基础的归纳性分析

随着对国家认同与族群认同关系认识的深化，越来越多的国内学者开始强调两种认同之间统一、和谐、共存、互利的面相。不少学者通过概念辨析、逻辑推演、个案调研、史料挖掘等路径，试图为两种认同的共生共存关系构建理论基础，其中一些理论观点颇具解释力和启发性。遗憾的是，国内学者的这些理论努力并没有得到很好的提炼和总结，整体上处于零散和碎片状态。笔者尝试将国内文献中关于共生论理论基础的内容粗略归纳成如下论点。

1. 认同层次论。这种论点认为国家认同和族群认同属于不同层次的认同，层次上的区分使得两者之间并不必然存在对立冲突，相反却创造了和谐共存的可能性。代表观点是费孝通先生的“民族认同意识的多层次

论”。他在论述中华民族多元一体格局时提出,“多元一体格局中,56 个民族是基层,中华民族是高层……高层次的认同并不一定取代或排斥低层次的认同,不同层次的认同可以并存不悖,甚至在不同层次的认同基础上可以各自发展原有的特点,形成多语言、多文化的整体。”①

2. 认同级序论。这种论点试图将国家认同与族群认同之间的关系问题转化为级序排列问题,认为两者之间只要处理好优先顺序问题,就可以消解内在张力并和谐共存。高永久等认为,“多民族国家中的民族认同问题的关键并不在于个体同时拥有两种(甚至多种)不同形式的认同,而是在于在个体的认同层次结构中,把何种归属置于优先的级序,并以此作为自己效忠、尽义务和责任的归属单位”。② 钱雪梅则将国家认同与族群认同的优先顺序问题区分成时间先后和价值地位高低两个方面。③

3. 场景转换论。这种论点认为对国家认同或族群认同的凸显与特定场景有关,两者之间是一种场景转换关系而不是绝对取代关系。钱雪梅认为,“在日常生活中,我们往往依据不同的情境,强调或突出某一种认同。……在特定场合或情境下只强调或突出一种认同,并不等于用一种认同取代另一种认同,也不意味着另一种认同的消失。”④毕跃光也提出,“民族认同与国家认同的共生关系还表现在两种认同在不同的场景满足人们的不同需求,承担不同的认知功能。……人们可以在不同类型的社会互动中自由转换他们的认同,国家认同在族际交往的场景中不能代替民族认同,而民族认同在国际交往的过程中也不能够代替国家认同的功

---

① 费孝通:《简述我的民族研究经历和思考》,《北京大学学报》1997 年第 2 期。

② 高永久、朱军:《论多民族国家中的民族认同与国家认同》,《民族研究》2010 年第 2 期。

③ 钱雪梅:《从认同的基本特性看族群认同与国家认同的关系》,《民族研究》2006 年第 6 期。

④ 钱雪梅:《从认同的基本特性看族群认同与国家认同的关系》,《民族研究》2006 年第 6 期。

能。两种认同在各自的场域中可以并行不悖，并不发生冲突”。①

4. 性质区分论。这种论点主要通过将国家认同和族群认同进行不同性质的定位，以达到消解两者之间直接冲突的目的。最为常用的论证方式是将族群认同界定为文化认同，将国家认同界定为政治认同。② 典型的论述如，“从性质上来看，民族认同更多的是一种文化认同，而国家认同则是一种政治认同。民族认同的文化联结来自于原生性要素的纽带，如习俗、血缘、祖源、语言等的共同性；国家认同则是一种基于政治合法性和意识形态的认同。”“民族认同与国家认同作为两种不同性质的认同形式，在具体的实践中是可以达成一定的价值共识和发挥功能上的相互依赖，民族异质性要素可以与国家的统一性和谐共存于多民族国家的场景之中。”③

5. 共同要素论。这种论点认为国家认同与族群认同在形成基础上有诸多共同要素，因此两者之间应该是共生共存而非是对立冲突的关系。如有学者认为，“国家认同由归属性认同和赞同性认同两部分构成，构成归属性国家认同的基本元素有领土、历史、文化、同胞，这些元素与民族认同的元素形成了许多交叉和重叠，成为两种认同共同的资源，这是两者共生的基础之一。”④

6. 功能互补论。这种论点认为国家认同与族群认同各自发挥着特定

---

① 毕跃光：《民族认同、族际认同与国家认同的共生关系研究》，中央民族大学 2011 年博士学位论文，第 45 页。

② 很多学者采用这种论证方式，如张永红、刘德一：《试论族群认同和国族认同》，《中南民族大学学报》2005 年第 2 期；庞金友：《族群身份与国家认同：多元文化主义与自由主义的当代论争》，《浙江社会科学》2007 年第 4 期；周光辉、刘向东：《全球化时代发展中国家的国家认同危机及治理》，《中国社会科学》2013 年第 9 期。

③ 高永久、朱军：《论多民族国家中的民族认同与国家认同》，《民族研究》2010 年第 2 期。

④ 毕跃光：《民族认同、族际认同与国家认同的共生关系研究》，中央民族大学 2011 年博士学位论文，第 45 页。

的功能，通过相互配合和补充以维持多族群国家的良性运行。典型观点如“国家认同需要借助民族认同中的族性力量，而民族认同同样需要国家认同中的理性要素，这种功能的互补性是民族认同与国家认同和谐共生的又一重要基础。”①

7. 认同涵盖论。这种论点通常强调族群认同是国家认同的组成部分，两者之间更多的是涵盖关系而非对立关系。典型观点如“族群认同并非某种最高的存在，而是对国家认同存在依附性”“族群与国家之间的关系类似于局部与整体的关系，族群的自我认同只有在国家机体内才得以形成和持续”“国家认同作为更大范围的认同，在特殊情况下可以涵盖族群认同”。②

8. 内在关联论。这种论点认为国家认同和族群认同在认同主体、认同客体、认同背景、认同目标等方面有着天然的内在关联，从而使得两者之间保持着稳定的共生共存关系。典型观点如，“只有个人才是认同的真正主体，无论在理论上还是经验中，多重认同始终统一存在于我们每个人的意识之中，族群认同和国家认同只是多重认同中的两个组成部分。”③“多民族国家遂成为现代国家结构的普遍存在形态，而这也就为民族认同与国家认同的并存，为民族认同问题的产生提供了时空场景。”④

9. 认同互构论。这种论点认为国家认同与族群认同两者的互动过程推动着各自的形成与发展，两者相互强化、相互支撑。典型观点如，“国家可以运用族群认同达到经济、社会、政治目的，同样，族群认同也可以借

① 毕跃光：《民族认同、族际认同与国家认同的共生关系研究》，中央民族大学2011年博士学位论文，第45页。

② 钱雪梅：《从认同的基本特性看族群认同与国家认同的关系》，《民族研究》2006年第6期。

③ 钱雪梅：《从认同的基本特性看族群认同与国家认同的关系》，《民族研究》2006年第6期。

④ 高永久、朱军：《论多民族国家中的民族认同与国家认同》，《民族研究》2010年第2期。

助国家认同来实现合作与双赢。”①钱雪梅以中国的民族识别和民族优惠政策为例指出，“国家认同与族群认同之间并不必然是矛盾和对抗的关系，相反，国家的日常管理行为常常积极地强化和保护着公民的族群认同。”②郝瑞在对西南彝族的研究中，关注到中国政府通过民族政策不断塑造西南少数民族的民族认同，并以此来强化国家认同。③ 与此同时，很多学者也在经验研究中发现，族群或地方也在积极利用国家符号、国家认同、民族政策等来界定自己的族群身份，巩固自己的族群认同。④

10. 结构依存论。该论点认为国家认同与族群认同之间存在相辅相成、互为补充的一面，这种相互依存的关系构成了两种认同之间共生共存的基础。典型观点如，“民族认同与国家认同二者之间存在着一种互为前提的关系。第一，民族认同是国家认同的基础和前提。第二，国家认同认可保护民族认同，并借助民族认同中的血缘和文化传统因素来取得”。⑤

尽管可能存在遗漏或分类不当的可能，但以上十种论点基本涵盖了当前国内学界在国家认同与族群认同共生关系上的代表性观点。毫无疑问，这些理论尝试中蕴含着理解共生论的真知灼见，为国家认同与族群认同共生关系的支撑奠定了初步基础。通过中外文献对比可以发现，国内相关研究的突出特点是极为重视对国家认同与族群认同内在特性的深入挖掘，高度关注认同行为与认同客体（如国家或族群）之间的互动和结

---

① 庞金友：《族群身份与国家认同：多元文化主义与自由主义的当代论争》，《浙江社会科学》2007 年第 4 期。

② 钱雪梅：《从认同的基本特性看族群认同与国家认同的关系》，《民族研究》2006 年第 6 期。

③ 参见［美］斯蒂文·郝瑞：《田野中的族群关系与民族认同》，巴莫阿依、曲木铁西译，广西人民出版社 2000 年版。

④ 相关文献综述可参见袁娥：《民族认同与国家认同研究述评》，《民族研究》2011 年第 5 期。

⑤ 张宝成：《民族认同与国家认同之比较》，《贵州民族研究》2010 年第 3 期。

合，系统分析认同的政治、文化、社会脉络，这对于理解认同现象自身以及探讨认同之间关系提供了深刻的洞见。此外，通过对这些论点的批判性分析，我们也可以发现国内相关研究存在的一些问题。

第一，国内学界对共生论理论基础的建构路径可以大致概括为"求同存异"，其内在逻辑尚需考量。一方面通过探寻国家认同与族群认同的共同点，以共同的基础和要素来论证双方的共生共存；另一方面通过区分国家认同与族群认同的差异点，以不同的功能和性质来论证双方可以和谐共存。单方面看来，这两种相互关联的逻辑都可以用来建构共生论的理论基础；但整体看来，这两种逻辑自身就存在一定的互斥性。同时从共性和差异中论证国家认同与族群认同的共生关系，这必然导致理论体系内部张力的产生。以此而言，以"求同"和"存异"两种方式来建构同一视角的理论基础，其成立与否还需要从理论和实证两个层面予以进一步的检验。

第二，部分理论视角自身存在较多争议，影响其对共生论的理论支撑效力。以国家认同与族群认同分别界定为政治认同和文化认同的论点为例。一方面部分学者承认这种区分的价值，但同时很多学者则对此提出了根本性的质疑。如何叔涛提出，"民族认同并非简单的文化认同，而国家认同也并非完全的政治认同。民族认同中包含了民族共同体的政治利益诉求，而国家认同中也包含了民族内部和民族之间的历史文化的渊源关系与联系性"。① 肖滨也认为，"现代国家既是历史文化共同体，又是政治共同体，是文化与政治的结合。所以对国家的认同既包括历史文化的认同，又包括政治的认同。"②

第三，一些作为共生论理论基础的论点背后其实潜藏着冲突论的本

① 何叔涛：《论多民族国家民族认同与国家认同的特点及互动》，《云南民族大学学报》2011 年第 6 期。

② 肖滨：《两种公民身份与国家认同的双元结构》，《武汉大学学报》2010 年第 1 期。

质。以认同级序论为例,这种论点认为国家认同与族群认同共存于个体之中,通过设定优先级序的方式看似是缓解了两者之间的张力,实质上却无助于问题的解决。如果人们能在两种认同何者优先问题上达成共识,也就不存在冲突论一说;如果两者不能就何者优先问题达成共识,最终还是会走向认同冲突的后果。"不管国家认同的基础是什么,从中性的或技术层面上来讲,它都意味着公民身份高于一切的群体忠诚,一旦发生冲突之时应优先于其他任何的从属感,包括族群的。"①在这种设定之下,认同级序论事实上就是要求族群认同单方面服从或满足国家认同的需要,这显然并非是共生论的基本主张。甚至可以看到,一些主张冲突论的学者也强调以认同级序论来解决冲突问题,这从侧面说明了认同级序论无法作为共生论的理论基础。与之类似,认同涵盖论在一定程度上具有认同替代的意味,也被部分学者认定为本质上属于冲突论的理论范畴。

三、对国外文献中共生论理论基础的尝试性提炼

从国外文献来看,共生论理论基础体现出明显的多源性特征。共生论并没有单一、独立、明确、集中的理论来源,来自不同学科不同领域的相关研究从多个角度多个层面为这种观念提供了理论支撑,尤其是社会心理学在其中承担了关键性的角色。② 笔者在对国外相关文献整理研读的基础上,尝试从以下几个方面对共生论的理论基础进行提炼总结。

(一)作为共生论意识形态基础的多元文化主义

多元文化主义与共生论的关联表现在两个方面。从时间顺序上来

---

① Citrin J., Wong C., Duff B., "The Meaning of American National Identity". pp. 71–100.

② 认同本质上是一种心理学现象,缺乏心理学学科的深度参与不能不说是国内相关研究的一大缺憾。

看,多元文化主义的兴起是共生论理论转向的历史时代背景。对国家认同与族群认同共生共存关系的强调是在多元文化主义兴起之后才成为潮流,并随着多元文化主义的传播得到更多学者的接受。从理论观点上来看,共生论的理论观点大多暗含多元文化主义的理念,是其理念在认同政治领域的切实体现。多元文化主义与认同政治、差异政治、承认政治等概念密切相关,而这些概念本身就涉及了国家认同与族群认同关系的本质。多元文化主义作为一种意识形态,为国家认同与族群认同的共生关系提供了价值理念支撑,可以视作共生论的理论基础来源之一。尽管中国学者并未系统阐明两者之间的关联,但部分西方学者的著述中这一认识已是相当清晰。

西方学者在分析国家认同与族群认同关系的时候,通常会追溯到冲突论与共生论的理论源头。冲突论与共生论的理论之争背后反映的是同化主义(含熔炉主义)与多元文化主义的意识形态分歧,这一点可以从各自的理论预设上一窥端倪。① 同化主义认为,族群认同相对于国家认同是无关紧要的,差异性的族群认同最终都会被融合到统一的国家认同之中。族群多样性及族群认同会对国家认同形成威胁,因此必须通过同化的方式消减族群认同,并在此基础上增进国家认同。要成为一个好的国民,就必须放弃自己原有的文化和族群认同,彻底融入国家之中。从这个意义上来说,同化主义认为国家认同与族群认同之间是存在相互冲突的负向关系。与之相对,多元文化主义承认族群认同的独特价值,并将个体的族群认同视作其人格尊严和自我实现的核心。个体能够同时维持对族群及对更大政治共同体的积极认同,兼具强烈的族群认同与国家认同是可能的。只要尊重、承认多元文化的存在和价值,就能实现国家认同与族

① Sidanius J., Petrocik J.R., "Communal and National Identity in a Multiethnic State", In Ashmore R.D., Jussim L.J., Wilder D., eds, *Social Identity, Intergroup Conflict, and Conflict Reduction*, Oxford University Press, 2001, pp.101-127.

群认同之间的统一。① 在多元文化主义看来,国家认同与族群认同应该是相互促进的,至少也应该是互相独立和谐共存的。

米尔顿·戈登曾用一系列公式来表述同化主义、熔炉主义和多元文化主义,非常形象地展示了各自的理论逻辑。其中同化主义的公式是 A+B+C=A,熔炉主义的公式是 A+B+C=E,多元文化主义的公式是 $A+B+C=E^A+E^B+E^C$。② 对于同化主义或熔炉主义而言,这两者都一定程度地体现了族群认同与国家认同之间的不兼容性;而在多元文化主义理念中,表示共同国家认同的 E 与各族群认同则是可以共存的。此外,还有学者审视了不同政治理论在国家认同与族群认同关系问题上的基本主张。③ 自由主义(liberalism)并不将族群认同视作国家认同的根本威胁,但强调当国家认同与族群认同之间发生冲突的时候,必须确保国家认同的主导地位。本土主义(nativism)强调本土文化的价值与意义,面对族群多元坚持文化整合,主张以国家认同消弭族群认同。多元文化主义(multiculturalism)则强调族群认同在政治认同中的基础性地位,认为保护和承认族群认同可以强化国家认同。可见在政治理论的视域中,多元文化主义与共生论的理论关联同样十分明显。

加尔萨(De la Garza)等人关于墨西哥裔美国人爱国主义与族群意识的研究整体上支持多元文化主义理论,被视作是论证族群认同促进国家认同的经典研究。基于 1546 名墨西哥裔的样本数据分析显示,墨西哥裔美国人并不比欧洲裔美国人的爱国主义情怀更少,他们同样高度认同美

① Sidanius J., Feshbach S., Levin S., et al., "The Interface between Ethnic and National Attachment: Ethnic Pluralism or Ethnic Dominance?", *The Public Opinion Quarterly*, Vol. 61, No. 1, 1997.

② 参见马戎:《民族社会学:社会学的族群关系研究》,北京大学出版社 2004 年版,第 182—185 页。

③ Citrin J., Wong C., Duff B., "The Meaning of American National Identity". pp. 71-100.

国的主流价值观念;墨西哥裔美国人的族群认同与国家认同之间是正向而非负向的关系,他们在融入美国政治主流方面甚至比欧洲裔更加迅速和更加彻底。加尔萨等据此得出结论,对族群的承诺并非是使得美国分裂的一种手段,相反,美国少数族裔通过族群性来创造诸如群体团结和政治组织这样的资源,以帮助他们充分地参与美国社会。①

(二)文化适应与认同调适:从线性关系到二维关系

文化适应(acculturation)实质上处理的是对原初群体认同及对更大文化群体认同之间的关系问题,因而其相关研究可以为族群认同与国家认同关系问题提供理论基础。长期以来,西方学者关于文化适应的研究大多支持认同冲突论的基本观点。例如斯通奎斯特(Stonequist E.V.)认为移民只存在两种文化适应模式,要么放弃族群认同形成国家认同而被同化,要么保持族群认同放弃国家认同而被边缘化。② 米尔顿·戈登认为,移民无可避免地同化于主流社会,这一过程以线性、单向的方式进行。③ 这些两极或单维模式暗示,国家认同与族群认同之间是负向的线性关系。但相关社会现实却昭示,文化适应是一个更加复杂、更加多维的过程。在文化适应的理论框架从线性向二维的转换过程中,贝瑞(John W.Berry)是一个标志性的人物。认同关系从线性思维转向二维思维基本上是建立在其系列研究的基础之上,而这种思维转向为国家认同与族群认同共生共存关系创造了理论可能。

贝瑞提出文化适应的过程存在两个独立的维度,一个是个体维持原

① De la Garza R.O., Falcon A., Garcia F.C., "Will the Real Americans Please Stand up: Anglo and Mexican - American Support of Core American Political Values", *American Journal of Political Science*, Vol.40, No.2, 1996.

② Stonequist E.V., "The Problem of the Marginal Man", *American Journal of Sociology*, Vol.41, No.1, 1935.

③ Gordon M., *Assimilation in American Life*, New York: Oxford, 1964, pp.60-83.

初文化认同的程度,一个是个体追求涉入主流社会的程度。根据这两个维度进行交叉分析,就形成四种文化适应策略。个体同时维持原初文化认同和主流社会认同,属于整合型(integration);个体认同原初文化而拒斥主流社会,属于分离型(separation);个体认同主流社会而放弃原初文化,属于同化型(assimilation);个体同时拒斥原初文化和主流社会,属于边缘型(marginalization)。① 这个模型强调一个事实:文化适应的过程有多种方式,适应新社会并不必然要求移民放弃自己的传统文化。在一定意义上,对族群传统文化的认同可以视作族群认同,对主流社会的主动融入可以视作国家认同。类比于贝瑞的双维度文化适应模式,族群认同与国家认同也可以视作两个独立的认同维度。兼具强烈的族群认同与国家认同可称之为认同整合;强烈认同族群而不认同国家可称之为认同分离;放弃族群认同而仅认同国家的可称之为认同同化;两种认同均不强烈可称之为认同边缘化。②

贝瑞从 20 世纪 70 年代就开始倡导二维理论模型,以此为理论框架的系列实证研究又为这一理论模型的成立提供了经验依据。以一项涵盖 13 个国家的青少年移民国际比较研究为例。数据显示,不同国家中两种认同之间关系差异相当明显,相关系数大致在-0.28 至 0.32 之间,在很多国家相关系数接近于 0。这显示了国家认同与族群认同之间的关系可以是独立的或正相关的,而不必然是负相关的。通过聚类分析可以将样本中 4334 名个案的文化适应状态区分成整合形态(integration profile)、族群形态(ethnic profile)、国家形态(national profile)、弥散形态(diffuse profile)四种类型,恰好分别对应上文理论模型中的四种认同类型。这四种状态的个

① Berry J.W.,"Psychology of Acculturation",In J.Berman,ed.,*Cross-cultural Perspectives:Nebraska Symposium on Motivation*, Lincoln: University of Nebraska Press, 1990, pp.201-234.

② Phinney J.S.,Horenczyk G.,Liebkind K.,et al.,"Ethnic Identity,Immigration,and Well-being:An Interactional Perspective",*Journal of Social Issues*,Vol.57,No.3,2001.

案占样本的比例分别为36.4%、22.5%、18.7%、22.4%。统计结果验证了认同之间不只是线性关系,而可以是二维组合的多种形态。贝瑞等还对不同文化适应类型的后果进行了考察。结构方程模型分析发现,整合形态具有最好的心理适应和社会文化适应;族群形态具有相对较好的心理适应和相对较差的社会文化适应;国家形态具有较差的心理适应和轻微负向的社会文化适应;弥散形态则在两种适应上均表现较差。① 同时维持两种认同而不是其他选择具有更好的适应性,这一结论对于共生论无疑也具有重要的理论意义。

(三)认同调适策略与双元认同能力

个体既要思考族性及其对生活的意义,并在此基础上建立稳定的族群或种族认同;同时还要思考自身在更大社会中的角色和地位问题,并在此基础上建立一定程度的主流文化或国家认同。传统文献一直假设生活在两种认同中的个体必然遭受各种形式的心理困扰,但越来越多的研究认为兼具两种认同可能比只有一种认同更为有利。那么在共生论的基本框架之下,多种认同共存是如何可能的?其认同调适策略是什么?这一问题的回答对于共生论理论基础建构也极为关键。

拉夫拉姆博伊西(LaFromboise T.)等人提出,个体在面临双重认同时存在五种可能的调适策略,即同化模式(assimilation model)、涵化模式(acculturation model)、熔合模式(fusion model)、交替模式(alternation model)、多元模式(multicultural model)。② 前三种模式尽管存在些许差异,但实质上都涉及个体认同的丧失或在认同中进行选择的问题,一定程

① Berry J.W., Phinney J.S., Sam D.L., et al., "Immigrant Youth: Acculturation, Identity, and Adaptation", *Applied Psychology*, Vol.55, No.3, 2006.

② LaFromboise T., Coleman H.L., Gerton J., "Psychological Impact of Biculturalism: Evidence and Theory", *Psychological Bulletin*, Vol.114, No.3, 1993.

度上可以视作具有冲突论性质的认同调适策略;后两种模式则假定原初认同与主流认同之间呈现双向正交的关系,因此整体上属于共生论的理论范畴。在承认个体能够同时保持两种认同的基础上,交替模式和多元模式在侧重点上存在差异:交替模式强调个体能够改变行为以适应特定的社会情景,从而个体可能实现双重认同而无需使得某种认同作出妥协;多元模式强调个体能够维持对原初群体的积极认同,同时通过制度共享和参与来形成对较大政治实体的积极认同。研究进一步呈现了持共生论认同调适策略者将会比持冲突论认同调适策略者具有更强的适应性。对于交替模式而言,能够在两种文化之间正确地切换行为模式的个体远比那些同化了或正在经历文化适应的个体更少感受到焦虑;对于多元模式而言,解决公共认同与私人认同的内在张力并不必然带来负面心理冲击,相反能够促进个人及情感成长。在诸如族群忠诚、国家依附等七个评价指标上,交替模式在所有指标上都获得了高分,显示个体越能通过交替来维持文化间积极有效的关系,他在维持或取得双元认同能力方面所遭遇的困难就越少。多元文化模式也在大多数指标上获得了较高的评分,也显示了这种模式在作为认同调适策略上的独特作用。

菲尼则在前人研究的基础上,将认同调适策略进一步细致划分。在贝瑞的四种类型划分中,整合型是契合共生论理念的认同类型。菲尼认为,整合型指的是两种认同有一定程度的重合,但也不会像熔合状态一样完全重合。她将这种双元认同的状态区分成混合型和交替型两种。混合型是指个体的认同由两种认同重合的部分组成,一定程度上可以看作是两种认同的组合;当个体的认同是在两种认同不相重合的部分依据情境需要来回切换时,可以视作是交替型。两者之间的不同在于混合认同更清晰地将自己视作合成文化的部分,而交替认同则在两种认同之间来回摆动。对这两种认同调适策略的对比研究发现,混合双元文化认同者有着强烈的国家认同与明确的族群认同,在公民身份和族裔身份上都有着积极的态度;交替双元主义认同者承认自己的公民身份,但更倚重自己的族群身份。尽管双元文化身份会带来一些困扰,但他们还是具备在文化之间自由穿行的双元认同能力。①

(四)认同威胁与群际关系

社会认同理论认为,个体维持群体认同有两个动机,降低主观不确定性与强化自尊。人们通过自我归类以维持群体实体性和独特性,但这一过程也会产生内群体与外群体的区分并进而催生内群体偏好。共同内群体认同模型(common ingroup identity model)认为,促进群际关系的最好方式是鼓励次群体成员(如族裔成员)将自己归类到一个更高层级的上位群体(如国家公民)中,以此消弭内外群体之间的边界与偏好。② 这一理论主张以上位认同(superordinate identity)取代次群体认同(subgroup identity),其同化论和冲突论的理念受到人们的质疑与批评。

关于群际关系与群际接触的进一步研究发现,对于包含有多个次群体的上位群体而言,维持次群体独特性的需求对于群际关系而言具有基础性地位。当内群体被批评、鄙视或攻击时,抑或是群体成员感知到群际边界模糊不清时,认同威胁(identity threat)就产生了。面对认同威胁,群体会采取破坏性行动,如偏见、歧视、负面刻板印象等攻击性行为来追求群体独特性。认同威胁理论认为,很多冲突的形成实质上是特定认同受到威胁的结果,承认特定认同具备消除认同威胁的能力,有利于群体之间

① Phinney J.S., Devich-Navarro M.,"Variations in Bicultural Identification among African American and Mexican American Adolescents", *Journal of Research on Adolescence*, Vol.7, No.1, 1997.

② Gaertner S.L., Dovidio J.F., Anastasio P.A., et al.,"The Common Ingroup Identity Model: Recategorization and the Reduction of Intergroup Bias", *European Review of Social Psychology*, Vol.4, No.1, 1993.

的团结并促进对上位共同体的认同。对于国家认同与族群认同的关系而言，不是两者之间天然存在冲突对立关系，而是前者对后者的认同压力使得两者之间出现冲突对立。也就是说，族群认同对国家认同的解构作用只有在明确的认同威胁之下才会形成。

以认同威胁为核心概念，相互群际差异模型（mutual intergroup differentiation model）显示，由于很多历史和社会原因，在群际环境中要求彻底放弃原初的被高度重视的社会分类是不可能的，这种努力将会被视作是对特定群体认同的威胁。① 次群体认同威胁是群际团结的最大障碍，威胁到群体认同的社会安排会产生防御性反应并导致群体冲突。社会和谐的最佳路径是维持而不是削弱次群体认同，同时使得次群体认同与更大范围社会认同之间形成嵌套关系。② 相互群际差异模型强调维持次群体认同以及最小化对群体独特性的威胁，在这方面多元文化主义与其共享理论预设。

一系列实证研究为这种共生论性质的理论模式提供了支持。霍恩西和霍格通过实验研究发现，同时使得上位认同和次群体认同都突显要比单纯使得上位认同得到突显呈现更低的偏见。只有上位认同突显时呈现高度偏见是因为被高度重视的次群体认同未得到承认。③ 作为对认同威胁的回应，个体可能会采取多种行动去保护他们的社会认同，包括强化对他们自己次群体的认同，或体现出更高程度的内群体偏好。霍和莫利纳的经验研究显示，感受到次群体尊重的增加能够增加对国家认同的积极

① Hewstone M., Brown R., "Contact Is Not Enough: An Intergroup Perspective", In Hewstone, M., Brown, R., eds., *Contact and Conflict in Intergroup Encounters*, Oxford, England: Blackwell, 1986, pp.1-44.

② Hornsey M.J., Hogg M.A., "Assimilation and Diversity: An Integrative Model of Subgroup Relations", *Personality and Social Psychology Review*, Vol.4, No.2, 2000.

③ Hornsey M.J., Hogg M.A., "Subgroup Relations: A Comparison of Mutual Intergroup Differentiation and Common Ingroup Identity Models of Prejudice Reduction", *Personality and Social Psychology Bulletin*, Vol.26, No.2, 2000.

情感,并降低内群体偏好。承认次群体认同具有群际团结的功效,并间接强化对国家整体的认同。① 此外,霍恩西等人的一系列研究还证明,次群体认同如族群认同在司法权威②、政府权威③等与国家认同高度相关的维度上具有正向关系而不是负向关系。在这些基于群际关系的研究中,基本结论是促进次级群体认同可以有效提升群际团结,并进而促进国家认同。

(五)共生论的其他心理学机制

冲突论有相对较为明晰的心理学机制解释,社会认同理论(social identity theory)和自我归类理论(self-categorization theory)为其提供了一个基础的解释框架。相关理论认为,自我归类使得人们形成"我们"的突显概念以及与他者的区分;在缺乏其他规范性准则的情况下,人们倾向于积极评价内群体而非外群体。功能性拮抗(functional antagonism)原则宣称,在任何时候,归类到一个层次的认同将会压抑其他层次的认同。④ 社会认同理论似乎暗示,对于少数族群成员而言同时认同族群和认同主流群体可能存在问题,因为两者之间在态度、价值和行为上存在冲突。⑤

① Huo Y.J., Molina L.E., "Subgroup Respect", *Group Processes & Intergroup Relations*, Vol.9, No.3, 2006.

② Huo Y.J., "Procedural Justice and Social Regulation across Group Boundaries: Does Subgroup Identity Undermine Relationship-based Governance?", *Personality and Social Psychology Bulletin*, Vo2.9, No.3, 2003.

③ Huo Y.J., Molina L.E., Sawahata R., Deang J., "Leadership and the Management of Conflicts in Diverse Groups: Why Acknowledging versus Neglecting Subgroup Identity Matters", *European Journal of Social Psychology*, Vol.35, No.2, 2005.

④ 参见 Turner J.C., Hogg M.A., Oakes P.J., et al., *Rediscovering the Social Group: A Self-Categorization Theory*, Basil Blackwell, 1987。

⑤ Inman Arpana G., "South Asian Women: Identities and Conflicts", *Cultural Diversity and Ethnic Minority Psychology*, Vol.12, No.2, 2006.

相对而言,共生论的心理学机制并未得到清晰的阐释。从相关研究之中,大致可以寻找到一些细枝末节的关联性解释。第一种理论解释是,一个领域中认同的发展可能与另一个领域中认同的发展存在积极正向关联。基础理论和相关研究认为,群体认同通常会产生积极体验,这种积极体验又能创造一种更具适应性的心理状态,从而对其他认同的进一步发展产生建设性的效果。① 第二种理论解释是,每一种认同都内在地包含有行为、认知、情感等多种维度。在这些不同的维度上,不同认同之间的关系可能是存在变化和差异的。从这个角度来说,国家认同与族群认同之间的关系并不必然是冲突的。② 第三种理论解释是,特定的认同(如国家认同)可以和个体所持有的其他认同(如族群认同)相关联。现有理论假设在任何给定情境下,只有一种社会认同是凸显并且与行动相关联。必须考虑认同之间的互联性(interconnectedness),两种或多种社会认同同时突显且相互兼容的情况是存在的。③

四、共生论的理论意涵与现实启示

从前述文献对比中可以看出,国内学界偏重于对认同客体的分析,通过国家与族群互动的视角来认识国家认同与族群认同的共生关系;国外学界偏重于对认同行为的分析,以认同本质上是一种心理现象的视角来探究国家认同与族群认同的共生关系。前者长于揭示共生论的政治、文

---

① Fuller-Rowell T.E., Ong A.D., Phinney J.S., "National Identity and Perceived Discrimination Predict Changes in Ethnic Identity Commitment: Evidence from a Longitudinal Study of Latino College Students", *Applied Psychology*, Vol.62, No.3, 2013.

② Elias N., Blanton J., "Dimensions of Ethnic Identity in Israeli Jewish Families Living in the United States", *Psychological Reports*, Vol.60, No.2, 1987.

③ Cinnirella M., "A Social Identity Perspective on European Integration", In Breakwell G.M., Lyons E., eds, *Changing EuropeanIdentities: Social Psychological Analysis of Social Change*, Oxford: Butterworth-Heinemann, 1996, pp.253-274.

化和社会脉络，后者长于揭示共生论的心理学机制，两者的结合可以为国家认同与族群认同的共生共存关系提供一套具有解释力和支撑力的理论框架。在上述理论建构的基础上，笔者尝试从如下几点简要论述共生论的理论意涵及现实启示。

1. 共生论的理论贡献是修正了冲突论的单维视角，使人们在国家认同与族群认同关系上形成辩证认识。然而，又只有超越这种辩证认识的框架，共生论才能寻找到更为坚实的理论框架。人们在判定国家认同与族群认同是冲突对立关系抑或共生共存关系的时候，通常将这种关系视作两种认同本质属性的体现。但是越来越多的实证研究揭示了两种认同的关系并非完全是由其自身属性决定的，而是包括国家历史、民族政策、族群关系、利益机制、感知歧视、群体地位等诸多外在因素共同作用的结果。也就是说，国家认同与族群认同的关系是许多外在因素联合作用、交互作用的体现，两者之间在本质上应该是相互独立的。如果这一理论假设成立的话，将从根本上否定了冲突论的基本论点。从另一个角度来说，这也将是国家认同与族群认同两者能够和谐共存最强有力的理论解释。

2. 共生论要求承认与尊重族群认同的积极价值。多族群国家建设过程中时常以强化国家认同为目标，而族群认同则成为被压抑的对象。然而客观上，族群认同却具有极为强大的感召力。菲尼 2001 年的一项研究显示，每一个国家中族群认同的得分都高于其国家认同得分，显示族群认同相对于国家认同而言是一种更为凸显的身份认同。① 此外，大量实证研究都证实了族群认同在促进社会融合、维持身心健康、平衡群际关系等方面的积极作用。以多元文化主义作为意识形态基础的共生论，要求承认与尊重族群认同的独特价值，扭转以牺牲族群认同为代价的国家认

① Phinney J.S., Horenczyk G., Liebkind K., Vedder P., "Ethnic Identity, Immigration, and Wellbeing: An Interactional Perspective", *Journal of Social Issues*, Vol.57, No.3, 2001.

同建构行为。一些理论框架还指出,正是由于族群认同面临威胁,才导致其与国家认同之间呈现冲突关系。

3. 共生论将个体层次视作认识国家认同与族群认同关系的重要维度。传统上,学界从国家层次或群体层次去分析国家认同与族群认同的关系。国家层次的出发点往往是对国家合法性的追求,倾向于将族群认同视作对国家合法性的挑战;群体层次的出发点往往是对族群独特性的追求,倾向于将国家认同视作对族群独特性的压制。由于这两个集体主义的层面都潜藏着冲突论的预设,从这种集体主义的层面去建构共生论都面临着无法排遣的内部张力。这昭示我们,应该尝试从个体层次去建构国家认同与族群认同之间的共生关系。很多研究都证明了这一点,既不是拒斥国家认同保留族群认同,也不是抛弃族群认同拥抱国家认同,而是兼具国家认同与族群认同才可以为个体赢得最好的心理和社会适应能力。

4. 共生论倡导对双元认同能力的培养。对国家认同与族群认同关系的判断会直接影响对多族群国家认同建构路径的选择。然而无论是主张冲突论的学者,还是主张共生论的学者,都在积极倡导通过认同整合的方式去缓解多民族国家建设过程中所面对的张力。当我们打着共生论的旗号,以公民身份、国族建构或者其他形式进行认同整合的时候,很多时候又再次滑入了冲突论的泥淖。切实地彻底地反映共生论主张的实践路径显然不应该是认同整合,而是双元认同能力的创造。所谓双元认同能力是指个体能够在国家认同与族群认同之中自如且有效地生活,而无需任何一种认同付出牺牲或妥协的代价。拉希德(Rashid H.M.)曾宣称,双元文化主义是所有美国人必须拥有的特质,因为它在制度结构体系中创造出效能感的同时,还在族群根源上形成了自豪感与认同感。① 发展

① Rashid H. M., "Promoting Biculturalism in Young African - American Children", *Young Children*, Vol.39, No.2, 1984.

与形成双元认同能力需要培育一系列的能力与技巧,①这无疑是一个艰难的过程。尽管如此,其创建性的思路依然值得我们在多民族国家认同建构过程中予以汲取和借鉴。

① LaFromboise T., Coleman H.L., Gerton J., "Psychological Impact of Biculturalism: Evidence and Theory", *Psychological Bulletin*, Vol.114, No.3, 1993.

族际关系中张力的来源与消解*

对于多民族国家而言，民族团结就是全体国民的生命线。中华人民共和国成立70余年来，在全国各族人民的共同努力下，平等团结互助和谐的社会主义民族关系已经确立。与此同时不可否认的是，我国民族团结大局依然面临着一些结构性因素与阶段性问题的挑战。在2014年中央民族工作会议上，习近平总书记关于我国民族工作“五个并存”的特征总结就非常形象具体地阐明了这种态势。① 进入21世纪以来，中央先后提出建设中华民族共有精神家园、促进各民族交往交流交融、构建各民族相互嵌入式社会结构与社区环境、铸牢中华民族共同体意识等民族工作方略，无不是着眼于调节民族关系、巩固民族团结。要达成协调民族关系的政策目标，首先就必须从学理上搞清楚族际关系中张力的来源，并据此来探寻张力化解的实践路径。

就族际冲突的形成原因而言，传统意义上有原生主义（Primordialism）、工具主义（instrumentalism）与建构主义（constructivism）等若干主流解释范式。随着案例研究、比较研究、统计分析等现代社会科学实证方法的运

---

* 本文以“族际关系中张力的来源与消解——兼论对铸牢中华民族共同体意识的政策启示”为题发表于《学术界》2021年第4期，有删节改动。

① 国家民族事务委员会编：《中央民族工作会议精神学习辅导读本（增订本）》，民族出版社2019年版，第46页。

用,当前关于族际冲突的研究已经远远超越了前述理论范式之间的辩论与对垒。最新的研究“直指族群冲突背后的深层因素,即国家建构、国家内部权力斗争和政治统治,或是将深层因素与各类情绪等直接因素结合起来讨论”。① 例如有学者将恐惧、仇恨、愤怒和不满等情绪因素视为直接因素,将政治制度、不平等、统治和排斥等作为深层因素,以“安全困境”和“族间—族内互动”作为整合机制,构建出一个广义的动态的族群冲突理论。② 这种研究取向无疑突破了传统研究的局限,综合考察了文化、社会、经济、政治、心理和国际因素对族际关系的影响,对于解释和预测族际冲突的发生发展具有较高的效度。然而我们也能看到这些复杂模型将族际冲突发生的原因与条件糅杂在一起,并不利于清晰呈现族际冲突的根本动因。对族际冲突根源的探讨,仍然有必要回归到民族现象本身。事实上,原生主义、工具主义、建构主义这些解释族际冲突的理论视角,原本就是关于民族现象自身形成与发展的理论范式。某种意义上来说,对族际关系与族际冲突的理解,终究离不开对民族本质与性质的理解。基于这一分析思路,在综合前人研究的基础上,笔者尝试提出族际关系张力来源的几种主要假说,在此基础上简要阐述其对于铸牢中华民族共同体意识的政策启示。

一、文化差异说

所谓“差异说”,意指族际关系张力主要是由客观存在的族际差异所造成的。族际差异导致族际冲突的观念,在古今中外都极为普遍和流行。从“非我族类,其心必异”的远古表述,到亨廷顿关于世界各种文明之间

① 唐世平、王凯:《族群冲突研究:历程、现状与趋势》,《欧洲研究》2018 年第 1 期。

② Shiping Tang,“The Onset of Ethnic War: A General Theory”, *Sociological Theory*, Vol.33, No.3, 2015, pp.256-279.

爆发冲突的现代论断,[①]都是其典型代表。一些学者将族际差异导致族际冲突称作“先入为主的观念”,既指出了这种认识可能与客观事实不符,同时也说明这种认识是很多人头脑中关于族际冲突动因的首要解释。

民族现象的复杂性众所皆知,民族概念上的歧异与纷争就是这种复杂性的集中体现。法国著名学者德拉诺瓦指出:“民族是存在的……但并不确切地知道它是什么”。[②] 霍布斯鲍姆则更是断言:“民族根本不可能具有恒久不变、放之四海而皆准的客观定义”。[③] 由于难以直接把握民族现象的本质,现有民族界定基本上都选择以要素列举的方式来描摹民族的轮廓。例如“客观标准派”强调民族形成中的客观因素,如血缘、地域、宗教、语言、风俗和制度等;“主观认定派”则强调认同、情感、想象、行为及其他精神性因素在民族形成中的作用。通过强调在这些主客观要素上同一民族内部的共同性及不同民族之间的差异性,民族边界得以确立。由于族内认同与族外认异是同一过程的两个方面,久而久之,族际差异的观念深入人心。在传统意义上,民族就是指在文化上存在差异的各个人群共同体。

族际差异与族际冲突之间理论链条的建立是通过“族群性”(ethnicity)这一概念来完成的。唐世平等在分析族群性这一概念时,指出其包含三个关键要素。首先,族群性意味着“基于一系列如语言、文化、历史、地区和外貌等共有特征而产生的对共同起源的感知”;其次,同族裔的成员常常会赋予这些与族群性息息相关的共同特征更深的含义;

---

① [美]塞缪尔·亨廷顿:《文明的冲突与世界秩序的重建》,周琪等译,新华出版社2010年版。

② [法]德拉诺瓦:《民族与民族主义》,郑文彬、洪晖译,生活·读书·新知三联书店2005年版,第20页。

③ [英]埃里克·霍布斯鲍姆:《民族与民族主义》,李金梅译,上海世纪出版集团2006年版,第5页。

再次,这种共同体或群体意识可能会提供集体行动的基础。① 这种层层递进的关系在某种意义上呈现了族际关系的内在逻辑——无论是特殊意义的赋予,还是集体行动的生成,都必须以族群性的感知为基础。李峻石将“族群冲突的原因在于族群性”这一论点分解成六条立论:(1)文化差异即族群性,是族群冲突的原因;(2)文化碰撞反映了古老的、世代相传的、根深蒂固的对立;(3)族群性是普遍存在的,这意味着每个人都归属于某一族群;(4)族群性具有先天归属性,这意味着在常规情况下一个人不能改变自己的族群归属;(5)族群是一个具有共同祖先的群体;(6)族群具有地域性,一个族群会争取一个统一的领地,最终争取民族的独立主权。他认为,后五条与第一条相辅相成,增加了族群性的分量,最终形成一个能引起或者加深冲突的因素。②

“差异说”在族际冲突中的解释力一定意义上与原生主义存在紧密关联。原生主义强调民族是人类的自然单位,语言、血缘、习俗、宗教、地域等原生纽带将民族群体凝聚在一起。“有机论原生主义”认为,人类天然地划分为众多的民族,各个民族都是有着固定界限且相互独立的有机实体,个体的民族身份是自然而然产生的。“社会生物学原生主义”认为,民族是具有血缘联系的文化群体,人类对于血缘大家庭根深蒂固的自然感情转移到了具有相同或相近文化象征的共同体之中。“文化原生主义”认为,人们对于族群和民族具有天生的依恋感,这种依恋具有非常强大的激情和持久性。③ 在原生主义的视野中,族群性被认为是历史性、文化性、情感性、生物性的混合,是先天的、自然的存在,其强烈的排他性蕴

① 唐世平、王凯:《族群冲突研究:历程、现状与趋势》,《欧洲研究》2018 年第 1 期。

② [德]李峻石:《何故为敌:族群与宗教冲突论纲》,吴秀杰译,社会科学文献出版社 2017 年版,第 5—15 页。

③ 参见闫伟杰:《当代西方民族主义研究范式述论》,《民族研究》2008 年第 4 期;[英]安东尼·史密斯:《民族主义——理论,意识形态,历史》,叶江译,上海世纪出版集团 2006 年版,第 54—56 页。

藏着族群冲突的危险。对于不同民族群体之间的主客观差异，原生主义将其本质化、神圣化，营造一种民族群体之间差异不可调和的论调，对于强调族际差异导致族际冲突的观念有很强的推动作用。尽管不少学者强调原生论已经遭到了学界的抛弃，①但也有学者指出其在“学界、政界和媒体界都有广泛的市场”，②还有学者认为带有原生主义性质的差异说是大众媒介与政治精英的普遍信仰。③

差异说作为族际冲突的文化解释范式，紧扣民族现象的表与里，凸显了族际冲突复杂的历史文化背景，提供了相当的理论洞见。同时差异说也存在诸多学理与经验上的漏洞，主要表现在以下几个方面。其一，族际差异必然导致族际冲突吗？现实表明，差异同样可以带来融合与共存的可能。随着族群身份建构性、变动性、场景性理论的不断崛起，原生主义在学界受到越来越多的质疑，族际差异导致族际冲突的学理基础已经被动摇。其二，在经验研究领域，族际冲突的激烈程度与族际差异的大小程度之间并未显现出正相关关系，低差异—高冲突以及高差异—低冲突的案例屡见不鲜。例如，在非洲国家中文化、语言和宗教方面最为同质的索马里，国内长期陷入高度分化、高度暴力对抗的内战局面；与其相邻的国家肯尼亚，族群与语言极为多元，却一直处于相对和平稳定的状态。④ 其三，差异论将族际差异视作族际冲突的根源，必然导致试图淡化或消减族际差异的同化主义实践倾向。原生主义作为差异说的理论支柱却带来了实践中的悖论，它倾向于以淡化族际差异来应对族群冲突，同时却又暗含

① Ashutosh Varshney，“Ethnic and Ethnic Conflict”，in Carles Boix and Susan C.Stokes eds.，*Oxford Handbook of Comparative Politics*，Oxford：Oxford University Press，2007，p.291.

② 焦兵：《族群冲突理论：一种批判性考察》，《青海社会科学》2013 年第 3 期。

③ ［德］李峻石：《何故为敌：族群与宗教冲突论纲》，吴秀杰译，社会科学文献出版社 2017 年版，第 4—5 页。

④ ［德］李峻石：《何故为敌：族群与宗教冲突论纲》，吴秀杰译，社会科学文献出版社 2017 年版，第 4—5 页。

着淡化族际差异的无效性,以及潜藏在其中的巨大风险。因为一方面人们会努力去保存、创造、编制自己的族群象征符号,另一方面还会触发认同威胁及抵抗性认同,从而引发更加激烈的族际冲突。

二、利益竞争说

所谓“利益说”,意指族际冲突是由政治经济利益竞争所形塑的。不管以何种“高贵诉求为理由和目标的战争,其背后隐藏的本质性争端都关乎实际利益,它们或者是矿物资源,或者是从业领域,或者会涉及官职、报酬等”。① 在某种意义上,利益说是对差异说的一种反动,它直接否定族际差异导致族群冲突的观点,甚至进一步提出由利益竞争导致的族群冲突催生了族际差异与族群边界。“族群独特的血缘、历史与文化特征并非族群的本质,而社会竞争的需要及个体与群体的应对策略,才是族群构建的根本动力。”“族群之间的社会张力并非一个单纯的文化问题,更是经济社会问题的一种文化反映。”②如果说差异说带有一种先入为主的情感体验的色彩,那么利益说则具备一种深思熟虑的理性认知的特征。利益说建基于大量的质性案例研究以及量化统计分析,它一方面反映了政治学、经济学、社会学等学科对族际冲突研究的深入化及精细化,另一方面也反映了理性选择理论、经济人假设对族际冲突研究的深刻影响。尽管差异说长期被认为是族际冲突的正统解释范式,但在当今社会科学研究中利益说的影响则大有取而代之的势头。③

---

① [德]李峻石:《何故为敌:族群与宗教冲突论纲》,吴秀杰译,社会科学文献出版社 2017 年版,第 22 页。

② 关凯:《社会竞争与族群建构:反思西方资源竞争理论》,《民族研究》2012 年第 5 期。

③ 现代社会科学实证研究更加支持利益论,一种可能的解释是:相对于主观性的文化差异与族群情感,客观性的资源或利益竞争更易于被测量和感知。

利益说带有建构主义族群观的理论色彩，但更本质地说它是工具主义族群观的集中体现。工具主义指的是族群身份、族群认同、族群边界都只是在政治、经济和其他社会利益竞争中所使用的一种动员工具。“工具主义基本上把族群视为一种政治、经济或社会现象，以政治与经济资源的竞争与分配来解释族群的形成、维持与变迁。……工具主义把族群性视为个人、群体或精英为实现某些更大的尤其是物质性的目的而使用的一种工具。”①“族群符号是社会竞争的工具之一，在一定的社会条件下，人们会以族群为单位组织起来在社会系统内争夺各种资源，从而建构起族群之间的社会边界。”②对于族际差异与族际冲突的关系，利益说认为前者并非后者的原因，而是后者的结果。而族际文化差异一旦形成与固化，又作为工具被利用来参与利益竞争。

利益说中的“利益”通常包括政治利益与经济利益，围绕这两个领域分别形成了精英操纵理论（Elite Manipulation Theory）与资源竞争理论（Resource Competition Theory）。精英操纵理论认为，族群性仅仅是用于获取政治优势地位的标签或纽带，是帮助族群政治精英达成其政治目的、实现政治利益的一种工具。“族际暴力冲突是被政治精英所挑起的，旨在营造族群性是唯一具有政治意义的身份认同的国内政治环境……以族群受到威胁的名义来获取个体利益，处于危机中的精英既可以摆脱国内挑战者动员民众反对现状的困境，也可以在应对未来挑战中处于更加有利的位置。”③对族际冲突的操控，既可以由掌握国家政权的政治精英来完成，也可以由少数族群的政治精英来推动。相对而言，资源竞争理论专注于经济因素尤其是自然资源争夺对族群冲突的影响，这一领域已经成

---

① 焦兵：《族群冲突理论：一种批判性考察》，《青海社会科学》2013 年第 3 期。

② 关凯：《社会竞争与族群建构：反思西方资源竞争理论》，《民族研究》2012 年第 5 期。

③ V.P，Gagnon，Jr.Ethnic Nationalism and International Conflict：The Case of Serbia，*International Security*，1994，Volume 19，Number 3，Winter 1994/95，p.132.

为现代社会科学的研究热点。研究发现,一旦出现大量可供争夺的自然资源时,族群冲突乃至战争就很有可能随之而来,水、石油、天然气、草场、钻石、黄金乃至毒品都可能会成为世界各国族群冲突爆发的原因。①

利益说强调了族群性中建构性、场景性、变动性与工具性的一面,利益竞争也在一定程度上弥补了族际差异对族际冲突解释力的不足。利益说得到了大量的实证研究的支持,但其自身同样存在一些理论上的弱点。首先,利益说过于强调工具理性的作用,而低估了情感性因素的力量。“这种类似‘经济人假设’的工具理性纵然有着强大的理论解释力,却通常会在解释情感、价值观和群体行为等问题上陷入某种认识论上的困境。”②现代社会科学研究深受理性人假设、理性行动理论的影响,然而民族本身却是一个蕴含着情感、认同、价值、观念等非理性因素的领域。因此在充分认识经济学、国际政治等学科涉入民族问题研究的积极意义的同时,也必须对其所持有的假设和前提抱有高度的警惕。其次,利益说片面强调政治利益与经济利益对族群行为的驱动作用,有将族群庸俗化为一般性政治组织、经济组织的倾向。事实上,如果不援引历史因素与文化因素,不借助族群性、民族主义、民族认同等概念,利益说就无法圆满解释为何族群精英能够成功操控民众以及为何民众愿意接受族群精英操控,也无法解释围绕自然资源的竞逐为何会沿着大致固定的族群边界展开。

三、结构区隔说

差异说是一种历史文化视角的解释范式,将族群历史文化差异与族

① Paul Collier and Anke Hoeffler, “On Economic Causes of Civil War”, *Oxford Economic Papers*, Vol.50, No.4, 1998; Michael T.Klare, *Resource Wars*, New York: Metropolitan, 2001.

② 关凯:《社会竞争与族群建构:反思西方资源竞争理论》,《民族研究》2012 年第 5 期。

际冲突关联起来;利益说是一种政治经济视角的解释范式,将族际冲突归因为围绕政治经济利益展开的竞争;而区隔说则属于一种社会结构视角的解释范式,认为族群之间的结构断裂以及边界固化导致了族际冲突的最终发生。区隔说注意到一个现象,不管是出于文化差异,抑或是出于利益竞争,冲突的边界经常与族群的边界相重合。甚至在一些情况下,即使没有出现明显的文化、政治、经济竞争,仅仅是因为社会结构的断裂自身就足以造成不同民族群体之间的紧张关系。区隔说并不否认文化差异或利益竞争对族际关系的影响,但认为族际冲突发生的内因还是在于族际社会结构的断裂与族际边界的固化。在多民族国家中,“失衡的民族结构与脆弱的民族关系成为最有可能撕裂国家统一和社会和谐的主要力量。政治、经济、文化乃至社会事务方面的群体分歧经常被有意无意地导向民族层面,并最终以民族矛盾或民族冲突的形式爆发出来。”①例如,尽管学者们在民族关系张力是否是苏联解体主要原因这个问题上存在争论,但苏联在历史与现实、内政与外交、经济与社会等方面的挑战最终聚合在民族因素上爆发,致使强大而统一的联邦共同体裂解成 15 个独立民族国家的事实却是学界公认的。②

平行社会(parallel society)现象可谓是区隔说绝妙的事实例证。在历史上不少西方国家的民族结构较为简单,随着近代以来的人口全球性流动,这些国家在种族、民族、宗教、语言、文化等方面的多样性不断加深。在经济限制、文化偏好、制度选择、社会压力等诸多因素的作用下,一些国家在走向多样性的过程中也逐步形成了族际区隔的趋向。不同族群在居住、社交、消费等社会生活场景中呈现明显的族际区隔,此种现象在教育

---

① 郝亚明:《民族互嵌式社会结构:现实背景、理论内涵及实践路径分析》,《西南民族大学学报》2015 年第 3 期。

② 潘广辉、吴婧:《民族问题与苏联解体——欧、美学界的研究》,《世界民族》2006 年第 1 期。

和就业场域中也有所蔓延。“平行”原意指的是两条直线永不相交，西方学者创造出“平行社会”的概念，用来描述这种多民族社会里不同种族、民族、宗教信仰、文化背景的族裔群体之间互不交往的情形。① 随着此种社会结构的逐步形成，少数族群对主流社会的疏离感日益强化，不同社会群体之间陌生且排斥，各种妖魔化、刻板化的印象日益固化，不仅不可能形成所谓的共同体意识，而且还会导致群体冲突乃至社会分裂。“区隔通常被视作引起分裂与不和的重要因素，它阻碍了社会交往并导致群体之间相互不信任和相互不理解。”②从美国黑人与白人之间普遍性的居住隔离与长期性的种族对抗，到英法德等欧洲国家移民、难民聚居区所爆发的骚乱行动，都是此类社会结构区隔的恶果。

群际接触理论（Intergroup Contact Theory）则从某种角度上为区隔说提供了理论支撑。佩蒂格鲁将族际接触促进族际关系的主要作用机制总结为增进了解、缓解焦虑和产生共情三个维度。③ 首先，族际接触可以增进彼此了解，通过接触习得的新知识修正对外群体的负面认知，进而改善族际关系；其次，族际接触可以显著减少群际威胁和交往焦虑，缓解因焦虑感带来的消极心理反应，从而促进了群际关系的积极发展；再次，族际接触可以促使人们采取外群体的视角去感知世界，从而在相互理解的基础上发展积极的族际关系。区隔说基于此指出，族群边界固化与社会结构断裂的一个重要负面影响，就是妨碍了族际交往交流交融的顺利进行。

区隔说并不直接否定差异或利益导致冲突的存在，因为从社会学、心理学、政治学、经济学等学科的视角来看，内外群体的区分、族群差异的存

① Mueller C.,“Integrating Turkish Communities: A German Dilemma”, *Population Research and Policy Review*, Vol.25, No.5, 2006.

② Peach C.,“Good Segregation, Bad Segregation”, *Planning Perspectives*, Vol.11, 1996, p.379.

③ Pettigrew T.F.,“Intergroup Contact Theory”, *Annual Review of Psychology*, Vol.49, 1998, pp.65-85.

在、政治经济利益的竞逐,的确可能导致冲突产生。但区隔说认为只有在特定的社会结构下,族群差异以及族群利益才会导致冲突,那就是族际之间社会结构的断裂。在多民族社会中文化差异与利益竞争总是会客观存在的现实之下,区隔说提出了从社会结构相互嵌入的角度来解决族际冲突的思路,具体的做法就是促进各民族交往交流交融。如果能够通过社会结构的嵌入,使得族群边界更加流动或呈现重叠,那么即使有文化差异或利益竞争,也不一定会发生族群冲突。

四、安全困境说

"安全困境说"源于国际关系学科,现已发展成为当代族群冲突领域一个较新的理论范式。安全困境(security dilemma)原意是指在国际无政府状态之下,国家不得不采取各种措施来维护自身安全,由于战略意图的高度不确定性,极易引发他国作出针锋相对的政策回应,从而导致国家陷入安全困境之中。罗伯特·杰维斯指出,一个国家增强自身安全的行为必然削弱其他国家的安全感。国家往往通过增强军备减弱自身的不安全感,但是这样做只能使其他国家以同样的方式加强自己的军备。结果就会出现国家之间不断升级的军备竞赛,最后所有国家都因为增强了军备而感到更加不安全。① 唐世平将这一过程概化为"无政府状态产生不确定性—不确定性导致恐惧—恐惧产生权力竞争—权力竞争引发潜在的安全困境—被激活的安全困境通过螺旋式发展导致战争"的因果链条。②"安全困境的悲剧性在于,它所导致的战争并不是任何参与方所希望的,

① Robert Jervis, "Cooperation Under the Security Dilemma", *World Politics*, Vol. 30, No.2, 1978, pp.167–214.

② 唐世平:《"安全困境"和族群冲突——迈向一个动态和整合的族群冲突理论》,《欧洲研究》2014 年第 3 期。

反而是参与方的安全需求导致了他们本想极力避免的战争。"①

在苏联解体和东欧剧变的进程中,随着具有高度权威的中央政权的崩溃,一些国家事实上的无政府状态迅速催生了激烈的族群对抗乃至引发国家分裂。这一现象启发国际关系学者将"安全困境"的概念引入国内族群冲突领域,巴里·波森 1993 年的研究被认为开辟了相关研究的先河。② 由于很多国家的族群冲突与国内(事实上的)无政府状态如影随形,因而安全困境说逐渐成为理解族群冲突的重要理论视角。"国家中央权威的崩溃或功能退化造就了国内的无政府状态,使得国内各个族群对自身的安全高度敏感……一个族群维护安全反而导致包括该族群在内的所有族群均变得更不安全,从而形成了族群安全困境。""在族群安全困境下,以前曾经在一个强有力的中央政府下和平共处的群体突然开始以猜疑的眼光看待彼此,把彼此的每一个行动都视为威胁。"③从这个角度来看,国内事实上的无政府状态的确可以解释相当一部分族群冲突的发生。

然而,仅以外在的无政府状态来解释国内族群冲突的发生并不圆满,安全困境说的支持者尝试将内在因素尤其是族群心理引入分析模型之中,探讨两者的联合作用。这无疑是一种睿智的思路,因为"安全"本身就是一种心理感受,而安全困境的成因及后果都与群体心理有着紧密而深刻的关联。例如唐世平教授将"不满""仇恨""恐惧"等心理因素引入安全困境的族群冲突模型之中,认为心理因素在从安全困境到族群冲突的因果链条中,起着重要的关联或调节作用。④ 然而这一理论模型仍未

---

① 焦兵:《族群冲突:基于安全困境的解释》,《国际论坛》2014 年第 3 期。

② Barry R. Posen, The Security Dilemma and Ethnic Conflict, *Survival*, Volume 35, 1993-Issue 1.

③ 焦兵:《族群冲突:基于安全困境的解释》,《国际论坛》2014 年第 3 期。

④ 王凯、唐世平:《安全困境与族群冲突——基于"机制+因素"的分析框架》,《国际政治科学》2013 年第 3 期。

充分发掘族群心理的解释意义，原因就在于作者认定心理因素既不能引起安全困境，也并非维持安全困境所必要的，而只是安全困境严重程度的调节者。“安全困境在起源上是结构性的，竞争的自助无政府状态才能产生安全困境”。① 但事实上，并非所有的族群都会在无政府状态之下不可避免地陷入安全困境，在心理上充斥着“不满”“仇恨”“恐惧”的族群之间才更有可能产生零和博弈，该研究在正确指出族群心理状态对安全困境调节功能的同时，却忽视了其他两项潜在功能：一是特定群体心理可能会催生安全困境，二是安全困境也可能会恶化群际心理状态，从而作用于最终的族群冲突。可见，安全困境这一聚焦于宏观权力结构的理论学说，深深植根于群际心理的脉络之中。

总结而言，在安全困境说看来，中央政权控制力衰退导致的无政府状态是国内族群冲突的重要原因，在此过程中恐惧、仇恨、不满、怀疑等心理因素发挥着多层次的作用。来自巴尔干半岛、西亚、非洲等地的历史和现实案例都有力地支撑着这一理论的解释力。还有学者进一步提出，正是族群间的安全困境为原生论、工具论、建构论等因素发挥作用提供了必要的条件。因而，“化解族群冲突的根本途径是重塑中央权威，消弭族群安全困境。”②然而，强化中央权威与消解族群冲突之间并非是简单的线性关系，因为国家制度和政府政策导致少数族群的抵抗性民族主义，进而导致国内民族关系恶化的案例同样并不鲜见。例如宁骚教授就提出，正是民族国家建构过程（某种意义上就是强化中央权威）导致了当代世界国内民族冲突的普遍发生，因为民族国家建构与族体自身发展之间存在矛盾。③ 民族国家构建追求打破壁垒、强化统一，一旦在国家制度与民族政

① 唐世平：《“安全困境”和族群冲突——迈向一个动态和整合的族群冲突理论》，《欧洲研究》2014 年第 3 期。

② 焦兵：《族群冲突：基于安全困境的解释》，《国际论坛》2014 年第 3 期。

③ 参见宁骚：《民族与国家——民族关系与民族政策的国际比较》，北京大学出版社 1995 年版。

策方面出现偏颇,如国家权力垄断、语言和文化的同化、经济社会文化发展失衡,就可能引发不同程度的族际冲突。此外,威尔·金里卡在探讨国家与少数族群关系时谈到了“去安全化”(de-securitization)的概念。他指出,“当国家感到存在地缘政治危险或者对周边的敌人感到恐惧时,它们不可能公平地对待国内的少数群体。”①族群关系一旦被安全化,就进入了国家安全的范畴,国家会采取很多限制性措施以捍卫自身。只有在去安全化的条件下,族群政治才可能回归日常政治。

综上所述,要有效调控民族关系,首要前提是对族际关系中张力来源有清醒的理论认识。笔者通过对相关领域研究的全面梳理,提炼出族际关系张力来源的四种主要理论假说。“文化差异说”着眼于历史文化层面,认为族际关系张力主要是由客观存在的族际差异所造成的;“利益竞争说”着眼于政治经济层面,认为族际冲突的本质是围绕政治经济利益而展开的竞争;“结构区隔说”着眼于社会结构视角层面,认为族群之间的结构断裂以及边界固化导致了族际冲突的最终发生;“安全困境说”着眼于国家对族际关系的掌控能力,认为中央政权控制力衰退导致的无政府状态是国内族群冲突的重要原因,在此过程中族群心理因素也起到了关键性的调节作用。铸牢中华民族共同体意识作为新时代党的民族工作的主线,有效调控民族关系必然是其题中之义。从这个意义上来说,族际关系中张力来源与化解的理论探讨对于铸牢中华民族共同体意识而言有着极为重要的政策启示意义。

在第一个层面,铸牢中华民族共同体意识必须注重对族际关系中诸多张力进行有效回应。张力的存在可以指明铸牢中华民族共同体意识的工作方向,张力的消解应当成为铸牢中华民族共同体意识的实践抓手。要切实做到这一点,就要求在铸牢中华民族共同体意识的进程中充分发

① [加]威尔·金里卡:《多元文化主义的兴衰?关于多样性社会中接纳和包容的新争论》,焦兵译,《国际社会科学杂志(中文版)》2019年第3期。

挥各项民族工作方略的针对性作用与协同性作用。针对文化差异说,中央提出了构建中华民族共有精神家园;针对利益竞争说,中央提出了各民族共同繁荣共同发展;针对结构区隔说,中央提出了建立各民族相互嵌入式社会结构与社区环境,推动各民族交往交流交融;针对安全困境说,中央提出了坚持中国共产党对民族工作的全面领导,保持民族政策体系整体延续与适时调整两者间的平衡。由此观之,中国共产党的民族工作方略自觉呼应了族际关系张力来源的系列理论范式,也从侧面证明了其科学性的一面。这些民族工作策略在各尽其责、各司其职的基础上,构成了一个整体性的民族政策体系,共同调节民族关系维护民族团结,推动着铸牢中华民族共同体意识的实践进程。

在第二个层面,铸牢中华民族共同体意识必须超越对族际关系中诸多张力的简单回应。从上文四种理论假说来看,族际关系张力的来源非常广泛,涉及历史文化差异、政治经济竞争、社会结构断裂、国家能力衰退以及群体心理对抗等诸多因素。这一事实深刻彰显了多民族国家中民族关系治理的复杂性,因为在多元民族结构之下,不同领域的因素均可能演化为族际冲突的肇因。尝试构建指向明确的民族政策体系以直接应对各种族际关系张力固然十分必要,但显然并不能从根本上解决问题。"共同体意识"才是化解上述多元张力的根本所在,只有在各民族间真正培育出了利益共同体、命运共同体、情感共同体、身份共同体的意识,才能从本源上消解族际关系中的张力。如果说针对特定张力来源制定民族政策属于治标的话,铸牢中华民族共同体意识就属于治本。铸牢中华民族共同体意识之所以被确立为新时代党的民族工作的主线,是由其自身作为根本性民族工作方略的地位决定的。在当前的民族工作实践中必须确立这样一种理念,即对民族关系的调节、对民族团结的创建,都应该以培育共同体意识为中心。

民族交往交流交融：群际接触理论及其启示*

自 2010 年 1 月中央第五次西藏工作座谈会上首次提出加强各民族“交往交流交融”以来，这一方针事实上已经成为我国促进民族关系的指导性原则之一。“各民族要相互了解、相互尊重、相互包容、相互欣赏、相互学习、相互帮助……要加强民族交往交流交融……促进各族群众在共同生产生活和工作学习中加深了解、增进感情。”①国家将增进族际交往视作促进民族关系的基本路径，力图通过交往交流交融为民族团结构筑牢固的社会基础。相对于族际交往与民族关系问题的重要性，国内学术界的相关研究远不够系统深入，理论框架和实证支撑双重缺失；多民族社会中族际交往对民族关系的具体影响也因为缺乏整理归纳和比较分析而呈现碎片化状态。

群际接触理论②（Intergroup Contact Theory）是西方社会心理学学科

---

* 本文以“西方群际接触理论研究及启示”为题发表于《民族研究》2015 年第 3 期，有删节改动。

① 《习近平在第二次中央新疆工作座谈会上强调　坚持依法治疆团结稳疆长期建疆　团结各族人民建设社会主义新疆》，《人民日报》2014 年 5 月 30 日。

② 群际接触理论未被中国民族研究所重视有三方面的原因。一是该理论侧重心理学领域；二是该理论后期涉及的群体较广，并不集中于族际关系和族际接触；三是相关实证研究大多是采用实验研究方法进行。

为解决群际冲突问题而发展出来的一套理论体系。这一理论集中关注不同群体之间的接触交往对群际关系的影响,它的一些假设被公认为是心理学领域最有效的改善群际关系的策略之一。① 群际接触理论形成于第二次世界大战之后的美国,刚刚过去的世界大战使美国社会意识到为避免因分裂而被征服的下场就必须实现国家团结(national unity),而首要解决的就是历史遗留下来的种族(白人与黑人)关系问题。一大批著名学者为这一理论的形成作出了卓越的贡献,如威廉姆斯(Williams R.)②、谢里夫(Sherif M.)③、华生(Watson G.)④、史密斯(Smith F.T.)⑤等。在前人研究的基础上,美国社会心理学家奥尔波特(Allport G.W.)成为集大成者,他的经典著作《偏见的本质》一书被视作群际接触理论形成的标志。⑥ 尽管今天群际接触理论的解释范围已经扩展到诸多群体,但其最初形成的研究起点却正是不同种族民族之间的族际交往过程,因而在某种意义上可以将其视作是一种族际接触理论,对于族际关系这种最重要的群际关系有着特别的解释效力。笔者尝试对群际接触理论的相关内容进行较全面的评述整理,并以此为基础来剖析民族交往交流交融的政策原则,力图为我国通过族际交往巩固民族团结大局提供一些理论与实践借鉴。

---

① John F.Dovidio, Samuel L.Gaertner & Kerry Kawakami, "Intergroup Contact: the Past, Present, and the Future", *Group Processes & Intergroup Relations*, Vol.6, No.1, 2003.

② Williams R.M.Jr., *The Reduction of Intergroup Tensions*, New York: Social Science Research Council, 1947.

③ Sherif M., Harvey O.J., White B.J., Hood W.R., &Sherif C.W., *Intergroup Conflict andCooperation: The Robbers Cave Experiment*, Norman, OK: University of Oklahoma Book Exchange, 1961.

④ Watson G., *Action for Unity*, New York: Harper, 1947.

⑤ Smith F.T., *An Experiment in Modifying Attitudes toward the Negro*, New York: Teachers College, Columbia University, 1943.

⑥ Allport G.W., *The Nature of Prejudice*, Reading, MA: Addison-Wesley, 1954.

一、群际接触的效力问题

在社会心理学的视域中,导致群际冲突的主要原因在结构上可以区分成三个方面:认识上的刻板印象、态度上的偏见以及行为上的歧视。这些群际冲突动因的形成源于不同群体彼此之间缺乏充足信息或持有错误信息,而群际接触则为增进群体间相互了解或澄清对外群体(out-group)的错误信息提供了机会。基于此,人们较早就形成了群际接触可以减少群际冲突的假设(intergroup contact hypothesis)。布拉姆菲尔德(Bramfield T.)在其对美国公立学校中种族关系研究的著作中写道:“如果来自不同种族和文化的人们能够自由而真诚地交往,那些紧张与困难、偏见与困惑,都会消失;如果人们不能彼此交往而是相互隔离,那么偏见和冲突就会像疾病一样疯狂生长。”①心理学家谢里夫通过实验研究证明了群际接触发生的环境具有极其重要的意义。他认为,仅仅是接触并不足以促进群际关系,一般性接触还经常会加剧对外群体的偏见。② 在前人研究的基础上,奥尔波特提出了群际接触理论的核心观点,对立群体的成员在恰当的条件下进行接触,可以减少群体之间的敌意并形成积极的外群体态度。③

群际接触理论在某种意义上可以看作是族际接触理论,其研究起点和实证基础都集中于种族民族群体的交往与关系问题。④ 早在奥氏提出

① Bramfield T., *Minority Problems in the Public Schools*, New York: Harper & Brothers, 1946, p.245.

② Sherif M., Harvey O.J., White B.J., Hood W.R., & Sherif, C.W., *Intergroup Conflict and Cooperation: The Robbers Cave Experiment*, Norman, OK: University of Oklahoma Book Exchange, 1961.

③ Allport G.W., *The Nature of Prejudice*, Reading, MA: Addison-Wesley, 1954, p.537.

④ Pettigrew T.F.& Tropp L.R., “A Meta-analytic Test of Intergroup Contact Theory”, *Journal of Personality and Social Psychology*, Vol.90, No.5, 2006.

群际接触理论之前,就已经出现了一系列相关理论实证研究。泽里格斯和亨德里克森(Zeligs R.& Hendrickson G.)研究了人们对 39 个不同种族群体的态度,发现最为显著的影响因素就是个体所宣称的对这些群体的熟悉或了解程度。① 史密斯设计了一个实验项目,让一群哥伦比亚大学的白人学生与纽约黑人社区的领袖在周末进行一系列的社交接触和智力游戏。结果发现,相对于控制组中未进行跨种族接触的大学生而言,实验组的大学生对黑人的态度有了显著的改善。② 第二次世界大战中美国士兵在战场上的经历也为群际接触理论提供了系统的案例和天然的试验场。尽管战时美国部队黑人士兵和白人士兵在制度上是按照种族隔离方式进行编队,但在战场上不同种族的编队之间需要协同作战。一个显著的后果就是那些有过跨种族联合作战经历的士兵比那些没有该种经历的士兵在种族态度上要积极得多。③ 海上商船队的经历也支持群际交往改善群际关系的假设。白人海员与黑人海员在相互协作的状态下进行更多的海上航行,他们彼此之间的种族态度变得更加积极友善。④ 多伊奇和柯林斯(Deutsch M.& Collins M.E.)比较了一个跨种族随机分配公寓的住房项目和一个遵照个人意愿种族隔离的住房项目。他们发现,相对于种族隔离式的社区,混居区的白人居民更积极更频繁地进行跨种族接触,随后这些居民也展现出更加积极的种族态度,并且减少了种族刻板印象。⑤

① Zeligs R. & Hendrickson G., "Racial Attitudes of 200 Sixth Grade Children", *Sociology & Social Research*, Vol.18, 1933, pp.26-36.

② Smith F. T., *An Experiment in Modifying Attitudes toward the Negro*, New York: Teachers College, Columbia University, 1943.

③ Singer H.A., "The Veteran and Race Relations", *Journal of Educational Sociology*, Vol.21, No.7, 1948, pp.397-408.

④ Brophy I.N., "The Luxury of Anti-Negro Prejudice", *Public Opinion Quarterly*, Vol. 9, No.4, 1946, pp.456-466.

⑤ Deutsch M.& Collins M.E., *Interracial Housing: A Psychological Evaluation of a Social Experiment*, Minneapolis, MN: University of Minnesota Press, 1951.

群际接触理论形成几十年来,学者进行了大量的研究,涵盖了实验研究、调查研究、实地研究、档案研究等多种研究方法,研究对象从最初的种族民族群体扩展到老年人、残疾人、精神疾病患者、难民以及同性恋者等群体,但一直未能平息人们在群际接触理论效力问题上的争论。也即群际接触到底能在多大程度上促进群际关系?为了回应这方面的质疑,群际接触理论的领军学者佩蒂格鲁(Pettigrew T.)用元分析(meta-analysis)①的方法对相关实证研究进行了完全定量的评估。他对20世纪群际接触理论的实证研究进行了全面整理,最终的分析涉及来自38个国家的515个研究,包含样本个案25万多人。分析结果显示,94%的研究中群际接触与群体偏见呈现负相关,也即群际接触越多,群际偏见程度越低。群际接触与群际偏见的相关系数平均值为-0.21(r=-0.21);在严格的实验研究中,相关系数的平均值高达-0.33(r=-0.33)。② 元分析确证了群际接触与群际偏见之间存在稳健的、高度的负相关关系,基本平息了学界在群际接触与群际关系问题上的争论。

如果群际接触的效力仅仅维持在特定时间特定场合特定个体身上,那么这种理论的价值将大打折扣。因此,学者们开始积极探究群际接触理论的效果泛化(generalization)问题。群际接触的效果泛化一般被区分为三个递进的层次:从特定情境中泛化到其他情境;从个体泛化到所属群体;从接触群体泛化到其他群体。第一个层次是积极接触效果的跨场景延续问题。研究发现存在群际接触效果在不同情境中未能延续的情况,但不断的积极接触所带来的累积效果可以最终打破情境局限,实现群际关系的稳定改善。第二个层次是对一个外群体成员的积极态度能否最终

---

① 元分析是用统计的概念与方法,全面地收集、整理与分析之前针对某个主题所做的实证研究,从中探寻该问题或所关切的变量之间的明确关系模式。

② Pettigrew T.F.& Tropp L.R.,"A Meta-analytic Test of Inter-group Contact Theory",*Journal of Personality and Social Psychology*,Vol.90,No.5,2006.

导向对其所属整个群体的积极态度问题。学者提出了诸如突显归类(salient categorization)、去归类(decategorization)和再归类(recategorization)等接触策略,借此群际接触可以达成这种泛化效果。第三个层次是最高级别的泛化过程,强调接触效果从一个接触群体泛化到多个或所有外群体。尽管很多人认为这种泛化不可能发生,但一些实证研究却证明了这种效果的真实存在。一项欧洲的大规模调查研究发现,对于拥有跨族群友谊的个体而言,他们对所有外群体的态度都显著地友善得多。① 对群际接触效果泛化问题的研究,极度彰显了群际接触理论的效力及现实应用价值。

除了群际接触效果的泛化之外,群际接触方式的拓展也具有重要的意义。由于心理学的学科特点,经典的群际接触理论主要关注面对面的直接接触(face-to-face direct contact)对于群际关系的影响问题。但在现实场景中,直接的群际接触很多时候难以实现(时空限制),有时候还会带来很多的负面效果(焦虑感等),而正处于激烈冲突之中的群体之间也不适合进行面对面的接触。因此,群际接触理论饱受实用性(practicality)问题的困扰。随着理论和实证研究的不断深入,群际接触理论开始向间接接触(indirect contact)延伸拓展。学者们通过实验研究发现,面对面的接触并非是改善群际关系的必要条件,直接接触与间接接触在降低外群体偏见的作用上没有显著的差异。目前大致形成了四种间接群际接触假设。

1. 扩展接触假设(extended contact hypothesis)。莱特(Wright S.C.)等人提出,仅仅知道内群体(in-group)成员中有人与外群体成员是朋友关系,也会促使这个群体形成更加积极的外群体态度。② 一些实证研究证

---

① Pettigrew, T. F., "Generalized Intergroup Contact Effects on Prejudice", *Personality and Social Psychology Bulletin*, Vol.23, No.2, 1997, pp.173-185.

② Wright S.C., Aron A., McLaughlin-Volpe T. & Ropp S.A., "The Extended Contact Effect: Knowledge of Cross-group Friendships and Prejudice", *Journal of Personality and Social Psychology*, Vol.73, No.1, 1997, pp.73-90.

明了这种效果,例如陶斯(Tausch N.)等人调查了北爱尔兰地区的天主教徒和新教徒,认为扩展性接触对于改善群际关系起到显著作用。①

2. 想象接触假设(imagined contact hypothesis)。即使是想象着与外群体成员进行接触交往,也可以降低群体偏见和产生积极的群际态度。克里斯普和特纳(Crisp R.J.& Turner R.N.)指出,在心理上模拟与外群体成员进行积极的社会互动,随之形成对外群体的积极情感,并进一步产生对外群体的积极观念以及提升与外群体交往的动机。②

3. 替代接触假设(vicarious contact hypothesis)。社会认知理论认为,人们是通过观察他人来形成自己的态度、价值、情感倾向和行为方式。通过将社会认知理论运用于群际交往领域,替代接触假设提出,观察内群体成员与外群体成员之间成功的群际接触经历,能够改善观察者的群际态度并且提高他们与外群体进行直接群际接触的意愿。③

4. 模拟接触假设(para-social contact hypothesis)。模拟接触假设强调大众媒介可以产生类似真实面对面接触的效果。夏帕(Schiappa E.)等学者提出了这一假设并设计了系列实验研究,证明通过大众媒介的模拟接触过程的确能够减少人们对外群体的偏见,改变人们对特定群体特性的刻板认识。④ 在传统大众媒体之外,网络社会中模拟接触假设将有更大的应用空间。有学者分析了通过网络进行的模拟接触所具备的优势和

---

① Tausch N., Hewstone M., Schmid K., Hughes J. & Cairns E., "Extended Contact Effects as a Function of Closeness of Relationship with Ingroup Contacts", *Group Processes & Intergroup Relations*, Vol.14, No.2, 2011, pp.239-254.

② Crisp R.J.& Turner R.N., "Can Imagined Interactions Produce Positive Perceptions? Reducing Prejudice through Simulated Social Contact", *American Psychologist*, Vol.64, No.4, 2009, pp.231-240.

③ Mazziotta A., Mummendey A.& Wright S.C., "Vicarious Intergroup Contact Effects Applying Social-cognitive Theory to Intergroup Contact Research", *Group Processes & Intergroup Relations*, Vol.14, No.2, 2011, pp.255-274.

④ Schiappa E., Gregg P.& Hewes D., "The Parasocial Contact Hypothesis", *Communication Monographs*, Vol.72, No.1, 2005, pp.92-115.

特点,论证了其对于改善群际关系具有重要作用。①

间接群际接触具有超越面对面直接群际接触的重要实践价值,极大地扩展了群际接触理论的解释力度和应用范围。尽管这些假设尚存一些理论疑问,缺乏足够的实证支撑,并且间接接触带来的效果可能不如直接群际接触那样稳定持久,但毫无疑问,在直接接触开始之前先开展一些间接接触,将极大地促进整个群际接触过程的顺利进行。

二、群际接触的最优条件问题

群际接触理论在形成与发展过程中一直面临着根本性的困扰,即群际接触到底是减少了群际冲突还是增加了群际冲突。著名心理学家罗宾·威廉姆斯认为,“对于所有社区的所有群体而言,无论是多数种族还是少数种族,族际交往越频繁,种族偏见就越少。”②与这种乐观主义论调不同,一些学者秉持悲观主义的视角。“不同种族在平等条件下的接触只会滋生怀疑、恐惧、憎恨、骚乱甚至公开的冲突。”③这种争论不仅出现在理论层面,很多实证研究也呈现出相互抵触的结论。以早期的实证研究为例,例如一项亚拉巴马州的研究显示,来自美国北部的白人大学生平均每在南方多待一年就会增加反黑人的偏见;④霍洛维茨(Horowitz E.L.)比较了种族隔离学校和非种族隔离学校中白人孩子的种族态度,结果发

① Amichai-Hamburger Y.& McKenna K.Y.A.,“The Contact Hypothesis Reconsidered: Interacting via the Internet”, *Journal of Computer-Mediated Communication*, Vol.11, No.3, 2006, pp.825-843.

② Williams R.M., *Strangers Next Door: Ethnic Relations in American Communities*, Englewood Cliffs, NJ: Prentice-Hall, 1964, p.168.

③ Baker P.E., *Negro-White Adjustment*, New York: Association Press, 1934, p.120.

④ Sims V.M.& Patrick J.R.,“Attitude toward the Negro of Northern and Southern College Students”, *Journal of Personality and Social Psychology*, Vol.7, No.2, 1936, pp.192-204.

现并无显著差别；[①]威廉姆斯对美国不同地区四个城镇的社会接触与种族态度进行调查，结果显示白人与少数种族群体接触越多，其所持有的负面偏见就越少。[②] 在佩蒂格鲁所做的元分析研究中也可以看到，依旧有数十个研究不支持群际接触减少群际冲突的结论。

1954 年美国最高法院宣布教育系统中白人与黑人的种族隔离违宪，要求终止学校中的种族隔离行为。人们普遍相信，一旦两个种族彼此接触交流，种族间的偏见和歧视将不复存在。最高法院的这项法令得到了数十名顶尖人类学家、心理学家和社会学家的背书支持。[③] 然而奥尔波特则认为，美国最高法院的法令不切实际且无法达到既定目的，因为仅仅将不同种族或族群简单放在一起并不足以消除他们彼此所持有的刻板印象，这种场景下的随意接触将会导致焦虑感并强化彼此的刻板印象。斯蒂芬（Stephan W.G.）日后对学校去种族隔离的研究印证了奥尔波特的判断。他的研究证明只有 13%的白人学生报告对黑人学生的印象有所改善，34%的白人学生表示没有变化，53%的白人学生表示对黑人学生的印象更为负面。[④] 奥尔波特指出，接触本身并不是克服群际偏见的有效工具。群际接触是一个变化的现象，可以区分为积极接触与消极接触。促成积极接触的最优条件（optimal conditions）可以归纳为四条：1. 平等地位，即接触群体在接触的情境中保持平等的群体地位；2. 共同目标，即接

① Horowitz E.L.，"The Development of Attitude toward the Negro"，*Archives of Psychology*，Vol.194，1936，p.47.

② Williams R.M.，*Strangers Next Door*：*Ethnic Relations in American Communities*，Englewood Cliffs，NJ：Prentice-Hall，1964.

③ Cook S.W.，"Cooperative Interaction in Multiethnic Contexts"，In M.Brewer，ed.，*Groups in Contact*：*The Psychology of Desegregation*，Orlando，FL：Academic Press，1984. pp. 155-185.

④ Stephan W.G.，"The Effects of School Desegregation：An Evaluation 30 years after Brown"，In M.J.Saks & L.Saxe，ed.，*Advances in Applied Social Psychology*，New York：Erlbaum，1986，pp.181-206.

触双方均积极努力才可以达成的特定目标;3. 群际合作,即接触双方在达成共同目标过程中处于合作而非竞争状态;4. 制度支持,即官方、法律、道德规范、社会传统对群际接触予以支持和鼓励。① 只有在这四条最优条件得到满足的前提下,才能确保群际接触产生积极效果。

事实上,奥尔波特被公认为群际接触理论的创始人,其最大的贡献并不在于他对群际接触与群际关系的精炼概括,而正在于他提出了群际接触的最优条件问题。首先,最优条件的提出使得群际接触理论摆脱了长期争论的困扰。在最优条件被违背的情况下,群际接触才会导致群际冲突的产生;是群际接触条件而不是群际接触本身导致了群际冲突的产生。其次,最优条件的提出深化了人们对群际接触和群际关系的理解,两者之间并非简单的线性关系。人们开始不再单纯关心群际接触本身,进而开始关注群际接触的环境和条件问题。正是这种创见,使得群际接触从一种假设进化为严密的理论体系。

奥尔波特在提出群际接触理论时将最优条件视作先决条件,很多严格遵循最优条件的实验研究都取得了良好的积极接触效应。然而一些研究发现,即使在不满足最优条件的情况下,群际接触也能对群际关系产生积极效应。佩蒂格鲁通过元分析发现,满足最优条件的研究中群际接触与群际偏见的相关系数平均值为-0.287,而不满足最优条件的研究中两者相关系数的平均值为-0.204。也就说明,在不满足最优条件的情况下群际接触依然具备促进群际关系的积极效应,但遵循最优条件能够增强群际接触的积极效应。因此,最优条件只是群际积极接触的促进条件,而非必要条件。② 尽管如此,奥尔波特的最优条件依旧具有重大意义。遵循这些最优条件不仅可以增强群际接触的积极效果,更重要的是可以有

① Allport G.W., *The Nature of Prejudice*, Reading, MA: Addison-Wesley, 1954, p.537.

② Pettigrew T.F.& Tropp L.R., "A Meta-analytic Test of Intergroup Contact Theory", *Journal of Personality and Social Psychology*, Vol.90, No.5, 2006.

效防止消极接触的发生。

在奥尔波特最优条件的影响下,学者们不断地发展情境变量以促进最优接触,被提及的最优条件超过50个之多。例如通用语言、自愿接触、经济繁荣、不过于负面的最初群体印象等。佩蒂格鲁认为这些研究者混淆了促进性条件(facilitating conditions)与必要条件(essential conditions)之间的区别,而且过多的最优条件事实上排除了绝大多数群际接触场景。① 然而发展新的最优条件的努力也并非毫无意义,人们发现群际友谊的形成机会很可能是一个新的必要条件。如果群际接触只是保持在常规状态而无法形成进一步的群际友谊,则可能对于族际关系提升意义不大。在很多的理论和实证研究中,群际友谊成为了重要的中介变量,如果没有群际友谊的形成,则提升群际关系的多种机制均无法正常发挥作用。

三、群际接触的作用机制问题

阐明群际接触的作用机制对于确证群际接触的效力具有至关重要的意义。群际接触如何作用于群际关系,事实上是一个因果链的探究过程。这种因果关系并非一种直接的作用,而是通过中介变量产生的间接作用,对群际接触作用机制的研究,事实上就是对连接两者的中介变量的探寻。概而言之,群际接触作用机制的理论探寻经历了一个从认知取向到情绪取向发展的过程。认知取向认为群际接触促进了群体间的相互了解,而情绪取向认为群际接触减少了对外群体的负面情绪,或者增加了针对外群体的正面情绪。虽然基于认知取向的早期研究取得了很大成就,但是人们发现积极接触效果远比基于认知取向的族际接触理论预测得好,这就说明在此之外还存在其他的作用机制,此后人们开始积极探索情绪取

① Pettigrew T.F.,“Intergroup Contact Theory”,*Annual Review of Psychology*,Vol.49,1998,pp.65-85.

向的群际接触过程。佩蒂格鲁将群际接触的主要作用机制总结为增进了解、缓解焦虑和产生共情三个方面。①

（一）增进了解（Knowledge）

偏见源自无知（ignorance promotes prejudice）、熟悉产生喜爱（familiarity breeds liking）是群际接触理论研究的起点。早期理论家们普遍秉持的观点是，群际偏见是由于某一群体对其他群体缺乏充足信息或存在错误信息而产生的，而群际接触可以增进彼此了解。当通过接触习得的新知识修正了对外群体的负面认识，群体关系就会有所改善。整个20世纪对群际接触的研究都视增进了解为最重要的中介变量，奥尔波特群际接触理论的提出也正是基于这一判断，并使其成为当时社会心理学中的主流思想。多维迪奥（Dovidio J.F.）等人将增进群际了解发挥作用的过程细分成三种方式：（1）随着对外群体了解的增加，人们更有可能用更加个性化或个体化的方式去审视他者，并与外群体成员建立新的、非刻板印象的群际关联；（2）对外群体了解的增加可以降低交往过程中的不确定性，减少交往中不适的产生；（3）增进对外群体的了解可以获得历史背景和文化敏感性，从而增强跨文化理解的能力。②

（二）缓解焦虑（Anxiety）

情绪对于群际接触过程至关重要，不同的情绪可能导致不同的接触效果。与群体内部的交往相比，群际交往非常容易引发焦虑感，而焦虑感能够导致不同群体之间产生一系列消极反应，如强化刻板印象、干扰有效

① Pettigrew T.F.，"Intergroup Contact Theory"，*Annual Review of Psychology*，Vol.49，1998，pp.65-85.

② John F.Dovidio，Samuel L.Gaertner & Kerry Kawakami，"Intergroup Contact：the Past，Present，and the Future"，*Group Processes & Intergroup Relations*，Vol.6，No.1，2003.

沟通、影响群际互信等。史蒂芬等人(Stephan W.G.& Stephan C.W.)认为,群际焦虑(intergroup anxiety)是在群际交往时所发生的一种带有普遍性和典型性的负向情感反应,尤其是在交往群体之前从未有过接触或群体间地位差距巨大时更易发生。① 由于焦虑情绪的存在,即使是两个不存在任何偏见和冲突的群体,也可能形成消极接触。② 当人们与外群体成员进行了一次成功的互动并认识到不必害怕此类交往之后,他们的群际焦虑水平会大幅度下降。群际接触显著地减少了群际威胁和交往焦虑,从而促进了群际关系的积极发展。研究发现,与那些缺乏群际交往的白人相比,有过跨种族接触的白人在群际交往过程中显示出更少的心理紧张状况以及自我报告焦虑感。③

(三)产生共情(Empathy)

焦虑是群际接触过程中所产生的一种负面情绪,而共情则是这一过程中所产生的积极情感。在群际交往过程中,重要的不仅是对不同群体之间差异的了解,更是对不同群体之间差异的理解,而共情的主要表现正是对外群体视角的采用。群际接触尤其是较亲密的接触,如形成跨族友谊等,很有可能使得一个人采取外群体成员的视角并对他们的关注点感同身受。这个新的视角反过来可以改善群际态度,并成为消减群际偏见的重要调节机制。有学者认为共情从两个角度来消除群际偏见,一方面共情能够使得人们对外群体产生更加积极的感受;另一方面共情影响人

---

① Stephan W.G.& Stephan C.W.,"Intergroup Anxiety",*Journal of Social Issues*,Vol. 41,No.3,1985,pp.157-175.

② Devine P. G., Evett S. R. & Vasquez - Suson K. A.,"Exploring the Interpersonal Dynamics of Intergroup Contact", In R. M. Sorrentino & E. T. Higgins, ed., *Handbook of Motivation and Cognition:The Interpersonal Context*,New York:Guilford,1996,pp.423-464.

③ Blascovich J.,Mendes W.B.,Hunter S.B.,Lickel B.& Kowai - Bell N.,"Perceiver Threat in Social Interactions with Stigmatized Others",*Journal of Personality and Social Psychology*,Vol.80,No.2,2001,pp.253-267.

们的动机并促使他们对外群体表现出支持性行动。①

总体而言,群际接触的作用机制就是一个认知与情绪相结合的过程。尽管早期人们普遍认为增进了解是群际接触理论的首要作用机制,但进一步的分析发现它在三个中介变量中解释力最弱。情绪变量是比认知变量更有力的解释机制,尤其是焦虑的缓解对群际接触的效果起着关键作用,而共情也具有较强的解释力度。② 显然,如何理解三种主要作用机制之间的关系并探索他们如何联合作用于群际接触的过程,要比理解他们各自独立的作用更为重要。除以上三种基本的作用机制之外,学者们还总结出一些其他的重要中介变量,如群际友谊的发展、依存关系的建立、行为模式的改变以及接触对象的重新归类等内容。这些中介变量在一定程度上拓展了群际接触理论的作用机制,但目前尚欠缺全面的理论解释和实证支撑。

四、群际接触理论面临的困境

独特的理论地位和广泛的政策应用前景吸引了大批学者参与群际接触的研究,促使理论体系不断发展完善,实证支撑日益增加。但由于自身的缺陷③及现实的复杂性,群际接触理论也面临着多方面的挑战。

---

① John F. Dovidio, Samuel L. Gaertner & Kerry Kawakami, "Intergroup Contact: The Past, Present, and the Future", *Group Processes & Intergroup Relations*, Vol.6, No.1, 2003.

② Pettigrew T. F. & Tropp L. R., "How Does Intergroup Contact Reduce Prejudice? Meta-analytic Tests of Three Mediators", *European Journal of Social Psychology*, Vol.38, No.6, 2008, pp.922-934.

③ 主要是心理学学科的视域局限。佩蒂格鲁尝试将社会因素和个体因素加入群际接触模型中以弥补理论解释力的不足。

(一)对理论立足点的挑战

群际接触理论原初的基本假定是群际冲突源于无知和误解,通过相互接触可以增进彼此的了解并进而改善群际关系。这一假设成为经典群际接触研究的理论立足点所在,尽管后期在解释思路上出现了从认知取向到情绪取向的转型,但缓解焦虑和产生共情都被认为是在增进了解的基础上所达成。正如佩蒂格鲁分析的那样,这一理论立足点暗示,群际接触使得不同群体相互了解并最终发现他们彼此之间实际上是非常相似的。“这种视角其实是否认群体差异的存在,回避从社会层面或制度改革的层面来处理群际冲突问题。”①依照这种逻辑,如果群际相似的观点成立,那么群际接触自然可以促进群际关系;但如果群际相似的观点不成立,那么群际接触则可能对促进群际关系毫无帮助。

不可否认,群际差异是客观存在的。尤其是当这种理论框架被用来解释不同民族群体的族际交往时更是面临着极为严重的挑战,因为民族通常就是被界定为以文化差异为边界而划分的人群共同体。正是基于这种认识,政治学家福布斯(Forbes H.D.)对群际接触理论进行了近乎彻底的批判和否定。他认为,群体冲突尤其是族际冲突的来源并非刻板印象,而是文化差异以及对同化的恐惧。在个体层面,族际接触可以增进了解,减少差异,消除偏见,产生群际关系和谐的效果;但在群体层面,族际接触却激发了对同化的担忧,产生对差异的保护或者增加保持差异的努力,使得人们强烈维护各自的群体认同,因而在实际上增加了群体之间的紧张关系。②

---

① Pettigrew T. F. & Tropp L. R., “How Does Intergroup Contact Reduce Prejudice? Meta-analytic Tests of Three Mediators”, *European Journal of Social Psychology*, Vol.38, No.6, 2008, pp.922-934.

② Forbes H.D., *Ethnic Conflict: Commerce, Culture, and the Contact Hypothesis*, New Haven, CT: Yale University Press, 1997.

（二）对最优条件的挑战

奥尔波特的最优条件认为,群际接触在平等地位、共同目标、群际合作以及制度支持四个条件的共同作用下才能确保产生积极接触效果。如果严重违背最优条件,则群际接触极有可能强化群体偏见并引发群际紧张。资源竞争理论是现代族群理论的一个重要范式,它将族群视作服务于资源竞争目的的社会工具。“冲突是因为政治资源、经济资源、社会资源在不同人群中的争夺而产生的,包括族群在内的群体都是社会竞争的工具之一。”①在资源竞争理论的视角中,族际之间主要是竞争关系而非合作关系;而在资源竞争激烈的社会场景中,双方的平等地位、共同目标及制度支持势必都难以建立与维持。更有学者指出,当群体之间处于竞争关系或者接触群体地位不平等时,制度性支持因素反而会引发群体之间的敌意,降低群际积极接触发生的可能。② 也就是说,资源竞争理论预设了族际交往必然是一种对最优条件全面违背的群际接触类型,从而极大地挑战了群际接触理论在调节族际关系中的应用价值。资源竞争理论引申出一些值得思考的问题,群际接触理论如何容纳利益分歧问题？群际接触对处于明确竞争关系的群体有多大意义？

（三）对因果关系的挑战

对因果关系的质疑一直被认为是群际接触理论所面临的主要挑战之一。群际接触理论认为,群际接触降低了群际偏见并进而改善了群际关系。而反对者则认为相反的因果逻辑也是真实存在的,即对外群体偏见

① 关凯:《社会竞争与族群建构:反思西方资源竞争理论》,《民族研究》2012 年第 5 期。

② Pettigrew T. F. & Tropp L. R., “How Does Intergroup Contact Reduce Prejudice? Meta-analytic Tests of Three Mediators”, *European Journal of Social Psychology*, Vol.38, No.6, 2008, pp.922-934.

程度低的人更乐于进行群际接触,而对外群体偏见程度高的人则尽力避免参与群际接触,这种选择偏倚(selection bias)使得人们错误地理解了这个过程中的因果逻辑关系。对此,佩蒂格鲁提供了三种解决方案,第一是寻找一些严格限制自我选择的群际接触场景;第二是借用计量经济学的方法去比较方向相反的因果路径;第三就是从截面研究转向长时段的历时性研究来探寻明确的因果方向。① 对因果关系的探讨提出了一个极其重要的现实问题,即如何增强人们的群际接触意愿?毕竟对于群际接触意愿较低的人而言,他们往往既拒绝进行群际接触,也拒绝改变所持有的外群体态度。

(四)两个不对称问题

第一个是优势群体和劣势群体在接触效果上的不对称问题。尽管最优条件指出接触群体在接触场景中保持平等地位有助于形成积极接触效果,但现实生活中的群体不平等依旧会被带入群际接触过程。研究发现,与处于劣势地位的少数群体相比,群际接触对处于较高地位的多数群体的外群体态度能产生更为强烈的影响。② 主流群体态度的改变固然可喜,但如果群际接触不能使劣势群体的态度得到相应提升,群际关系依旧难以发生质的变化。

第二个是积极接触效应和消极接触效应的不对称问题。众所周知,积极接触可以减少偏见改善族际关系,消极接触则会强化偏见恶化族际关系。有研究认为,“相对于积极接触所产生的改善族际关系效应而言,

---

① Pettigrew T. F., “Intergroup Contact Theory”, *Annual Review of Psychology*, Vol.49, 1998, p.69.

② Pettigrew T. F. & Tropp L. R., “Does Intergroup Contact Reduce Prejudice? Recent Meta-analytic Findings”, In S. Oskamp, ed., *Reducing Prejudice and Dscrimination*, Hillsdale, NJ: Erlbaum, 2000, pp.93-114.

消极接触所导致的负面影响可能会强于积极接触所带来的正面影响。"① 这种不对称告诫我们,在现实生活中应用群际接触理论存在一定的风险,以这种途径改善群际关系的努力可能导致群际关系严重恶化的后果。

五、群际接触理论对民族交往交流交融政策的启示

民族交往交流交融作为一种政策表述,既是对中国历史上民族事务成功经验的总结与概括,也是对中国当前促进民族关系若干基本原则的坚持与强调。就基本意涵而言,交往就是促进族际接触族际互动,交流就是增进族际理解消除族际偏见,交融就是化解族际矛盾达成民族团结。民族交往交流交融展示的就是从族际接触到族际理解再到族际团结逐步递进的过程,这与群际接触理论的逻辑预设高度吻合。我们应该认识到,群际接触理论是基于西方尤其是美国的种族族群交往实践而形成的理论体系,其历史背景和社会基础必然与多民族中国存在显著差异。尽管如此,作为社会心理学历史上最成功的理论之一,其相关研究对于中国促进各民族交往交流交融的政策实践依旧具有不容低估的启示意义。②

(一)族际交往是构建和谐民族关系的基础

在费孝通先生对中华民族整体结构的阐述中,多元一体格局的形成发展过程实质上就是各民族交往交流交融的过程。各种史实资料显示,

---

① Fiona Kate Barlow, Stefania Paolin et al., "The Contact Caveat: Negative Contact Predicts Increased Prejudice More Than Positive Contact Predicts Reduced Prejudice", *Personality and Social Psychology Bulletin*, Vol.38, No.12, 2012, pp.1629-1643.

② 通常而言,较之一般社会科学,心理学的研究结论在不同社会、文化环境中具有较高的稳定性和普适性。

不同民族之间的流动、接触、混杂、融合是一种历史常态。① 正是这种历史长河中频繁而不间断的族际交流互动,才造就了中华民族以及统一的多民族国家。然而中国的族际交往长期保持着不充分与非均质的双重特性。群际接触理论认为,族际交往不充分将导致针对其他民族错误认知的形成及负面交往情绪的产生,并且妨碍民族间相互理解能力的建构。在我国的民族交往实践中族际相互了解依旧较为肤浅和片面,对族际差异缺乏包容理解,对族际交往充满疑虑担忧,而诸多问题的本源在很大程度上正是族际交往不充分。这些现象的存在进一步说明,促进族际交往是构建和谐民族关系的必由之路。

各民族交往交流交融的政策原则正是针对我国民族交往不充分的现实,力图以族际交往为民族团结的大局打下良好的社会基础。大量的实证研究证明了群际接触对于提升群际关系的效力,而且这种积极效应还可以通过接触效果泛化和接触方式拓展实现最大化。在促进各民族交往交流交融的过程中,一方面要坚定族际充分交往是和谐民族关系基础的信念,积极稳妥促进族际交往;另一方面要因地、因时制宜地采取各种群际接触形式,激发不同民族群体族际交往的积极性,努力发展跨民族的个体或群体友谊。

(二)族际交往促进民族团结是有条件的

近几十年来,随着市场经济、城市化和现代交通通信技术的快速发展,各民族人口在全国范围内广泛流动。族际自发接触进一步增多,族际交往开始普及深化,并逐步从公共领域进入私人领域。

从群际接触的理论分析和实证研究来看,群际交往与群际关系之间

---

① 费孝通主编:《中华民族多元一体格局》,中央民族大学出版社 1999 年版,第 3—38 页。

并非绝对的线性关系。受接触场景中各种因素的影响,群际接触既可能发展成积极接触以改善群际关系,也可能发展成消极接触并恶化群际关系。要确保积极群际接触的发生,必须满足平等地位、共同目标、合作关系及制度支持等一系列最优条件。由此对中国的族际交往实践形成几条启示:第一,考虑到中国民族问题的复杂性和历史文化的特殊性,中国族际接触的最优条件与奥尔波特的最优条件之间可能会存在一些差异,对两者之间异同的研究具有重要的现实意义。第二,由于消极接触恶化群际关系的能力要强于积极接触提升群际关系的能力,在以外力促进族际接触时必须慎防消极接触对民族关系的破坏作用。在不能创造恰当的接触条件之前盲目推动接触交往,很多时候会导致意想不到的负面后果。第三,在族际自发接触日益增多的情况下,相对于提供或增进族际交往的机会,政府更应该做的是创造符合中国国情的族际接触最优条件,确保族际交往对民族团结的积极作用。

(三)族际交往促进民族关系存在限度与边界

族际交往对于和谐民族关系具有基础性的作用,但这种作用是存在限度和边界的。族际交往可以解决不同民族之间因缺少了解导致的偏见与歧视,可以缓解群际交往时的焦虑与隔膜,甚至可以为族际政治、经济、文化事项的解决创造良好的宏观社会基础,但它无法消弭民族文化差异,无法解决族际利益竞争和分配等与民族关系密切相关的核心议题。民族关系和民族团结是一个系统性的大工程,促进民族交往交流交融只是其中重要的一环而非全部。一些事关民族团结大局的核心问题的解决依然需要从问题本身去寻找解决办法,如果这些问题长久得不到解决,由族际交往所形成的积极效应也难以维持。这种清醒的定位对于公共政策的制定及运用都具有十分重要的意义,可以有效避免对公共政策的误判和误用。

中央提出建设各民族相互嵌入式的社会结构和社区环境,其目的正在于从宏观和微观两个层面来促进民族交往交流交融,这一思路无疑具有重要的现实意义。由于族际交往在促进民族关系问题上存在限度和边界,民族互嵌式社会必须在功能定位和构建路径上都有所突破。从功能定位上来说,民族互嵌式社会在注重消除社会心理隔离的同时,还应该强调消除社会结构分割和消除社会资源排斥①;从构建路径上来说,民族互嵌式社会离不开少数民族经济发展、少数民族文化保护、少数民族权利保障及少数民族社会融合的辅助和支撑。

---

① 郝亚明:《民族互嵌式社会结构:现实背景、理论内涵及实践路径分析》,《西南民族大学学报》2015 年第 3 期。

第二篇

政 治 定 位

从政治定位来深化对铸牢中华民族共同体意识的认识*

如果说新时代党的民族工作的主线是中央对铸牢中华民族共同体意识的实践定位和政策定位，那么马克思主义民族理论中国化的最新成果就可以视作中央对铸牢中华民族共同体意识的理论定位和政治定位。就研究现状而言，从前一角度进行论述的成果较多，而从后一角度进行阐释的成果则较少。事实上，“马克思主义民族理论中国化的最新成果”这一政治定位可以为深入理解铸牢中华民族共同体意识提供诸多启示：“马克思主义民族理论”强调了铸牢中华民族共同体意识与中国共产党民族理论民族政策体系之间的延续性；“中国化”强调了铸牢中华民族共同体意识对中国基本国情的把握及对现实挑战的回应；“最新成果”则强调了铸牢中华民族共同体意识在民族理论和民族政策上有一系列的创新发展。概而言之，“马克思主义民族理论中国化的最新成果”的政治定位表明了铸牢中华民族共同体意识具有政策延续性、现实回应性、理论创新性三大特征。基于以上分析，笔者尝试从这三个角度展开论述。

---

* 本文以“从政治定位来深化对铸牢中华民族共同体意识的认识”为题发表于《西南民族大学学报》2021 年第 8 期，有删节改动。

一、铸牢中华民族共同体意识的政策延续性

马克思主义民族理论是马克思主义认识人类社会民族现象、把握民族过程发展规律和解决民族问题的科学思想体系。① 它运用历史唯物主义和辩证唯物主义的基本原理,对人类社会不同时期的民族过程进行了深入系统的考察,揭示了民族问题与阶级问题、社会问题、社会革命问题的关系,并在此基础上阐明了正确解决民族问题的理论原则。② 中国共产党既是马克思主义民族理论的践行者,也是马克思主义民族理论的建设者。中国共产党的民族理论话语与民族政策实践是马克思主义民族理论体系的有机构成部分,毛泽东、周恩来、邓小平、李维汉等老一辈无产阶级革命家及中央几代领导集体都为其发展作出了重要贡献。中国共产党的民族政策一直坚持着马克思主义民族理论的指导方向,而且在结合中国特色社会主义建设的实践进程中不断发展不断丰富这一理论体系。

党的十八大以来,党中央全面把握中华民族伟大复兴战略全局和世界百年未有之大变局,在民族事务与民族治理上提出了一系列新主张、新提法、新论断,从而形成了以铸牢中华民族共同体意识为核心的习近平总书记关于民族工作的重要论述。"马克思主义民族理论中国化的最新成果"的政治定位宣示了铸牢中华民族共同体意识对民族平等、民族团结、各民族共同繁荣这些马克思主义民族理论基本原则的坚守。中央将铸牢中华民族共同体意识定位为马克思主义民族理论中国化的最新成果,具有以下三方面的功能:一是消除理论误区,二是平息政策论争,三是指明实践方向。

---

① 郝时远:《坚持马克思主义民族理论的指导地位》,《民族研究》2004 年第 3 期。

② 金炳镐、周传斌:《马克思主义民族理论与中国民族理论学科——纪念马克思逝世 120 周年》,《民族研究》2003 年第 5 期。

以马克思主义民族理论中国化的最新成果作为铸牢中华民族共同体意识的政治定位有助于消除相关理论误区。与铸牢中华民族共同体意识相关的理论误区,最典型的如"内在冲突论",认为中华民族多元一体格局既强调一体又强调多元,而中华民族共同体概念则只讲一体不讲多元,因此两者之间存在冲突与对立;又如"求同否异论",认为所谓中华民族共同体就是以共同性为基础的民族实体,铸牢中华民族共同体意识就是强化共同性而否定差异性;再如"民族同化论",认为铸牢中华民族共同体意识意在人为促进民族融合或民族同化。对于以上理论误区,我们固然可以从逻辑或事实上予以驳斥,然而马克思主义民族理论中国化最新成果的政治定位则是最为有力最为根本的驳斥方式。因为这些理论误区中包含的认识明显违背了马克思主义民族理论的基本原则,因而也就不可能是对铸牢中华民族共同体意识的正确认识。

以马克思主义民族理论中国化的最新成果作为铸牢中华民族共同体意识的政治定位有助于平息相关政策论争。习近平总书记在2014年中央民族工作会议上指出,"新中国成立65年来,党的民族理论和方针政策是正确的,中国特色解决民族问题的道路是正确的,我国民族关系总体是和谐的,我国民族工作做的是成功的"①,并把中国特色解决民族问题的正确道路总结为"八个坚持"。在2019年全国民族团结进步表彰大会上,习近平总书记又进一步将新中国成立70年来民族工作的成功经验总结为"九个坚持"。② 铸牢中华民族共同体意识本身就是中国特色解决民族问题的正确道路的核心内容,它是中国民族理论政策体系与时俱进的发展与完善。作为马克思主义民族理论中国化的最新成果,铸牢中华民

① 国家民族事务委员会编:《中央民族工作会议精神学习辅导读本(增订版)》,民族出版社2019年版,第295页。

② 习近平:《在全国民族团结进步表彰大会上的讲话》,人民出版社2019年版,第3页。

族共同体意识切实反映了当前民族工作的现实需要,在某种意义上就是对新时代党的民族工作“五个并存”阶段性特征的及时反应。

以马克思主义民族理论中国化的最新成果作为铸牢中华民族共同体意识的政治定位有助于指明实践方向。铸牢中华民族共同体意识作为新时代党的民族工作的主线,其重心在于实践推进。作为抽象层次较高的总体性国家意志,铸牢中华民族共同体意识必须首先明确实践方向,才能确保在后期实践推进过程中不致出现目标性偏误。在铸牢中华民族共同体意识相关论述中,有两个提法非常重要:一个是“促进各民族交往交流交融”,另一个是“正确处理共同性与差异性的关系”。前者是铸牢中华民族共同体意识的重要路径,后者是铸牢中华民族共同体意识的重要原则。那么,促进各民族交往交流交融的力度与程度应当如何?正确处理共同性与差异性关系的基本原则是什么?对这些理论建构和实践推进中的关键性问题的回答,还是离不开马克思主义民族理论的指导。联系民族平等、民族团结、各民族共同繁荣这些马克思主义民族理论的基本原则,才能确保铸牢中华民族共同体意识的实践方向。

二、铸牢中华民族共同体意识的现实回应性

所谓马克思主义民族理论中国化,就是将马克思主义民族理论的基本原理与中国民族问题的具体实际结合起来,形成阐释中国民族现象的理论体系及制定解决中国民族问题的政策体系的过程。马克思主义民族理论中国化过程具有继承原理、结合实际、与时俱进、不断创新的鲜明特点。① 在领导中国革命、建设和改革的历史进程中,中国共产党的民族纲领和政策经历了从全盘接受苏俄民族理论,到不断根据中国的现实国情,

① 张三南:《论马克思主义民族理论中国化的历史发展——从经典作家民族理论到“中国模式”》,《民族研究》2010 年第 1 期。

自觉运用马克思主义民族理论解决中国民族问题的完整认知过程。① 经过几代领导集体的共同努力,马克思主义民族理论中国化形成了系统而丰富的成果,集中体现为中国特色解决民族问题的正确道路。无论是在“八个坚持”还是在“九个坚持”的文本表述中,铸牢中华民族共同体意识都被视作马克思主义民族理论中国化的重要内容。“中国化”的政治定位充分凸显了铸牢中华民族共同体意识对中国现实的回应性,既包括对具体国情的回应,也包括对时代背景的回应。从现实回应性的角度展开分析,无疑有助于深刻认识铸牢中华民族共同体意识的政策背景与政策目标。

铸牢中华民族共同体意识体现了对统一多民族国家基本国情的深刻回应。中国是一个历史形成的统一的多民族国家,这个基本国情决定了“一”与“多”关系的处理在国家建设中的中心地位。历史经验一再证明,“一”与“多”的关系处理得好,就可能开创四海升平、国泰民安的盛世;“一”与“多”的关系处理不好,就足以催生兵戎相见、民不聊生的乱世。中华人民共和国成立以来,中国共产党将马克思主义民族理论与中国基本国情相结合,领导全国各族人民走出了一条中国特色解决民族问题的正确道路,有效摆脱了历朝历代在民族事务上普遍存在的治理困局。费孝通先生在20世纪90年代就敏锐地指出:“中国民族研究限于少数民族,势必不容易看到这些少数民族在中华民族整体中的地位,以及它们和汉族的关系。而且如果对这些少数民族分开来个别加以研究,甚至对各民族间的关系也不易掌握。”②共同性与差异性的关系本质上还是“一”与“多”的关系问题,由于“一”与“多”内在张力的长期存在,如若主观上

---

① 孙军:《马克思主义民族理论中国化早期进程研究(1921—1938)》,中央民族大学出版社2018年版,第2页。

② 费孝通:《中华民族研究的新探索》,《北京大学学报(哲学社会科学版)》1990年第4期。

对“一”与“多”关系复杂性的认识不足，将最终影响到多民族国家的统一与安定。

铸牢中华民族共同体意识体现了对中华民族多元一体格局的有效回应。中华民族多元一体格局是处理一切中国民族问题的社会结构性基础。然而一方面，这种历史形成的多元一体民族结构依然有其复杂变动性的一面。费孝通先生在《中华民族多元一体格局》一文中认为，“可以说在中华民族的统一体之中存在着多层次的多元格局。各个层次的多元关系又存在着分分合合的动态和分而未裂、融而未合的多种情状。”①有学者则进一步指出，“或许费孝通没有点明的是，‘多元’与‘一体’在某种程度上的对立紧张，正体现出‘中华民族’的结构性特征”②。另一方面，“中华民族作为一个自觉的民族实体，是近百年来中国和西方列强对抗中出现的”③。外在力量使得中华民族进一步凝聚并形成自我意识，但内在力量和凝聚因素并未随之全面系统地建立起来，这既是近现代以来中国边疆危机的内在根源，在某种意义上也是中华民族共同性生长迟滞的根源所在。④ 作为一个年轻甚至有些稚嫩的国家民族，其面临的最大问题是与国家形态之间匹配不够完善。因此每当中华民族走到历史关键时刻，都会激发关于“一”和“多”的大讨论。晚清立宪派与革命派关于中华民族结构的争论，抗战时期关于“中华民族是一个”的争论，20 世纪八九十年代围绕中华民族多元一体格局的讨论，乃至今天铸牢中华民族共同体意识的政策主张，无不是致力于回应或超越“一体”与“多元”之间的张

---

① 费孝通主编：《中华民族多元一体格局》，中央民族大学出版社 1999 年版，第 36 页。

② 关凯：《族群政治》，中央民族大学出版社 2007 年版，第 252 页。

③ 费孝通主编：《中华民族多元一体格局》，中央民族大学出版社 1999 年版，第 3 页。

④ 郝亚明：《论中华民族多元一体格局与中华民族共同体建设》，《湖北民族学院学报》2019 年第 1 期。

力。周而复始的论战，究其根源在于中华民族共同性的问题未能彻底解决，影响到中华民族整体性的建构。[①] 铸牢中华民族共同体意识意在确立一体的主线与方向地位，致力于从根本上破解一体与多元之间的张力问题。

铸牢中华民族共同体意识体现了对新时代党的民族工作宏观背景的及时回应。2014 年中央民族工作会议指出，我国的民族工作面临“五个并存”的阶段性特征，即改革开放和社会主义市场经济带来的机遇和挑战并存，民族地区经济加快发展势头和发展低水平并存，国家对民族地区支持力度持续加大和民族地区基本公共服务能力建设仍然薄弱并存，各民族交往交流交融趋势增强和涉及民族因素的矛盾纠纷上升并存，反对民族分裂、宗教极端、暴力恐怖斗争成效显著和地区暴力恐怖活动活跃多发并存。[②] 这“五个并存”客观全面地总结了新时代党的民族工作面临的一些突出挑战，也在整体上呈现出中央提出铸牢中华民族共同体意识的政策背景。铸牢中华民族共同体意识，肩负着为改革开放深化进行、民族地区经济社会发展、民族关系团结和谐、多民族国家统一安定保驾护航的伟大历史使命。回顾中华民族共同体概念的形成脉络可以发现，中华民族共同体意识这个表述最早出现在 2014 年第二次中央新疆工作座谈会上。在政策形成的整个过程中，中华民族共同体意识的政策定位发生了几重进化：如果说在第二次中央新疆工作座谈会时它属于“局部性民族工作策略”，到 2014 年中央民族工作会议时已经演进为“全局性民族工作方针”，到 2017 年写入党章成为“党的民族政策纲领”，到 2019 年更是进一步被明确为“新时代民族工作的主线”。这既是对铸牢中华民族共同体意识的认识不断深化的过程，也是铸牢中华民族共同体意识对新时

① 郝亚明：《中华民族共同体建设的三个维度》，《西北民族研究》2021 年第 1 期。

② 国家民族事务委员会编：《中央民族工作会议精神学习辅导读本（增订版）》，民族出版社 2019 年版，第 46 页。

代党的民族工作宏观背景的回应不断深入的过程。

铸牢中华民族共同体意识体现了对“两个大局”时代背景的积极回应。习近平总书记曾指出:“领导干部要胸怀两个大局,一个是中华民族伟大复兴的战略全局,一个是世界百年未有之大变局,这是我们谋划工作的基本出发点。”①一方面,实现中华民族伟大复兴有很多基础性战略工程,铸牢中华民族共同体意识正是其中之一。中华民族从历史中走来,一路历经风雨沧桑。打铁还需自身硬,只有经历铸牢中华民族共同体意识的淬炼,中华民族这艘钢铁巨轮才能承受民族复兴过程中种种难以预计的艰难险阻。“各族人民亲如一家,是中华民族伟大复兴必定要实现的根本保证。实现中华民族伟大复兴的中国梦,就要以铸牢中华民族共同体意识为主线,把民族团结进步事业作为基础性事业抓紧抓好。”②“实现中华民族伟大复兴,需要各民族手挽着手、肩并着肩,共同努力奋斗。”③另一方面,今天的世界是一个深度关联的世界,中华民族伟大复兴的进程是在世界百年未有之大变局的时代背景中进行的。“中华民族复兴既是世界大变局的有机组成部分,也是其重要推动因素;世界大变局则为实现中华民族伟大复兴既提供了条件和机遇,也带来了潜在风险和挑战。”④当今的时代是一个全球化与逆全球化角力的时代,是一个共生与对抗交织的时代,是一个进步与保守并行的时代。在东升西降的国际格局转换之际,种族主义、民族主义、仇外主义、保守主义逆流正在不断冲击着世界和平局面。“纵观国内外两个大局,中华民族伟大复兴进程还面临众多的风险与挑战,其中敌对势力瓦解、分化、阻挠、破坏国家统一和主权完整

---

① 《习近平谈治国理政》第三卷,外文出版社2020年版,第77页。

② 习近平:《在全国民族团结进步表彰大会上的讲话》,人民出版社2019年版,第7页。

③ 习近平:《在全国民族团结进步表彰大会上的讲话》,人民出版社2019年版,第11页。

④ 高长武:《全面把握“两个大局”》,《人民日报(海外版)》2020年7月16日。

的阴谋从未放弃,国内民族问题和边疆民族地区往往成为敌对势力阻挠、遏制中国发展崛起的利用工具。”①通过以上分析,铸牢中华民族共同体意识的必要性和紧迫性不言自明。铸牢中华民族共同体意识兼具“解决内部问题、迎接外部挑战”的双重意义,可以视作是中国共产党对“两个大局”时代背景的积极应对之举。

三、铸牢中华民族共同体意识的理论创新性

习近平总书记关于民族工作的重要论述包含了极为丰富的内容,党的十九大报告为其提供了一个极为凝练的概括:“全面贯彻党的民族政策,深化民族团结进步教育,铸牢中华民族共同体意识,加强各民族交往交流交融,促进各民族像石榴籽一样紧紧抱在一起,共同团结奋斗、共同繁荣发展。”②其中铸牢中华民族共同体意识因最具理论创新性和实践指导性而被确立为新时代党的民族工作的主线,并在某种意义上已经成为习近平总书记关于民族工作重要论述的代名词。作为中国共产党民族理论与时俱进的创新发展,作为马克思主义民族理论中国化的最新成果,铸牢中华民族共同体意识的理论创新性到底体现在哪些方面呢?笔者结合相关政策文本及理论解读,尝试从如下几个方面进行阐述。

其一,明确了“一体”的主线和方向地位。长期以来,社会上存在一体与多元之间是平行对等关系的认识,认为两者之间不存在主线与方向。习近平总书记在 2014 年中央民族工作会议讲话中指出,“我们讲中华民族多元一体格局,一体包含多元,多元组成一体,一体离不开多元,多元也

① 王延中:《铸牢中华民族共同体意识建设中华民族共同体》,《民族研究》2018 年第 1 期。

② 习近平:《决胜全面建成小康社会 夺取新时代中国特色社会主义伟大胜利——在中国共产党第十九次全国代表大会上的报告》,人民出版社 2017 年版,第 40 页。

离不开一体,一体是主线和方向,多元是要素和动力,两者辩证统一。"①这段论述突出强调了一体对多元的维系作用,而这正是中华民族多元一体格局稳定平衡的前提所在。2014 年中央民族工作会议上还以大家庭与家庭成员的关系来形象描述中华民族共同体与其构成部分之间共生共存的关系,这对于理解"一体"与"多元"之间的关系也是极有帮助的。"中华民族和各民族的关系是一个大家庭和家庭成员的关系,各民族的关系是一个大家庭里不同成员的关系。"②明确一体作为主线和方向的地位,无论对于正确理解中华多元一体格局的意涵,还是铸牢中华民族共同体意识的实践都有极其重要的意义。相对于传统的多元一体平行论观点而言,一体主线说具有明显的理论创新意义。

其二,强调了正确处理共同性与差异性关系的实践方向。中央提出铸牢中华民族共同体意识这一全新命题,作为一个更具概括力更有启示性的表述,它从本质上揭示了中国民族问题的症结所在。"铸牢中华民族共同体意识必须正确处理共同性与差异性的关系"这一论断大致包含以下四方面的基本意涵。首先,共同性与差异性的关系失衡是中央提出铸牢中华民族共同体意识的现实背景;其次,共同性与差异性的关系调适是中央推动铸牢中华民族共同体意识实践工作的政策目标;再次,铸牢中华民族共同体意识旨在正确处理共同性与差异性的关系,而非简单追求以共同性取代差异性;最后,中华民族共同体是兼具共同性与差异性的民族实体,共同体意识并不否认或排斥族际差异的客观存在。从正确处理共同性与差异性关系的角度来理解,铸牢中华民族共同体意识的现实背景、政策目标、实践方向、基本性质等问题都得到了进一步明晰。

---

① 《习近平关于社会主义政治建设论述摘编》,中央文献出版社 2017 年版,第 150 页。

② 国家民族事务委员会编:《中央民族工作会议精神学习辅导读本(增订版)》,民族出版社 2019 年版,第 25 页。

其三,凝练了中国特色解决民族问题的正确道路。在2014年中央民族工作会议上,习近平总书记对中国特色解决民族问题正确道路进行了阐述。根据会议精神,其内涵可以总结为“八个坚持”,即坚持在中国共产党领导下,坚持中国特色社会主义道路,坚持维护祖国统一,坚持各民族一律平等,坚持和完善民族区域自治制度,坚持各民族共同团结奋斗、共同繁荣发展,坚持打牢中华民族共同体的思想基础,坚持依法治国。① 在2019年全国民族团结进步表彰大会上,习近平总书记又在讲话中将新中国成立70年来在民族工作上的成功经验总结为“九个坚持”,即坚持准确把握我国统一的多民族国家的基本国情,把维护国家统一和民族团结作为各民族最高利益;坚持马克思主义民族理论中国化,坚定走中国特色解决民族问题的正确道路;坚持和完善民族区域自治制度,做到统一和自治相结合、民族因素和区域因素相结合;坚持促进各民族交往交流交融,不断铸牢中华民族共同体意识;坚持加快少数民族和民族地区发展,不断满足各族群众对美好生活的向往;坚持文化认同是最深层的认同,构筑中华民族共有精神家园;坚持各民族在法律面前一律平等,用法律保障民族团结;坚持在继承中发展、在发展中创新,使党的民族政策既一脉相承又与时俱进;坚持加强党对民族工作的领导,不断健全推动民族团结进步事业发展的体制机制。② 通过“八个坚持”“九个坚持”的理论总结,我们得出了“党的民族理论和方针政策是正确的,中国特色解决民族问题的道路是正确的,我国民族关系总体是和谐的,我国民族工作做的是成功的”基本结论,很大程度上解决了关于中国民族理论与民族政策领域长期存在的认识不一致问题,极大地增强了解决中国民族问题的“道路自

---

① 本刊评论员:《坚定不移走中国特色解决民族问题的正确道路》,《求是》2014年第20期。

② 习近平:《在全国民族团结进步表彰大会上的讲话》,人民出版社2019年版,第3页。

信”“理论自信”“制度自信”。

其四,以共同体意涵彰显了中华民族作为民族实体的特性。共同体是一个在哲学、社会学、政治学、心理学等学科中都有着深刻理论内涵的概念术语,通过对其内在蕴含的伦理、道德、价值、规则、情感、认同、秩序、安全、归属等要素的全面挖掘,不仅有利于构建中华民族共同体的理论体系,也有利于探索中华民族共同体建设的实践路径。从中华民族的视角出发,中华民族共同体是一个政治共同体、文化共同体、历史共同体、社会共同体;而从共同体的视角出发,中华民族共同体则是一个价值共同体、情感共同体、利益共同体、身份共同体。通过将中华民族与共同体联结起来的构词方式,有助于凸显中华民族作为民族实体的特性。在关于中华民族基本性质的讨论中,学界形成了中华民族是复合体、聚合体、中国各民族的总称等各种认识。这些理论认识只是表述了中华民族的结构特征,我们不能以此去取代甚至否认中华民族作为民族实体的本质特征。与民族实体相对的概念是民族虚体,大致指的是此类人群共同体尚不具备作为民族应该具备的属性、结构、要素、意识等主客观特征,只是名义上的民族。事实上,中华民族历经数千年的自在民族时期与百余年自觉民族时期,在风雨同舟的历史长河中锻造了坚强的内聚力和明确的民族意识,早已铸炼成为名副其实的实体民族。

其五,突出强调了中华民族共同体建设的社会路径。在中国民族事务治理过程中,政治、文化、经济是三大传统政策维度,而社会维度则相当程度上处于被忽视状态。习近平总书记关于民族工作的重要论述的一大创新之处,就在于对铸牢中华民族共同体意识社会路径的突出强调。2019 年中共中央办公厅、国务院办公厅印发的《关于全面深入持久开展民族团结进步创建工作铸牢中华民族共同体意识的意见》(以下简称《意见》)指出,新时代民族团结进步创建工作要坚持“以铸牢中华民族共同体意识为根本方向,以加强各民族交往交流交融为根本途径”。《意见》要求“促进各民族交往交流交融。强调要推进建立相互嵌入式的社会结构和社区环境，积极营造各民族共居共学共事共乐的社会条件，开展各族群众交流、培养、融洽感情的工作，形成密不可分的共同体”①。其实这也是对“社会存在决定社会意识”的马克思主义基本原理的充分运用，因为中华民族共同体并非是一个超然的实体，它植根于社会生活和社会结构之中；中华民族共同体意识并非是虚幻的精神产物，而是深入、全面、持续的族际交往交流交融的结果。民族交往的本质是社会交往，这是中华民族共同体意识形成的基础前提；民族交流的本质是文化交流，这是中华民族共同体意识形成的连接纽带；民族交融的本质是结构交融，这是中华民族共同体意识形成的结构支撑。中央提出了各民族相互嵌入的社会结构和社区环境，试图建立“互嵌社会”从而为各民族交往交流交融创造社会条件。各民族相互嵌入的社区环境为各民族交往交流交融提供空间基础，而各民族交往交流交融则催生了各民族相互嵌入的社会结构，其在形成后又成为了民族交往交流交融的结构基础。② 在以民族交往交流交融来铸牢中华民族共同体意识的整个过程中，各民族相互嵌入的社会结构和社区环境是不可替代的重要环节。

---

① 《中办国办印发〈关于全面深入持久开展民族团结进步创建工作铸牢中华民族共同体意识的意见〉》，《人民日报》2019 年 10 月 24 日。

② 郝亚明：《民族互嵌与民族交往交流交融的内在逻辑》，《中南民族大学学报（人文社会科学版）》2019 年第 3 期。

新时代党的民族工作的“主线”与“主线思维”*

铸牢中华民族共同体意识主线地位的确立，为新时代党的民族工作指明了目标和方向。在此背景下，如何在政治上坚定维护主线？如何在理论上始终凸显主线？如何在实践中有效推进主线？我们认为，铸牢中华民族共同体意识作为全新的理论命题，其在理论与实践中首要就是认识的深化和思维的转换问题。2021 年中央民族工作会议指出，做好新时代的民族工作，必须坚持正确的、调整过时的。这里所要坚持的或调整的，不仅包括具体的方针和政策，也包括认识和思维。如果固守过时的民族工作思维，势必不利于沿着铸牢中华民族共同体意识的主线来推动民族工作。所谓调整过时的，就是要把不适应新时代党的民族工作需要的，不利于铸牢中华民族共同体意识的思维认识、工作方式、实践导向、评价标准等改进到正确的轨道中来。基于以上认识，笔者在文本分析与逻辑凝练的基础上，依据 2021 年中央民族工作会议精神提出了“主线思维”的概念，并结合新时代党的民族工作实践对其内涵、意义、路径等问题展开尝试性阐述。

---

* 本文以“新时代党的民族工作的主线与主线思维”为题发表于《西北民族研究》2022 年第 5 期，有删节改动。

一、新时代党的民族工作主线的确立

党的十八大以来，为了适应当前民族工作的新形势、新需要，以习近平同志为核心的党中央在民族团结、边疆治理、民族事务治理能力与治理体系现代化、民族地区经济社会发展等方面提出了一系列论述，为党关于加强和改进民族工作的重要思想的形成奠定了基础。党的十九大报告指出：“全面贯彻党的民族政策，深化民族团结进步教育，铸牢中华民族共同体意识，加强各民族交往交流交融，促进各民族像石榴籽一样紧紧抱在一起，共同团结奋斗、共同繁荣发展”。① 为了深刻地理解铸牢中华民族共同体意识的主线地位，我们需要系统检视两个问题：第一，铸牢中华民族共同体意识为何被确立为新时代党的民族工作的主线？第二，铸牢中华民族共同体意识如何被确立为新时代党的民族工作的主线？

关于铸牢中华民族共同体意识被确立为新时代党的民族工作主线的原因，可以从以下几个方面进行简要分析。首先是时代的需求。“两个大局”是理解当前中国所处历史方位的出发点，铸牢中华民族共同体意识既是中华民族伟大复兴战略全局的内在要求，也是对世界百年未有之大变局的积极应对。其次是理论的创新。铸牢中华民族共同体意识是习近平总书记关于民族工作重要论述中最具理论创建性的内容，从理论与政策两个层面充实和丰富了中国特色解决民族问题的正确道路。“马克思主义民族理论中国化的最新成果”的政治定位，则进一步彰显了铸牢中华民族共同体意识具有政策延续性、现实回应性、理论创新性等基本特征。② 再次是认

① 习近平：《决胜全面建成小康社会　夺取新时代中国特色社会主义伟大胜利——在中国共产党第十九次全国代表大会上的报告》，人民出版社 2017 年版，第 40 页。

② 郝亚明：《从政治定位来深化对铸牢中华民族共同体意识的认识》，《西南民族大学学报》2021 年第 8 期。

识的深化。主要包括在统一多民族国家基本国情、多民族国家建设规律、中华民族内在结构等问题认识上的深化，例如对中华民族作为中国国族性质的进一步明晰；认识到国族建设（nation building）在现代国家建设过程中不可或缺；认识到中华民族多元一体格局中一体作为主线和方向的地位等。这些内容都构成了铸牢中华民族共同体意识主线地位的认知基础。

铸牢中华民族共同体意识主线地位的确立并非一蹴而就，而是经历了一个理论上认识不断深化、政治上定位逐步明晰的历程。如上文分析指出的那样，随着党和国家对铸牢中华民族共同体意识的时代意义、理论意义、社会意义、实践意义认识的不断深化，其政治定位随之升华。2014 年 5 月，第二次中央新疆工作座谈会提出“在各民族中牢固树立中华民族共同体意识”，此后中华民族共同体意识的表述屡屡出现在党和国家重要民族工作论述之中。2014 年中央民族工作会议提出“积极培养中华民族共同体意识”；2017 年党的十九大提出“铸牢中华民族共同体意识”，并将其写入党章；2019 年全国民族团结进步表彰大会上，铸牢中华民族共同体意识被正式确立为“新时代民族工作的主线”。通过这几个重要会议节点的梳理，可以清晰看出铸牢中华民族共同体意识经历了“局部性民族工作策略”—“全局性民族工作方针”—“新时代民族工作主线”的定位提升过程。① 在中国共产党建党百年这个时间节点上召开的 2021 年中央民族工作会议，习近平总书记在讲话中强调“做好新时代党的民族工作，要把铸牢中华民族共同体意识作为党的民族工作的主线”，并进一步指出“铸牢中华民族共同体意识是新时代党的民族工作的‘纲’，所有工作要向此聚焦”。② 结合“以铸牢中华民族共同体意识为主线，推动新时代党的民族工作高质量发展”的中央民族工作会议主题可以看出，铸牢

① 郝亚明：《从五个时间节点来深刻把握中央民族工作会议精神》，《西北民族研究》2021 年第 4 期。

② 《习近平谈治国理政》第四卷，外文出版社 2022 年版，第 245—246 页。

中华民族共同体意识作为新时代党的民族工作主线的定位得到了进一步巩固与确立。系统深入领会 2021 年中央民族工作会议精神,新时代党的民族工作“主线思维”的日渐成型与充分应用可谓是其亮点之一。

二、何谓新时代党的民族工作的“主线思维”?

要理解何谓“主线思维”,首先必须先对“主线”一词有清晰的认识。事实上,在 2019 年铸牢中华民族共同体意识被党中央正式确认为新时代党的民族工作主线之前,“主线”的提法在党的民族理论与民族政策话语体系中并不常见,可以查询到的与之相关的表述有两个。一是 2014 年中央民族工作会议上习近平总书记在论述“一体”与“多元”的关系时,曾采用了“一体是主线与方向”的表述;二是 2017 年全国民委主任会议指出,习近平总书记关于民族工作重要论述的“主线是巩固和发展中华民族命运共同体”。①

从 2014 年第二次中央新疆工作座谈会上中华民族共同体意识概念的首次提出,到 2019 年全国民族团结进步表彰大会上铸牢中华民族共同体意识主线地位的确立,前后经历了数年的理论准备与实践探索阶段。2021 年中央民族工作会议在再次确认铸牢中华民族共同体意识为主线之外,更进一步指出“铸牢中华民族共同体意识是新时代党的民族工作的‘纲’,所有工作要向此聚焦。”“纲”强调其是民族政策体系的纲领,“聚焦”强调其是民族工作实践的焦点。这些表述不仅具有进一步强化铸牢中华民族共同体意识主线定位的意义,而且也为清晰理解主线一词的具体意涵提供了线索。

“主线”的原意是指占主导地位或统领事物发展的线条,例如绘画作

---

① 巴特尔:《深入学习贯彻习近平新时代中国特色社会主义思想奋力开创新时代民族工作新局面》,《中国民族》2018 年第 1 期。

品中描述物体必要的基本线条,或文艺作品中推动情节发展的主要线索等。在“铸牢中华民族共同体意识是新时代党的民族工作的主线”这一表述中,“主线”的意思比较明确,大致可以从两个方面来理解,一个是主要任务,另一个是主要方向。将铸牢中华民族共同体意识确立为主线,也就是明确了新时代党的民族工作的主要任务和主要方向。

那么什么是“主线思维”呢?所谓主线思维,简而言之就是在政治上坚定维护主线、理论上始终凸显主线、实践中有效推进主线的思维方式和工作方法。新时代党的民族工作的主线思维,要求我们在认识或处理民族工作中各种纷繁复杂关系之时,必须旗帜鲜明地锚定奋斗目标与前进方向。以习近平总书记关于“一体”与“多元”关系的叙述为例。“我们讲中华民族多元一体格局,一体包含多元,多元组成一体,一体离不开多元,多元也离不开一体,一体是主线和方向,多元是要素和动力,两者辩证统一。”①这段表述既清晰呈现了“一体”与“多元”之间的辩证统一关系,更在此基础上确立了“一体”作为主线的地位与方向。事实上,从我们国家各个领域的政策设计与政策实践上来看,主线思维尽管很少被提及,但却经常被应用。例如在处理社会主义社会中公平与效率的关系时,党和国家提出了“效率优先,兼顾公平”的方针,起到了非常明显的导向作用;在探讨社会主义物质文明与精神文明关系,提出“物质文明与精神文明两手抓、两手都要硬”的同时,还鲜明提出了“以经济建设为中心”的原则,为中国的改革开放与经济腾飞奠定了主基调。

系统全面学习 2021 年中央民族工作会议精神可以深切感受到,新时代党的民族工作的“主线思维”日渐成型。之所以作出这样一个结论,不只是说 2021 年中央民族工作会议中铸牢中华民族共同体意识的主线地

---

① 国家民族事务委员会编:《中央民族工作会议精神学习辅导读本(增订本)》,民族出版社 2019 年版,第 247 页。

位被进一步确认,更重要的是整个中央民族工作会议精神中体现出这种凸显主要任务和主要方向的思维方式。以中央民族工作会议关于正确把握四组关系的表述为例,其中就非常鲜明地体现了这种“主线思维”。在谈及共同性与差异性关系时,强调以增进共同性作为改进民族工作的方向,同时要尊重和包容差异性;在谈及中华民族共同体意识和各民族意识关系时,强调引导各民族始终把中华民族利益放在首位,本民族意识要服从和服务于中华民族共同体意识,同时要在实现好中华民族共同体整体利益进程中实现好各民族具体利益;在谈及中华文化和各民族文化关系时,强调各民族优秀传统文化都是中华文化的组成部分,中华文化是主干,各民族文化是枝叶;在论及物质和精神关系时,强调要赋予所有改革发展以彰显中华民族共同体意识的意义。① 正是由于在辩证统一地认识事物之间关系的基础上明确了工作主线,我们才能在民族事务的理论建构与实践推进中找到清晰的前进方向,不致陷入迷惘乃至迷失的地步。

三、为何强调新时代党的民族工作的“主线思维”?

在中央明确提出以铸牢中华民族共同体意识作为新时代党的民族工作主线的背景下,为何还要强调树立主线思维?这里涉及对“主线”和“主线思维”两者关系的把握,我们大致可以从科学思维的意义和主线内在的特质两个方面来理解。

理解“主线思维”必须对科学思维的意义有深刻把握。科学思维是人们正确认识客观世界规律并且按照规律深刻改造客观世界的有效工具。党的十八大以来,习近平总书记相继阐述了战略思维、辩证思维、法

① 中共中央统一战线工作部、国家民族事务委员会编:《中央民族工作会议精神学习辅导读本》,民族出版社 2022 年版,第 67—80 页。

治思维、系统思维、底线思维、创新思维、历史思维等。① 此外，民本思维与精准思维也经常被学界所提及。可以说，强调用科学的思维方法去观察、思考、分析、解决问题，是习近平总书记治国理政思想的一个鲜明特点。在党的十九大报告中，习近平总书记着重强调我们党要“增强政治领导本领，坚持战略思维、创新思维、辩证思维、法治思维、底线思维，科学制定和坚决执行党的路线方针政策，把党总揽全局、协调各方落到实处”。② 思维方式是工作方法的逻辑基础，工作方法是思维方式的具体应用。缺乏科学的思维，往往无力应对新形势和新挑战。“面对新情况新问题，由于不懂规律、不懂门道、缺乏知识、缺乏本领，还是习惯于用老思路老套路来应对，蛮干盲干，结果是虽然做了工作，有时做得还很辛苦，但不是不对路子，就是事与愿违，甚至搞出一些南辕北辙的事情来。”③我们强调新时代党的民族工作必须树立“主线思维”，根本原因在于思维方式是人们思考与行动的指引，秉持此种科学思维才能确保在政治上、理论上、实践上时刻与铸牢中华民族共同体意识的主线保持一致。

理解“主线思维”必须对主线自身的特质有深刻把握。作为新时代党的民族工作的主线，铸牢中华民族共同体意识自身有三大特质。其一，铸牢中华民族共同体意识被认为是党的民族工作实践的最新总结，是马克思主义民族理论中国化时代化的最新成果。作为一个全新论断，新颖性是其首要特质。其二，铸牢中华民族共同体意识是党中央因应“两个大局”的时代需求，直面当前统一多民族国家建设中的突出问题而作出的战略部署。作为总体性顶层设计，宏观性是其重要特质。其三，铸牢中

① 吴瀚飞：《努力掌握和善于运用科学思维方式——深入学习习近平同志关于思维方式的重要论述》，《人民日报》2017 年 6 月 8 日。

② 习近平：《决胜全面建成小康社会 夺取新时代中国特色社会主义伟大胜利——在中国共产党第十九次全国代表大会上的报告》，人民出版社 2017 年版，第 68 页。

③ 《习近平谈治国理政》第一卷，外文出版社 2018 年版，第 402—403 页。

华民族共同体意识话语体系建构尚未完成，围绕其核心要义、精神实质、理论内涵和实践路径的理论探讨还在稳步推进之中。由于当前所处的阶段，抽象性也是其典型特征。正是由于铸牢中华民族共同体意识这条主线具有新颖、宏观、抽象的特质，要在政治上、理论上、实践上时刻追随主线是有很大挑战的。作为抽象层次较高的总体性国家意志，铸牢中华民族共同体意识更像是一面高高飘扬的旗帜。只有树立主线思维，才能确保在追随旗帜前进的过程中不致出现目标性或方向性偏误。

“主线思维”与“主线”之间到底是何种关系？对这个问题的准确回答和深入理解还可以从习近平总书记对“底线思维”的阐述中汲取营养。因为从形式上来看，主线思维与底线思维最为类似。2013 年初，习近平总书记在一次讲话中强调：“要善于运用‘底线思维’的方法，凡事从坏处准备，努力争取最好的结果，这样才能有备无患、遇事不慌，牢牢把握主动权。”①这是党的十八大以来，习近平总书记在讲话中首次提及底线思维，此后数十次讲话中提及底线思维，并将其运用到政治、经济、文化、社会、生态以及党的建设和军队建设等多个领域。习近平总书记所说的治国理政中的“底线”和“底线思维”，前者主要是指我们共产党人绝对不应触碰、践踏和逾越的那些事关中国共产党的兴衰成败、中国特色社会主义的前途命运、中国工人阶级和广大人民的长远和根本利益的原则界线；后者则是指在人们思想观念中应当具有明确的“底线意识”和对各种“底线”的敬畏，以期在行动上时刻清醒地保持和增强坚守“底线”的坚定性与自觉性。②有学者在对两者进行比较的基础上提出，“底线仅仅是底线思维的一个基本概念，它仅仅能告诉人们许多事物都存在不可跨越的底线。而底线思维则是一种系统战略思维，它不仅指出什么是不可跨越的底线，按照现

---

① 中共中央宣传部编：《习近平总书记系列重要讲话读本（2016 年版）》，学习出版社、人民出版社 2016 年版，第 288 页。

② 李崇富：《论治国理政的“底线思维”》，《马克思主义研究》2016 年第 3 期。

行的战略规划可能出现哪些风险和挑战,可能发生的最坏情况是什么,以做到心中有数。”①正如知晓底线却缺乏底线思维,在工作中仍难免会触碰或逾越底线一样;知晓主线但缺乏主线思维,在工作中也容易偏离乃至背离主线。从主线与主线思维的关系来讲,主线规定了目标与方向,主线思维是其得以贯彻落实的思维保障。唯有树立主线思维,我们才能更好地从政治、理论、实践等层面与新时代党的民族工作的主线保持一致。

四、如何树立新时代党的民族工作的“主线思维”?

不断提升对铸牢中华民族共同体意识主线地位的政治认识,清晰理解主线思维背后的马克思主义哲学基本原理,在处理四组关系的实践中正确把握主线与支线的关系,是树立新时代党的民族工作主线思维的必由之路。

第一,不断提升对铸牢中华民族共同体意识主线地位的政治认识。主线思维的合法性源于铸牢中华民族共同体意识作为主线的政治定位。加强政治认识、提高政治站位,是树立新时代党的民族工作主线思维的思想基础。作为一种思维模式,主线思维是客观存在的主线在意识领域的一种主观反映。主线决定主线思维,主线思维依托于主线这个本体而存在。要树立主线思维,首先就要在明晰主线意涵的基础上提升认识,对其重要性、必要性、可行性等问题有深刻认知。铸牢中华民族共同体意识是国家在新时代党的民族工作上的顶层设计,从政治角度对其政治意义进行认识至关重要。铸牢中华民族共同体意识被写入十九大报告、被写入党章,在 2019 年全国民族团结进步表彰大会上被确立为新时代党的民族工作的主线,在 2021 年中央民族工作会议上被称为新时代党的民族工作的

① 张国祚:《谈谈“底线思维”》,《求是》2013 年第 19 期。

“纲”,在党的十九届六中全会中被写入《中共中央关于党的百年奋斗重大成就和历史经验的决议》,成为中国特色解决民族问题正确道路的有机构成部分,成为党关于加强和改进民族工作重要思想的核心内容,被定义为马克思主义民族理论中国化的最新成果,被认为是事关新时代党的民族工作举什么旗、走什么路的重大问题。只有对铸牢中华民族共同体意识的以上政治定位有深刻而清晰的认识,才能时刻警醒背离或偏离主线带来的巨大风险,从而为新时代党的民族工作的主线思维奠定政治认识基础。

第二,清晰理解主线思维背后的马克思主义哲学基本原理。铸牢中华民族共同体意识作为马克思主义民族理论中国化的最新成果,其主线地位的确立及主线思维的树立都离不开马克思主义基本原理的支撑。主线思维背后直接关联的马克思主义基本原理是辩证唯物主义,辩证唯物主义是主线思维科学性的来源与保障。辩证唯物思维要求我们从事物的普遍联系和动态发展出发看问题,从纷繁复杂的事物表象中把握本质、掌握规律。一方面要充分运用“两点论”,坚持系统全面地看问题;另一方面注重运用“重点论”,找突出问题、抓关键问题。习近平总书记反复强调学习和掌握辩证思维,并将其应用到复杂局面、复杂问题的处理之中。“面对复杂形势和繁重任务,首先要有全局观,对各种矛盾做到心中有数,同时又要优先解决主要矛盾和矛盾的主要方面,以此带动其他矛盾的解决。”①新时代的民族工作千头万绪,国内国际形势千变万化,如果把各种矛盾情况或各种矛盾方面平均看待或在实践中平均使用力量,势必会陷入均衡论的旋涡之中,使得问题得不到解决。习近平总书记多次指出,要有强烈的问题意识,以重大问题为导向,抓住重大问题、关键问题进一步研究思考,找出答案,着力推动解决我国发展面临的一系列突出矛盾和问题。整体推进不是平均用力、齐头并进,而是要注重抓主要矛盾和矛盾

① 习近平:《辩证唯物主义是中国共产党人的世界观和方法论》,《求是》2019 年第 1 期。

的主要方面,注重抓重要领域和关键环节。① 主线思维正是在对“两点论”与“重点论”辩证把握的基础上,根据现实需要,分清轻重缓急、突出工作重点、抓住关键环节、明确主攻方向。2021 年中央民族工作会议指出,以铸牢中华民族共同体意识为主线推进新时代党的民族工作,按照增进共同性的方向改进民族工作,这些表述都是主线思维的典型表现。从本质上看,主线思维与辩证思维关联紧密,主线思维是辩证思维在新时代党的民族工作中的应用与延伸。

第三,要在正确把握四组关系的实践中树立主线思维。作为系统性工程,新时代党的民族工作必然是多线程的,其中既有主线,也有支线或副线。要确立工作的主线,就必然会涉及主线与非主线之间关系的处理;而要正确处理好主线与非主线之间的关系,就必须具备“主线思维”。主线思维说到底就是在系统、辩证、客观、全面认识复杂事物内部要素间结构关系的基础上,推动工作沿着主要目标、主要任务的方向前进的思维模式。主线思维并非是否定支线的存在,而是在主线与非主线关系的把握中来彰显主线。主线思维的形成大致有三个步骤:首先是从纷繁复杂的结构中把握主要矛盾及矛盾的主要方面,作出主线与非主线的区分;其次是采用辩证思维,对主线与非主线相互联系相互依赖的关系作出科学认识;最后是积极彰显主线的地位和意义,围绕主线开展工作。在党中央将铸牢中华民族共同体意识确立为新时代党的民族工作主线的前提下,如何在实践中树立主线思维?2021 年中央民族工作会议提出要正确把握四组关系,即共同性和差异性的关系、中华民族共同体意识和各民族意识的关系、中华文化和各民族文化的关系、物质和精神的关系。这四组关系的处理,在某种意义上正是铸牢中华民族共同体意识这条主线落地生根

① 吴瀚飞:《努力掌握和善于运用科学思维方式——深入学习习近平同志关于思维方式的重要论述》,《人民日报》2017 年 6 月 8 日。

的关键所在。以对共同性与差异性这组最重要关系的把握为例，首先确认主线，即确认两者之中共同性的主线地位；其次是平衡关系，形成既不以差异性遮蔽共同性、也不以共同性否认差异性的基本认识；最后是凸显主线，深刻认识共同性对于多民族国家长治久安的意义，积极推动中华民族共同体建设。“共同性是主导，是方向、前提和根本，差异性不能削弱和危害共同性”，①这就是主线思维的鲜明体现。

① 尤权：《做好新时代党的民族工作的科学指引——学习贯彻习近平总书记在中央民族工作会议上的重要讲话精神》，《求是》2021年第21期。

从五个时间节点深刻把握 2021年中央民族工作会议精神*

2021年8月27日至28日，第五次中央民族工作会议在北京召开。习近平总书记在讲话中强调，要以铸牢中华民族共同体意识为主线，推动新时代党的民族工作高质量发展。本次中央民族工作会议精神有很多亮点与新意，充分体现了对中国特色解决民族问题正确道路的矢志坚持与创新发展，势必会激发新一轮民族工作理论研究与实践推进的热潮。中央民族工作会议是党中央从战略和全局高度对民族工作作出部署的重要会议，每每都是选择在社会主义现代化建设及民族团结进步事业发展的关键时期召开，对坚持和完善党的民族工作大政方针具有十分重大的政治意义。系统分析本次中央民族工作会议召开的时间节点，对于全面理解新时代党的民族工作的背景与形势，深刻领会会议的精神与主旨有着极为关键的作用。

一、中国共产党成立一百周年之际

2021年是中国共产党建党百年，选择这样一个具有标志性意义的时

* 本文以“从五个时间节点来深刻把握中央民族工作会议精神”为题发表于《西北民族研究》2021年第4期，有删节改动。

间节点来召开中央民族工作会议,本身就体现了党中央对民族工作的高度重视。会议强调,要从党的百年奋斗征程把握现阶段民族工作的历史方位和重要使命。从中国共产党成立一百周年这个时间节点来领会本次中央民族工作会议精神,如下几个方面值得关注。

一是坚持和加强党对民族工作全面领导的基本原则得到巩固。坚持和加强党对民族工作的全面领导,既是中国特色解决民族问题正确道路的最本质特征,也是做好新时代党的民族工作的根本政治保障。事实上,从2014年中央民族工作会议关于中国特色解决民族问题正确道路的"八个坚持"论述,到2019年全国民族团结进步表彰大会关于新中国成立70年来民族工作成功经验的"九个坚持"论述,再到2021年中央民族工作会议党关于加强和改进民族工作重要思想的"十二个必须"论述,坚持和加强党对民族工作全面领导的基本原则得到了一以贯之的强调与阐述。本次中央民族工作会议对坚持和加强党的领导阐述得尤为系统具体全面,并将其上升到根本政治保障的地位。

二是提出"党关于加强和改进民族工作的重要思想"概念,提出"坚持正确的,调整过时的"党的民族工作创新发展思路。中央民族工作会议提出了"党关于加强和改进民族工作的重要思想"的概念,以"十二个必须"的形式对改革开放尤其是党的十八大以来民族工作理论与实践进行了全方位的总结提炼。中央民族工作会议指出,民族工作不仅要稳步加强还要持续改进,"坚持正确的,调整过时的"就是这种工作思路的集中体现。所谓坚持正确的,就是坚持马克思主义民族平等、民族团结、各民族共同繁荣的基本原则,坚定不移走中国特色解决民族问题正确道路;所谓调整过时的,就是要把不适应新时代党的民族工作需要的,不利于铸牢中华民族共同体意识的思想认识、工作方式、实践导向、评价标准等改进到正确的轨道中来。"坚持正确的,调整过时的"民族工作创新发展思路,正是中国共产党实事求是、与时俱进思想作风在民族工作领域的具体体现。

三是铸牢中华民族共同体意识在新时代党的民族工作中的纲领性地位得到凸显。回顾铸牢中华民族共同体意识政策表述的形成过程可以发现,其定位有一个持续提升的过程。2014 年第二次中央新疆工作座谈会上首次提出“中华民族共同体意识”概念时,有一定的“局部性民族工作策略”意味;2014 年中央民族工作会议提出“积极培养中华民族共同体意识”时,其定位是“全局性民族工作方针”;党的十九大“铸牢中华民族共同体意识”被写入党章,此时其已经成为“党的民族工作方略”;2019 年全国民族团结进步表彰大会上,铸牢中华民族共同体意识被正式确立为“新时代民族工作的主线”。而在 2021 年中央民族工作会议上,铸牢中华民族共同体意识被进一步确立为“新时代党的民族工作的‘纲’”,使其在新时代中国共产党的民族理论与民族政策体系中获得了纲领性的地位。

二、中华民族伟大复兴的关键时期

2020 年 1 月 28 日,习近平总书记在“不忘初心、牢记使命”主题教育总结大会上讲话时指出,“当今世界正经历百年未有之大变局,我国正处于实现中华民族伟大复兴关键时期”。① 所谓关键时期,就是一个战略机遇与压力挑战并存的时期,既要锐意进取解决好内部问题,又要沉着冷静应对好外部压力,才能开创民族复兴事业的新局面。本次中央民族工作会议多次提及中华民族伟大复兴,体现了对中华民族伟大复兴关键时期这一时间节点的紧密呼应。

实现中华民族伟大复兴是中国共产党的初心与使命,必然也是新时代党的民族工作的目标指引。中共中央宣传部发布的建党百年纪念文献

① 习近平:《在“不忘初心、牢记使命”主题教育总结大会上的讲话》,人民出版社 2020 年版,第 14 页。

《中国共产党的历史使命与行动价值》写道:“100 年来,中国共产党团结带领人民进行的一切奋斗、一切牺牲、一切创造,归结起来就是一个主题:实现中华民族伟大复兴。”①中央民族工作会议在以“十二个必须”来阐述党关于加强和改进民族工作的重要思想时,第一条就是“必须从中华民族伟大复兴战略高度把握新时代党的民族工作的历史方位,以实现中华民族伟大复兴为出发点和落脚点,统筹谋划和推进新时代党的民族工作。”该表述属于本次中央民族工作会议精神的新意之一,“历史方位”“出发点”“落脚点”这些词汇清晰明确地传达了从中华民族伟大复兴战略高度思考和推进新时代党的民族工作的整体构想。

民族工作作为“国之大者”,是中华民族伟大复兴战略全局的核心变量之一。家和万事兴,家庭和睦才能事业兴旺;对于中华民族大家庭也一样,只有中华民族大团结才能实现复兴大业。“实现中华民族伟大复兴,需要各民族手挽着手、肩并着肩,共同努力奋斗。”②要真正实现中华民族大团结,最根本的就是铸牢中华民族共同体意识,“引导各族人民牢固树立休戚与共、荣辱与共、生死与共、命运与共的共同体理念。”③中央民族工作会议提出,铸牢中华民族共同体意识是实现中华民族伟大复兴的必然要求。“只有铸牢中华民族共同体意识,才能有效应对实现中华民族伟大复兴过程中民族领域可能发生的风险挑战,才能为党和国家兴旺发达、长治久安提供重要思想保证。”④从这个角度也可以看出,铸牢中华民族共同体意识是实现中华民族伟大复兴的基础性工程。

---

① 中共中央宣传部:《中国共产党的历史使命与行动价值》,人民出版社 2021 年版,第 2 页。

② 习近平:《在全国民族团结进步表彰大会上的讲话》,人民出版社 2019 年版,第 11 页。

③ 《习近平谈治国理政》第四卷,外文出版社 2022 年版,第 245 页。

④ 《习近平谈治国理政》第四卷,外文出版社 2022 年版,第 245 页。

实现中华民族伟大复兴,关键还是做好我们自己的事情。面对中华民族伟大复兴关键时期的新要求,面对新时代党的民族工作的新形势,中央民族工作会议提出了一系列理论上的论断,作出了一系列实践上的安排。这些理论论断如:提出党关于加强和改进民族工作的重要思想,并以"十二个必须"对此进行概括;对中华民族共同体理论内涵进行清晰阐述;提出铸牢中华民族共同体意识必要性的"四个必然要求";提出正确处理"四组关系";等等。一些实践举措如:以铸牢中华民族共同体意识引领新时代党的民族工作实践,推动各民族共同走向社会主义现代化,要促进各民族交往交流交融,提升民族事务治理体系和治理能力现代化水平,坚决防范民族领域重大风险隐患,加强和完善党对民族工作的全面领导,等等。在某种意义上,本次中央民族工作会议精神可以概括为:以铸牢中华民族共同体意识为主线,推动新时代党的民族工作高质量发展,为中华民族伟大复兴保驾护航。

三、"两个一百年"奋斗目标的历史交汇期

党的十九大报告指出:"从十九大到二十大,是'两个一百年'奋斗目标的历史交汇期。我们既要全面建成小康社会、实现第一个百年奋斗目标,又要乘势而上开启全面建设社会主义现代化国家新征程,向第二个百年奋斗目标进军。"①在"两个一百年"奋斗目标的历史交汇期,我国社会主要矛盾已经转化为人民日益增长的美好生活需要和不平衡不充分的发展之间的矛盾。站在"两个一百年"历史交汇期的关键节点上,2021 年中央民族工作会议对此有明确回应:"必须把推动各民族为全面建设社会主义现代化国家共同奋斗作为新时代党的民族工作的重要任务,促进各

① 习近平:《决胜全面建成小康社会 夺取新时代中国特色社会主义伟大胜利——在中国共产党第十九次全国代表大会上的报告》,人民出版社 2017 年版,第 28 页。

民族紧跟时代步伐,共同团结奋斗、共同繁荣发展。"①

无论是第一个百年全面建成小康社会的奋斗目标,还是第二个百年全面建设社会主义现代化国家的奋斗目标,其实质都是经济社会发展问题。推动全国各族人民共同走向社会主义现代化,既是解决好民族问题的基础,也是实现百年奋斗目标的关键。一方面,解决好民族问题,物质方面的问题和精神方面的问题都要解决好。发展是解决民族地区各种问题的总钥匙,也是增强中华民族共同体意识的动力源。增强民族团结的核心问题,在于加快少数民族和民族地区经济社会发展,促进各民族共同繁荣发展。另一方面,民族地区经济社会发展是全面建成小康社会的难点,也是全面建设社会主义现代化国家的重点。在2020年,全国各族人民在党的坚强领导下克难奋进,奋勇推进脱贫攻坚事业,如期完成了全面建成小康社会的宏伟目标。回顾这一阶段,民族地区正是脱贫攻坚的主战场。国务院划定的全国14个连片特困地区共有680个县,其中371个地处民族自治地方,占54.6%;2020年最后宣布脱贫的52个贫困县,基本都集中在民族地区。在即将开始的全面建设社会主义现代化国家的征程中,民族地区依然是亟待关注的重点。民族地区基础薄弱,中央民族工作会议提出"要完善差别化区域支持政策";民族地区自我发展能力不足,会议提出"要支持民族地区全面深化改革开放";沿边开发开放政策、固边兴边富民行动等行之有效的举措,也在不断完善与深入推进。

中央民族工作会议关于民族地区经济社会发展方面的论述有两个特点尤为值得关注:

一是将支持民族地区加快经济社会发展放在推动各民族共同走向社会主义现代化、全面建设社会主义现代化国家的格局之下展开论述。这

① 中共中央统一战线工作部、国家民族事务委员会编:《中央民族工作会议精神学习辅导读本》,民族出版社2022年版,第8页。

既倡导了一种跳出民族地区谈民族地区经济社会发展的工作思路，也凸显了在社会主义现代化国家建设新征程中“一个民族也不能少”的中华民族共同体意识。

二是民族地区经济社会发展的政治意涵与政治方向得到了凸显。中央民族工作会议提出：“要正确把握物质和精神的关系，要赋予所有改革发展以彰显中华民族共同体意识的意义，以维护统一、反对分裂的意义，以改善民生、凝聚人心的意义，让中华民族共同体牢不可破”①。也就是说，民族地区经济社会发展不只是经济问题或发展问题，同样也是一个政治问题。民族地区经济社会发展在满足各族民众美好生活需要的同时，还肩负着铸牢中华民族共同体意识，维护国家统一、社会安定的政治使命。

四、世界百年未有之大变局的风险挑战期

2020 年，习近平总书记在讲话中多次指出世界正处于百年未有之大变局阶段并进入动荡变革期。“当今世界正经历百年未有之大变局，新冠肺炎疫情全球大流行使这个大变局加速演进，经济全球化遭遇逆流，保护主义、单边主义上升，世界经济低迷，国际贸易和投资大幅萎缩，国际经济、科技、文化、安全、政治等格局都在发生深刻调整，世界进入动荡变革期。”②中华民族伟大复兴的进程是在世界百年未有之大变局的时代背景中进行的，后者既为前者创造了条件与机遇，也带来了风险和挑战。“纵观国内外两个大局，中华民族伟大复兴进程还面临众多的风险与挑战，其中敌对势力瓦解、分化、阻挠、破坏国家统一和主权完整的阴谋从未放弃，

① 中共中央统一战线工作部、国家民族事务委员会编：《中央民族工作会议精神学习辅导读本》，民族出版社 2022 年版，第 77 页。

② 《十九大以来重要文献选编》（中），中央文献出版社 2021 年版，第 761 页。

国内民族问题和边疆民族地区往往成为敌对势力阻挠、遏制中国发展崛起的利用工具。"①面对日趋复杂的外部环境及随之而来的风险挑战，中央民族工作会议从如下几个方面作出了明确的理论回应和精心的工作部署。

第一，明确将新时代党的民族工作与国家安全、国家主权关联起来。中央民族工作会议提出，"必须坚决维护国家主权、安全、发展利益，教育引导各民族继承和发扬爱国主义传统，自觉维护祖国统一、国家安全、社会稳定。"②也就是说，思考民族工作不仅要着眼于国内的民族团结与社会和谐，也要着眼于国际斗争与国家主权。

第二，从国家安全的高度去认识和防范民族领域重大风险隐患。一方面，要守住意识形态阵地，积极稳妥处理涉民族因素的意识形态问题，持续肃清民族分裂、宗教极端思想流毒；另一方面，要加强国际反恐合作，做好重点国家和地区、国际组织、海外少数民族华侨华人群体等的工作。

第三，将铸牢中华民族共同体意识视作抵御内外风险挑战的压舱石。只有铸牢中华民族共同体意识，构建起维护国家统一和民族团结的坚固思想长城，各民族共同维护好国家安全和社会稳定，才能有效抵御各种极端、分裂思想的渗透颠覆；只有铸牢中华民族共同体意识，才能有效应对实现中华民族伟大复兴过程中民族领域可能发生的风险挑战。

五、铸牢中华民族共同体意识深入推进期

中华民族共同体意识的概念自2014年第二次中央新疆工作座谈会上被首次提出以后，其理论创新性与实践指导性备受重视，铸牢中华民族

① 王延中：《铸牢中华民族共同体意识建设中华民族共同体》，《民族研究》2018年第1期。

② 中共中央统一战线工作部、国家民族事务委员会编：《中央民族工作会议精神学习辅导读本》，民族出版社2022年版，第31页。

共同体意识继被写入党章之后又被确认为新时代党的民族工作的主线。如果把 2014 年至 2021 年的 7 年视作铸牢中华民族共同体意识初步探索阶段,其重心在于实践工作思路的调整与理论话语体系的构建;那么在某种意义上,2021 年中央民族工作会议就标志着铸牢中华民族共同体意识工作进入深入推进阶段,新阶段的工作重心是中华民族共同体建设的实践推进以及理论话语体系的进一步完善。

铸牢中华民族共同体意识相关工作正处于由初步探索阶段向深入推进阶段的转换期,从这个时间节点来认识本次中央民族工作会议具有非常重要的意义。首先,这个时间节点彰显了中央民族工作会议的重要性。本次会议的主题是"以铸牢中华民族共同体意识为主线,推动新时代党的民族工作高质量发展"。以中央民族工作会议的形式来确立铸牢中华民族共同体意识在新时代党的民族工作中的主线地位,并明确提出增进共同性的民族工作改进方向,具有极其深远的理论价值和实践意义。其次,这个时间节点彰显了中央民族工作会议的及时性。2014 年以来围绕铸牢中华民族共同体意识的理论探讨和实践探索在持续进行之中,初步构建了理论话语体系并获得了一些实践工作经验,但理论迷惘与实践观望也同样存在。正值铸牢中华民族共同体意识理论话语构建的关键时期、实践推进的起步时期召开中央民族工作会议,通过关键性理论问题的回答和整体性工作方案的部署,进一步提高理论认识与政治站位,具有统一思想、坚定信念、明确方向的意义。

一是提高思想政治认识。中央民族工作会议提出"必须以铸牢中华民族共同体意识为新时代党的民族工作的主线",更进一步指出"铸牢中华民族共同体意识是新时代党的民族工作的'纲',所有工作要向此聚焦。"①为了深刻阐述铸牢中华民族共同体意识的历史必然性、极端重要性和现实

① 《习近平谈治国理政》第四卷,外文出版社 2022 年版,第 245—246 页。

针对性，会议还提出了“四个必然要求”的论断，即铸牢中华民族共同体意识是维护各民族根本利益的必然要求、是实现中华民族伟大复兴的必然要求、是巩固和发展平等团结互助和谐社会主义民族关系的必然要求、是党的民族工作开创新局面的必然要求。

二是回答核心理论问题。中华民族共同体意识基本内涵的明确界定是深入推进铸牢中华民族共同体意识实践工作的基础。中央民族工作会议提出，“铸牢中华民族共同体意识，就是要引导各族人民牢固树立休戚与共、荣辱与共、生死与共、命运与共的共同体理念。”①会议还提出“要正确把握共同性与差异性、中华民族共同体意识与各民族意识、中华文化和各民族文化、物质和精神”四组关系，这既是推动新时代党的民族工作的实践抓手，同时也具有良好的理论生长价值。

三是作出实践工作部署。铸牢中华民族共同体意识进入新阶段的一个重要标志，就是实践推进工作在深度与广度上的加强。本次中央民族工作会议提出“不断推进中华民族共同体建设”，具有明显的实践推进导向。会议从推动各民族共同走向社会主义现代化、促进各民族交往交流交融、提升民族事务治理体系和治理能力现代化水平、防范民族领域重大风险隐患、加强和完善党的全面领导等方面进行了实践推进工作的全方位部署。其中，要赋予所有改革发展以彰显中华民族共同体意识的意义、要构建铸牢中华民族共同体意识宣传教育常态化机制、铸牢中华民族共同体意识行动特别坚定成为衡量新时代民族地区好干部的重要标准等内容尤为值得关注。

综上所述，中央民族工作会议是党中央从战略和全局高度对民族工作作出部署的重要会议，其内容非常丰富，涵盖对过去工作的总结、对当前形势的研判及对未来工作的安排。中央民族工作会议并非是常规性、

---

① 中共中央宣传部编：《习近平新时代中国特色社会主义思想学习纲要（2023 年版）》，学习出版社、人民出版社 2023 年版，第 178 页。

年度性的会议,而是选择在国家社会发展和民族团结进步的关键时点召开。因此,对会议召开时间节点的精准把握有助于对中央民族工作会议精神的深刻领会。基于以上判断,笔者尝试从五个时间节点入手尝试把握2021年中央民族工作会议精神。每一个时间节点都包含着一个新时代党的民族工作的重大主题,中央民族工作会议对每一个重大主题又给出了清晰的回答(见表1所示)。

第一个时间节点是"中国共产党建党百年",其主题词是"政治领导",中央民族工作会议的回应是"加强和完善党对民族工作的全面领导";第二个时间节点是"中华民族伟大复兴的关键时期",其主题词是"民族团结",中央民族工作会议的回应是"高举中华民族大团结旗帜";第三个时间节点是"'两个一百年'奋斗目标的历史交汇期",其主题词是"社会发展",中央民族工作会议的回应是"推动各民族共同走向社会主义现代化";第四个时间节点是"世界百年未有之大变局的风险挑战期",其主题词是"国家安全",中央民族工作会议的回应是"坚决维护国家主权、安全、发展利益";第五个时间节点是"铸牢中华民族共同体意识的深入推进期",其主题词是"工作主线",中央民族工作会议的回应是"所有工作要向铸牢中华民族共同体意识聚焦"。

表1 从五个时间节点解读中央民族工作会议精神

时间节点	主题词	中央民族工作会议的回应
中国共产党建党百年	政治领导	加强和完善党对民族工作的全面领导
中华民族伟大复兴的关键时期	民族团结	高举中华民族大团结旗帜
"两个一百年"奋斗目标的历史交汇期	社会发展	推动各民族共同走向社会主义现代化
世界百年未有之大变局的风险挑战期	国家安全	坚决维护国家主权、安全、发展利益
铸牢中华民族共同体意识深入推进期	工作主线	所有工作要向铸牢中华民族共同体意识聚焦

从党的二十大报告的五个主题词来深刻把握新时代党的民族工作*

在2022年10月16日召开的中国共产党第二十次全国代表大会上，习近平总书记向大会作了题为《高举中国特色社会主义伟大旗帜　为全面建设社会主义现代化国家而团结奋斗》的报告。这份长达三万余字的报告对过去五年的重大成就和新时代十年的伟大变革进行了全面系统的总结，对中国特色社会主义新时代党的指导思想与使命任务进行了准确深刻的概括，对新时代新征程的奋斗目标和工作任务进行了严密细致的部署。作为中国特色社会主义现代化建设新征程的一篇纲领性文件，党的二十大报告对新时代党的民族工作的指导性意义至少体现在两个方面。其一，党的二十大报告对未来相当长一段时期内党和国家事业发展的大政方针进行了整体性谋划部署，作为“国之大者”的民族工作亟须将党的二十大精神作为指导思想，从中探寻做好新时代党的民族工作的方向和动力；其二，党的二十大报告明确提出了带领全国各族人民全面建成社会主义现代化强国、实现中华民族伟大复兴的战略目标，作为“基础工程”的民族工作亟须将党的二十大精神作为目标指引，从中思考新时代党的民族工作的落脚点与着力点。

---

* 本文以“从五个主题词来深刻把握新时代的民族工作——学习党的二十大精神”为题发表于《西北民族研究》2023年第2期，有删节改动。

针对新时代的民族工作,党的二十大报告提出:“以铸牢中华民族共同体意识为主线,坚定不移走中国特色解决民族问题的正确道路,坚持和完善民族区域自治制度,加强和改进党的民族工作,全面推进民族团结进步事业。”①然而要全面深刻领会党的二十大精神对新时代党的民族工作的指导性意义,就不能仅仅将目光局限于报告中关于民族工作的直接论述,更应该站在对二十大报告主旨与内容的系统把握之上。基于以上认识,笔者在系统研读二十大报告文本的基础上筛选出五个统领全篇的主题词②,并尝试以此作为索引全面深入阐述党的二十大精神对新时代党的民族工作的指导性意义。第一个主题词是“关键时刻”,关联着新时代新征程中民族工作的历史方位;第二个主题词是“中心任务”,关联着新时代新征程中民族工作的使命担当;第三个主题词是“国家安全”,关联着新时代新征程中民族工作的基础功能;第四个主题词是“团结奋斗”,关联着新时代新征程中民族工作的时代要求;第五个主题词是“党的领导”,关联着新时代新征程中民族工作的政治保证。

一、“关键时刻”:关联着新时代党的民族工作的历史方位

党的二十大报告指出,“中国共产党第二十次全国代表大会,是在全党全国各族人民迈上全面建设社会主义现代化国家新征程、向第二个百

① 习近平:《高举中国特色社会主义伟大旗帜　为全面建设社会主义现代化国家而团结奋斗——在中国共产党第二十次全国代表大会上的报告》,人民出版社2022年版,第39—40页。

② 这五个主题词相互贯通于党的二十大报告全文,并且与民族团结进步事业的中心议题高度关联,对于全面理解新时代党的民族工作的背景与形势,推动新时代党的民族工作高质量发展有着极为关键的作用。

年奋斗目标进军的关键时刻召开的一次十分重要的大会"①。这里所强调的"关键时刻",体现出中国共产党人对当前中国特色社会主义事业所处历史方位的最新研判。对历史方位的正确把握,是党和国家各项事业不断取得成功的重要经验。习近平总书记曾指出,"正确认识党和人民事业所处的历史方位和发展阶段,是我们党明确阶段性中心任务、制定路线方针政策的根本依据,也是我们党领导革命、建设、改革不断取得胜利的重要经验"②。民族工作是党和国家事业的重要组成部分,在新的历史方位下,将会进入战略机遇和风险挑战并存、不确定难预料因素增多,来自内部的风险隐患和外部的打压遏制随时可能升级的历史时期。面对新形势新任务,我们必须要从战略高度把握党的民族工作的历史方位,统筹谋划和推进新时代党的民族工作。

首先,要坚持"统筹中华民族伟大复兴战略全局和世界百年未有之大变局"的时空坐标③。习近平总书记在报告中总结过去五年的工作时指出,"党中央统筹中华民族伟大复兴战略全局和世界百年未有之大变局……就党和国家事业发展作出重大战略部署,团结带领全党全军全国各族人民有效应对严峻复杂的国际形势和接踵而至的巨大风险挑战,以奋发有为的精神把新时代中国特色社会主义不断推向前进。"④毫无疑问,中华民族伟大复兴的进程是在世界百年未有之大变局的背景中展开

① 习近平:《高举中国特色社会主义伟大旗帜　为全面建设社会主义现代化国家而团结奋斗——在中国共产党第二十次全国代表大会上的报告》,人民出版社 2022 年版,第 1 页。

② 习近平:《把握新发展阶段,贯彻新发展理念,构建新发展格局》,《求是》2021 年第 9 期。

③ 参见郝亚明:《深刻把握"两个大局"时代背景》,《中国民族报》2021 年 11 月 16 日。

④ 习近平:《高举中国特色社会主义伟大旗帜　为全面建设社会主义现代化国家而团结奋斗——在中国共产党第二十次全国代表大会上的报告》,人民出版社 2022 年版,第 2 页。

的,统筹谋划和推进民族工作应该始终胸怀“两个大局”,“两个大局”是理解当前中国所处历史方位的出发点,也是正确把握战略机遇与应对压力挑战的基本前提,这就要求我们必须深刻把握“两个大局”时代背景,以胸怀天下的全局性和整体性思维来推进新时代党的民族工作。

其次,要把握新征程“全面建设社会主义现代化国家”可能出现的变动情势。历史方位是一个动态演变的历史进程,在新的历史条件下,世界之变、时代之变、历史之变正以前所未有的方式展开,“我们必须增强忧患意识,坚持底线思维,做到居安思危、未雨绸缪,准备经受风高浪急甚至惊涛骇浪的重大考验”①,这势必会对新时代党的民族工作的开展提出新的要求。“一方面,中华民族伟大复兴展现出前所未有的光明前景,民族地区与全国一道全面建成小康社会,历史性解决了绝对贫困问题,各族人民自信心自豪感空前激发,凝聚力向心力极大增强,呈现出中华民族一家亲、同心共筑中国梦的良好局面。另一方面,民族复兴道路上还面临着一系列挑战和困难,民族地区发展不平衡不充分问题仍然相对突出,影响各民族交往交流交融的因素仍然复杂多样,民族领域意识形态斗争仍然尖锐复杂,国际势力干扰破坏我国民族团结的风险不容小觑。”②只有锐意进取解决好内部问题,又沉着冷静应对好外部压力,务必敢于斗争、善于斗争,才能战胜新征程道路上一切风险挑战。

最后,要着眼于更好服务全面建设社会主义现代化国家、全面推进中华民族伟大复兴的战略全局。民族工作作为“国之大者”,是全面建设社会主义现代化国家、全面推进中华民族伟大复兴战略全局的核心

① 习近平:《高举中国特色社会主义伟大旗帜 为全面建设社会主义现代化国家而团结奋斗——在中国共产党第二十次全国代表大会上的报告》,人民出版社 2022 年版,第 26 页。

② 中共国家民委党组:《以铸牢中华民族共同体意识为主线 推进新时代党的民族工作高质量发展的纲领性文献——深入学习贯彻习近平总书记在中央民族工作会议上的重要讲话》,《人民日报》2021 年 11 月 8 日。

变量之一。统筹谋划和推进新时代党的民族工作,需重点把握两个方向。一是要以实现中华民族伟大复兴作为出发点和落脚点。2021 年中央民族工作会议在以“十二个必须”来阐述党关于加强和改进民族工作的重要思想时,首条便是“必须从中华民族伟大复兴战略高度把握新时代党的民族工作的历史方位,以实现中华民族伟大复兴为出发点和落脚点,统筹谋划和推进新时代党的民族工作”①,而“全面推进中华民族伟大复兴”正是党的二十大报告的核心主题之一,再次清晰明确地传达了要从中华民族伟大复兴战略高度去思考和推进新时代党的民族工作的整体构想②。二是要坚持将铸牢中华民族共同体意识作为新时代党的民族工作主线。2021 年中央民族工作会议指出,“只有铸牢中华民族共同体意识,才能有效应对实现中华民族伟大复兴过程中民族领域可能发生的风险挑战,才能为党和国家兴旺发达、长治久安提供重要思想保证”③。党的二十大报告中再次明确强调要“以铸牢中华民族共同体意识为主线,加强和改进党的民族工作”④。不难看出,铸牢中华民族共同体意识是应对“两个大局”时代背景的基础性工程,兼具“解决内部问题、迎接外部挑战”的双重意义,“铸牢中华民族共同体意识既是中华民族伟大复兴战略全局的内在要求,也是对世界百年未有之大变局的积极应对”⑤。

---

① 《习近平谈治国理政》第四卷,外文出版社 2022 年版,第 244 页。

② 参见郝亚明:《从五个时间节点来深刻把握中央民族工作会议精神》,《西北民族研究》2021 年第 4 期。

③ 《习近平谈治国理政》第四卷,外文出版社 2022 年版,第 245 页。

④ 习近平:《高举中国特色社会主义伟大旗帜　为全面建设社会主义现代化国家而团结奋斗——在中国共产党第二十次全国代表大会上的报告》,人民出版社 2022 年版,第 39 页。

⑤ 郝亚明:《新时代党的民族工作的主线与主线思维》,《西北民族研究》2022 年第 5 期。

二、“中心任务”:关联着新时代党的民族工作的使命担当

党的二十大报告明确了新时代中国共产党的中心任务,“从现在起,中国共产党的中心任务就是团结带领全国各族人民全面建成社会主义现代化强国、实现第二个百年奋斗目标,以中国式现代化全面推进中华民族伟大复兴。”①随后,习近平总书记在参加党的二十大广西代表团讨论时再次强调,要“牢牢把握以中国式现代化推进中华民族伟大复兴的使命任务”②。将“中国式现代化”作为新时代新征程党和国家的中心任务,集中体现了中国共产党人“为中国人民谋幸福,为中华民族谋复兴”的初心和使命,也体现了中国共产党人决心要在超大型国家③史无前例全面实现现代化的使命担当。民族地区现代化是国家现代化建设的关键和薄弱环节,成为新时代加强和改进民族工作的重要任务。2021 年中央民族工作会议明确提出:“必须把推动各民族为全面建设社会主义现代化国家共同奋斗作为新时代党的民族工作的重要任务,促进各民族紧跟时代步伐,共同团结奋斗、共同繁荣发展”④,这表明做好新时代党的民族工作,必须牢牢坚守“为全面建设社会主义现代化国家、全面推进中华民族伟大复兴贡献力量”这一使命任务。

发展是解决民族地区各种问题的总钥匙,也是铸牢中华民族共同体

---

① 习近平:《高举中国特色社会主义伟大旗帜 为全面建设社会主义现代化国家而团结奋斗——在中国共产党第二十次全国代表大会上的报告》,人民出版社 2022 年版,第 21 页。

② 《习近平在参加党的二十大广西代表团讨论时强调 心往一处想劲往一处使推动中华民族伟大复兴号巨轮乘风破浪扬帆远航》,《人民日报》2022 年 10 月 18 日。

③ 所谓超大型国家是指,人口规模巨大、地域十分广博、国情异常复杂的国家。

④ 中共中央统一战线工作部、国家民族事务委员会编:《中央民族工作会议精神学习辅导读本》,民族出版社 2022 年版,第 8 页。

意识的动力源。党的二十大报告指出，“高质量发展是全面建设社会主义现代化国家的首要任务。发展是党执政兴国的第一要务。没有坚实的物质技术基础，就不可能全面建成社会主义现代化强国。”①时至今日，民族地区现代化水平依然低于全国平均水平，成为新时代新征程全面建设社会主义现代化国家亟待关注的难点和重点，如何促进民族地区经济社会的高质量发展，促进各民族共同繁荣发展，是新时代加强和改进民族工作的重要任务。针对地区经济发展不均衡的问题，本次报告提出要“全面推进乡村振兴”“促进区域协调发展”“推进高水平对外开放”等举措，民族地区要依托政策支持加快全面深化改革开放，提升自我发展能力。要解决好民族地区发展问题，物质方面和精神方面的问题都要解决好。党的二十大报告强调中国式现代化是“是物质文明和精神文明相协调的现代化”，这就要求民族工作要正确把握物质和精神的关系，既要全面推进中华民族共有物质家园的建设，又要全面推进中华民族共有精神家园建设，引导各族群众在思想观念、精神情趣、生活方式上向现代化迈进。

全面建设社会主义现代化国家，一个民族也不能少。党的二十大报告在提出新时代新征程中心任务时，前提条件即为“团结带领全国各族人民”，这包含两层含义：第一，全面建设社会主义现代化国家离不开各民族的共同团结奋斗；第二，全面建设社会主义现代化国家旨在推动各民族共同走向社会主义现代化。中国式现代化是“全体人民共同富裕的现代化”，这里“全体人民”必定包含“各族人民”，最终的指向必定是“实现各族人民共同发展、共同富裕”。中国式现代化还是一个全方位系统性的概念，“民族地区现代化的内容除了经济、政治、文化、社会、生态的现代化之外，还包括民族地区各民族群众思想观念的现代化和民族事务治

① 习近平：《高举中国特色社会主义伟大旗帜　为全面建设社会主义现代化国家而团结奋斗——在中国共产党第二十次全国代表大会上的报告》，人民出版社 2022 年版，第 28 页。

理体系和治理能力现代化”①。党的二十大报告将“国家治理体系和治理能力现代化水平明显提高”列为新时代十年的伟大变革之一，说明推动国家治理体系和治理能力现代化是推进中国式现代化的重要保障。民族事务治理作为国家治理体系的重要构成部分，“必须坚持依法治理民族事务，推进民族事务治理体系和治理能力现代化”②。党的二十大报告也再次强调要“在法治轨道上全面建设社会主义现代化国家”。这就要求新时代党的民族工作应当持续提升民族事务治理体系和治理能力现代化，坚持和完善民族区域自治制度，依法妥善处理涉民族因素的案件事件，依法打击各类违法犯罪行为，做到法律面前人人平等，为民族地区现代化建设提供固根本、稳预期、利长远的法治保障。

民族地区推进中国式现代化，需要紧跟全面建成社会主义现代化强国总的战略安排。党的二十大报告提出，“从二〇二〇年到二〇三五年基本实现社会主义现代化；从二〇三五年到本世纪中叶把我国建成富强民主文明和谐美丽的社会主义现代化强国……未来五年是全面建设社会主义现代化国家开局起步的关键时期。”③这一表述，既框定了现代化建设“二〇三五年”“本世纪中叶”两个长远目标，也框定了“未来五年”这个相对短期目标。在民族地区推动现代化建设，必须始终紧跟国家现代化建设的总体战略安排，民族工作需要有一种跳出民族地区谈民族地区经济社会发展的工作思路。既要立足于民族地区现代化的特殊条件，“根据不同地区、不同民族实际，以公平公正为原则，突出区域化和精准

① 宁亚芳：《中国民族地区现代化建设成效与基本经验》，《民族研究》2021 年第 6 期。

② 中共中央统一战线工作部、国家民族事务委员会编：《中央民族工作会议精神学习辅导读本》，民族出版社 2022 年版，第 29 页。

③ 习近平：《高举中国特色社会主义伟大旗帜　为全面建设社会主义现代化国家而团结奋斗——在中国共产党第二十次全国代表大会上的报告》，人民出版社 2022 年版，第 24 页。

性，更多针对特定地区、特殊问题、特别事项制定实施差别化区域支持政策”①，又要将民族地区现代化建设统筹于国家现代化整体建设的进程中，促使民族地区发展融入国家总体发展格局之中；既要将民族地区现代化建设看作是经济问题或发展问题，也要将之视为政治问题，兼顾铸牢中华民族共同体意识，维护国家统一和民族团结的政治使命；既要立足当下，也要放眼未来，不断提升自我发展能力，以民族地区现代化助力国家现代化。

三、“国家安全”：关联着新时代党的民族工作的基础功能

国家安全是国家发展的前提和基础，统筹发展和安全是全面建设社会主义现代化国家、全面推进中华民族伟大复兴的关键要义。党的十九届五中全会通过的《中共中央关于制定国民经济和社会发展第十四个五年规划和二〇三五年远景目标的建议》指出：“把安全发展贯穿国家发展各领域和全过程，防范和化解影响我国现代化进程的各种风险，筑牢国家安全屏障。”②党的十九届六中全会通过的《中共中央关于党的百年奋斗重大成就和历史经验的决议》又多次强调要“统筹发展和安全”③。党的二十大报告则再次着重申“国家安全”，并将其提升至攸关民族和国家前途命运的战略地位进行考量，“国家安全是民族复兴的根基，社会稳定是国家强盛的前提。必须坚定不移贯彻总体国家安全观，把维护国家安

---

① 《习近平谈治国理政》第四卷，外文出版社 2022 年版，第 247 页。

② 《中共中央关于制定国民经济和社会发展第十四个五年规划和二〇三五年远景目标的建议》，《人民日报》2020 年 11 月 4 日。

③ 《中共中央关于党的百年奋斗重大成就和历史经验的决议》，《人民日报》2021 年 11 月 17 日。

全贯穿党和国家工作各方面全过程，确保国家安全和社会稳定。”[①]民族领域是国家安全威胁的多发场域，维护国家安全事关国家统一、民族团结和社会安宁，历来是民族工作的基础性功能。2021年中央民族工作会议强调：“必须坚决维护国家主权、安全、发展利益，教育引导各民族继承和发扬爱国主义传统，自觉维护祖国统一、国家安全、社会稳定。”[②]迈入新征程，民族工作必须坚定不移贯彻总体国家安全观，把维护国家安全贯穿民族工作各方面全过程，最大限度防范化解各类风险隐患，确保国家安全和民族领域安全稳定。

统筹发展和安全，是由我国发展所处的历史方位、国家安全所面临的形势任务决定的。我国正处于全面建设社会主义现代化国家、全面推进中华民族伟大复兴的关键时期，同时这一进程还要在世界百年未有之大变局的背景下展开，这种战略机遇稍纵即逝与内外风险复杂交织的历史方位，要求“增强全党全国各族人民的志气、骨气、底气，不信邪、不怕鬼、不怕压，知难而进、迎难而上，统筹发展和安全，全力战胜前进道路上各种困难和挑战，依靠顽强斗争打开事业发展新天地”[③]。党的民族工作在过去统筹发展和安全方面取得了巨大成就，但也要清醒地认识到，现今民族领域的安全形势依然十分严峻。面对国内外复杂多变的发展和安全环境，民族工作必须坚决贯彻落实总体国家安全观，做好较长时间应对外部环境变化的思想准备和工作准备，以充分估计

① 习近平：《高举中国特色社会主义伟大旗帜 为全面建设社会主义现代化国家而团结奋斗——在中国共产党第二十次全国代表大会上的报告》，人民出版社2022年版，第52页。

② 中共中央统一战线工作部、国家民族事务委员会编：《中央民族工作会议精神学习辅导读本》，民族出版社2022年版，第31页。

③ 习近平：《高举中国特色社会主义伟大旗帜 为全面建设社会主义现代化国家而团结奋斗——在中国共产党第二十次全国代表大会上的报告》，人民出版社2022年版，第27页。

最坏的可能性守好发展与安全底线。

民族工作要从国家安全的高度认识和防范民族领域的重大风险隐患。党的二十大报告中将“坚决维护国家安全,防范化解重大风险,保持社会大局稳定”作为过去五年治国理政的成功经验之一,并数次强调要坚定“维护意识形态安全”、守好“意识形态领域”。2021 年中央民族工作会议指出,“要坚决防范民族领域重大风险隐患。要守住意识形态阵地,积极稳妥处理涉民族因素的意识形态问题,持续肃清民族分裂、宗教极端思想流毒。”①当前,民族领域意识形态斗争仍然尖锐复杂,往往会给国家安全带来系统性的安全风险。防范民族领域重大风险隐患,除了要做好国内安全工作,还需要做好国际安全工作。党的二十大报告强调要“以促进国际安全为依托”“统筹外部安全和内部安全”“完善参与全球安全治理机制”“巩固和发展最广泛的爱国统一战线”“推动构建人类命运共同体”等内容,与新时代加强和改进民族工作“要加强国际反恐合作,做好重点国家和地区、国际组织、海外少数民族华侨华人群体等的工作”的思想高度契合,深受“外部安全威胁”也是当前民族工作的现实情势,民族工作必须统筹国内安全与国际安全来防范民族领域重大风险隐患。

维护国家安全和社会团结稳定,必须推进国家安全体系和能力现代化。“推进国家安全体系和能力现代化,坚决维护国家安全和社会稳定”是党的二十大的战略部署,关乎各民族的最高利益。当前,“民族领域重大风险隐患和意识形态安全问题不容忽视,维护国家统一和民族团结的思想基础还不十分坚固,有效抵御各种极端、分裂思想渗透颠覆的体制机制还不十分完善。”②民族工作应当把维护国家安全贯穿工作各方面全过程,坚决推进安全体系和能力现代化。在推进国家安全体系现代化方面,要强化民族工作与国家安全工作协调机制,坚持安全第一、预防为先,不

① 《习近平谈治国理政》第四卷,外文出版社 2022 年版,第 248 页。

② 王延中:《扎实推进中华民族共同体建设》,《民族研究》2022 年第 1 期。

断完善风险监测预警体系,健全共建共治共享的社会治理制度和防范化解风险隐患工作机制,构建全域联动、立体高效的国家安全防护体系。在推进国家安全能力现代化方面,要全面加强国家安全教育,持续提升民族地区干部队伍应对各类风险隐患的斗争能力,努力增强各族群众的底线思维和忧患意识,及时对境内外敌对势力各种渗透颠覆破坏活动、暴力恐怖活动、民族分裂活动、宗教极端活动等给予严密防范和坚决打击。做好国家安全工作,关键在人心。“前进道路上,无论是风高浪急还是惊涛骇浪,人民永远是我们最坚实的依托、最强大的底气”①,要加快民族地区现代化建设,着力改善民生和凝聚人心,加强各民族交往交流交融,深化铸牢中华民族共同体意识教育,推动各民族坚定“五个认同”,同心协力构筑坚不可摧的国家安全人民防线。

四、“团结奋斗”:关联着新时代党的民族工作的时代要求

在党的二十大报告中,“团结奋斗”是贯通于全篇的主旋律。报告全文“团结奋斗”词频出现 6 次,“团结”词频出现 26 次,“奋斗”词频出现 27 次,15 个篇章中有 10 个篇章提及“团结”或“奋斗”,并在开篇和结尾特别号召全国各族人民要“团结奋斗”。团结奋斗之所以被如此重视,这是因为团结奋斗不仅是中国共产党人矢志不渝的历史底色,也是中国人民创造历史伟业的必由之路,同时还是新时代新征程的时代要求。只有团结才能胜利,奋斗才会成功,当前最重要的任务,就是团结带领全国各族人民撸起袖子加油干,一步一个脚印把党的二十大作出的重大决策部署付诸行动、见之于成效。民族工作是做民族团结进步的事业,各民族共

① 《习近平著作选读》第二卷,人民出版社 2023 年版,第 612 页。

同团结奋斗是中华民族伟大复兴必定要实现的根本保证。党的二十大报告是我们党团结带领全国各族人民在新时代新征程坚持和发展中国特色社会主义的政治宣言和行动纲领，要求民族工作要在“全党全国各族人民要在党的旗帜下团结成‘一块坚硬的钢铁’，心往一处想、劲往一处使，推动中华民族伟大复兴号巨轮乘风破浪、扬帆远航”①的团结奋斗精神指引下，推动我国民族团结进步事业取得新的伟大成就。

做好民族工作，最关键的是做好民族团结，最管用的是争取人心。中国是统一的多民族国家，维护国家统一和民族团结是各民族的最高利益，也是党的民族工作的基础性事业，“必须高举中华民族大团结旗帜，促进各民族在中华民族大家庭中像石榴籽一样紧紧抱在一起”②。党的二十大报告指出，“团结就是力量，团结才能胜利。全面建设社会主义现代化国家，必须充分发挥亿万人民的创造伟力”，并要求“始终同人民同呼吸、共命运、心连心，不断巩固全国各族人民大团结，加强海内外中华儿女大团结，形成同心共圆中国梦的强大合力”③，这体现了党中央对搞好民族团结和争取人心的双重强调。人心是最大的政治，抓不住人心，就搞不好民族团结。中国作为统一的多民族国家之所以能够在几千年的历史长河中不断巩固和发展，靠的是各族人民守望相助、手足情深，靠的是人心凝聚、团结奋进的强大精神纽带。民族工作要与各族群众将心比心、以心换心，切实多做争取人心、调动人心、凝聚人心的工作，引导各族人民牢固树立休戚与共、荣辱与共、生死与共、命运与共的共同体理念，推动各民族保持昂扬奋进的精神状态，为实现全面建设社会主义现代化国家、全面推进

① 《习近平在参加党的二十大广西代表团讨论时强调　心往一处想劲往一处使推动中华民族伟大复兴号巨轮乘风破浪扬帆远航》，《人民日报》2022 年 10 月 18 日。

② 《习近平谈治国理政》第四卷，外文出版社 2022 年版，第 244 页。

③ 习近平：《高举中国特色社会主义伟大旗帜　为全面建设社会主义现代化国家而团结奋斗——在中国共产党第二十次全国代表大会上的报告》，人民出版社 2022 年版，第 70 页。

中华民族伟大复兴而团结奋斗。

要以铸牢中华民族共同体意识为主线,正确处理好"四组重大关系"。"守正创新"是党的二十大主题之一,这一提法对于做好新时代的民族工作具有非常强的启示意义。2021 年中央民族工作会议明确指出,"党的民族工作创新发展,就是要坚持正确的,调整过时的,更好保障各民族群众合法权益"①,为此,要正确把握"共同性和差异性的关系、中华民族共同体意识和各民族意识的关系、中华文化和各民族文化的关系、物质和精神的关系"。而正确处理好这四组关系的落脚点正是团结奋斗,"要赋予所有改革发展以彰显中华民族共同体意识的意义,以维护统一、反对分裂的意义,以改善民生、凝聚人心的意义,让中华民族共同体牢不可破"②。实际上,在党的二十大报告中,对这四组重大关系多有论述。例如在"推进文化自信自强,铸就社会主义文化新辉煌"篇章中指出,要"传承中华优秀传统文化""坚持百花齐放、百家争鸣",可以看作是对"各民族优秀传统文化都是中华文化的组成部分"的确认;提出要以社会主义文化建设"巩固全党全国各族人民团结奋斗的共同思想基础",则可以看作是在强调"中华文化是主干,各民族文化是枝叶,根深干壮才能枝繁叶茂"的主线。在这四组关系中,"共同性和差异性的关系是管总的,对其他关系起着引领作用"③,即要按照增进共同性的工作方向铸牢中华民族共同体意识,以各民族共同团结奋斗来应对未来政治、经济、意识形态、自然界等方面的风险挑战考验。

要在各民族共同团结奋斗中实现各民族共同繁荣发展。实现各民族共同繁荣发展,是新时代党关于加强和改进民族工作的价值旨归,而要达

---

① 《习近平谈治国理政》第四卷,外文出版社 2022 年版,第 246 页。

② 《习近平谈治国理政》第四卷,外文出版社 2022 年版,第 246 页。

③ 尤权:《做好新时代党的民族工作的科学指引——学习贯彻习近平总书记在中央民族工作会议上的重要讲话精神》,《求是》2021 年第 21 期。

成这一目的绝不是轻轻松松、敲锣打鼓就能实现的，必然要通过各民族艰苦的共同团结奋斗。党的二十大报告指出，新时代的伟大成就是党和人民一道拼出来、干出来、奋斗出来的，创造新的伟业需要用新的伟大奋斗，号召“全党全军全国各族人民要紧密团结在党中央周围，牢记空谈误国、实干兴邦，坚定信心、同心同德，埋头苦干、奋勇前进，为全面建设社会主义现代化国家、全面推进中华民族伟大复兴而团结奋斗”①。坚持在共同团结奋斗中实现共同繁荣发展，体现了中国共产党人坚持以人民为中心的发展理念，要“在发展中保障和改善民生，鼓励共同奋斗创造美好生活，不断实现人民对美好生活的向往”②，支持各民族发展经济、改善民生，实现共同发展、共同富裕。历经百年探索走出的中国特色解决民族问题正确道路证明，只有坚持各民族共同团结奋斗、共同繁荣发展，才能推动中华民族走向包容性更强、凝聚力更大的命运共同体。

五、“党的领导”：关联着新时代党的民族工作的政治保证

坚持党的领导是中国特色社会主义最本质的特征、中国特色社会主义制度的最大优势，也是全面建设社会主义现代化国家、全面推进中华民族伟大复兴的根本保证。党的二十大报告明确指出“全面建设社会主义现代化国家、全面推进中华民族伟大复兴，关键在党。”此外，党的二十大不仅对坚持党的领导的重要性作了着重强调，还对新时代党的建设提出

① 习近平：《高举中国特色社会主义伟大旗帜　为全面建设社会主义现代化国家而团结奋斗——在中国共产党第二十次全国代表大会上的报告》，人民出版社 2022 年版，第 71 页。

② 习近平：《高举中国特色社会主义伟大旗帜　为全面建设社会主义现代化国家而团结奋斗——在中国共产党第二十次全国代表大会上的报告》，人民出版社 2022 年版，第 46 页。

了总的要求，即要“坚定不移全面从严治党，深入推进新时代党的建设新的伟大工程”①，并要求以党的自我革命引领社会革命。这提醒我们，在夺取民族团结进步事业新胜利的伟大事业中，必然离不开坚持和加强党的全面领导。2021年中央民族工作会议强调“加强和完善党的全面领导，是做好新时代党的民族工作的根本政治保证”②，彰显了坚持党的领导对于做好民族工作的极端重要性。过去在党的坚强领导下，我国民族团结进步事业取得了许多历史性成就，但也要看到民族领域面临的众多内外考验和风险仍将长期存在，民族工作应紧跟新形势，坚决全面贯彻落实新时代党的建设总要求。

民族工作要坚持和加强党中央集中统一领导。党的百余年民族工作实践充分证明，民族工作能不能做好，最根本的一条是党的领导是不是坚强有力。“只有中国共产党才能实现中华民族的大团结，只有中国特色社会主义才能凝聚各民族、发展各民族、繁荣各民族”③，中国共产党是中国人民和中华民族最可靠、最坚强的“主心骨”，“无论是在思想意识层面，还是制度建设与民族工作的全面推进与落实，党的全面领导都是全局性关怀的轴心，是民族和国家事业的领导力量”④。党的二十大报告明确指出：“我们要坚持和加强党中央集中统一领导，健全总揽全局、协调各方的党的领导制度体系，完善党中央重大决策部署落实机制，确保全党在政治立场、政治方向、政治原则、政治道路上同党中央保持高度一致，确保

---

① 习近平：《高举中国特色社会主义伟大旗帜　为全面建设社会主义现代化国家而团结奋斗——在中国共产党第二十次全国代表大会上的报告》，人民出版社2022年版，第63—64页。

② 中共中央统一战线工作部、国家民族事务委员会编：《中央民族工作会议精神学习辅导读本》，民族出版社2022年版，第185页。

③ 习近平：《在全国民族团结进步表彰大会上的讲话》，人民出版社2019年版，第8页。

④ 青觉、徐欣顺：《论新时代党的民族理论政策：思想内涵与实践要求——基于第五次中央民族工作会议精神的解读》，《广西民族研究》2022年第2期。

党的团结统一。”①这实质上是要求民族工作必须要将党的领导全面、系统、整体加以落实，始终“牢记‘国之大者’，认真履行主体责任，把党的领导贯穿民族工作全过程，形成党委统一领导、政府依法管理、统战部门牵头协调、民族工作部门履职尽责、各部门通力合作、全社会共同参与的新时代党的民族工作格局”②。民族工作直接关乎国家安全稳定大局，只有坚持和加强党中央集中统一领导，才能为国家统一和民族团结提供根本的稳定的充分的政治保障。

做好民族工作，关键在党、关键在人。党的二十大对新时代党的干部队伍提出了明确要求，“建设堪当民族复兴重任的高素质干部队伍，坚持德才兼备、以德为先、五湖四海、任人唯贤，树立选人用人正确导向，选拔忠诚干净担当的高素质专业化干部，选优配强各级领导班子，加强干部斗争精神和斗争本领养成，激励干部敢于担当、积极作为。”③这包括干部队伍建设和党组织建设两个方面的内容。在干部队伍建设方面，“要坚持新时代好干部标准，努力建设一支维护党的集中统一领导态度特别坚决、明辨大是大非立场特别清醒、铸牢中华民族共同体意识行动特别坚定、热爱各族群众感情特别真挚的民族地区干部队伍，确保各级领导权掌握在忠诚干净担当的干部手中”④，大力培养选拔少数民族干部和各类人才，对政治过硬、敢于担当的优秀少数民族干部要充分信任、委以重任。在党组织建设方面，尤其要“增强党组织政治功能和组织功能……坚持大抓

---

① 习近平：《高举中国特色社会主义伟大旗帜　为全面建设社会主义现代化国家而团结奋斗——在中国共产党第二十次全国代表大会上的报告》，人民出版社 2022 年版，第 64 页。

② 《习近平谈治国理政》第四卷，外文出版社 2022 年版，第 248 页。

③ 《高举中国特色社会主义伟大旗帜　全面贯彻新时代中国特色社会主义思想——习近平同志代表第十九届中央委员会向大会作的报告摘登》，《人民日报》2022 年 10 月 17 日。

④ 《习近平谈治国理政》第四卷，外文出版社 2022 年版，第 248 页。

基层的鲜明导向……把基层党组织建设成为有效实现党的领导的坚强战斗堡垒”①,不断提高政治判断力、政治领悟力、政治执行力,持续“加强民族地区基层政权建设,夯实基层基础,确保党的民族理论和民族政策到基层有人懂、民族工作在基层有人抓”②。

民族工作要牢牢把握以伟大自我革命引领伟大社会革命的重大要求。党的二十大报告深刻总结道,“经过不懈努力,党找到了自我革命这一跳出治乱兴衰历史周期率的第二个答案……确保党永远不变质、不变色、不变味。”③历史上,民族事务治理曾长期是王朝国家时代“治乱兴衰历史周期率”的典型表现,不论是郡县制还是羁縻制,均没能有效解决民族问题,致使无数次民族动乱或存亡危机常始于边疆民族地区,给各族人民和国家带来沉痛灾难。新中国成立以后,民族地区实现了经济快速发展和社会长期保持稳定的两大奇迹,这是由中国共产党团结带领各族人民共同创造的。进入新时代,党坚持全面推进自我革命引领社会革命,不断增强自我净化、自我完善、自我革新、自我提高能力,进一步推动了民族地区赓续两大奇迹,民族地区的国民生产总值增速常年位居全国前列,民族事务治理水平达到历史最高水平。在民族领域推进党的自我革命,既有反腐败、保持先进性等共性要求,更有反渗透反破坏反分裂等特殊性要求。党对民族工作的领导要时刻保持解决大党独有难题的清醒和坚定,坚决清除隐藏在干部队伍中破坏国家统一和民族团结的“两面人”。民族工作还要深刻领悟“两个确立”的决定性意义,增强“四个意识”、坚定

① 习近平:《高举中国特色社会主义伟大旗帜 为全面建设社会主义现代化国家而团结奋斗——在中国共产党第二十次全国代表大会上的报告》,人民出版社 2022 年版,第 67 页。

② 《习近平谈治国理政》第四卷,外文出版社 2022 年版,第 248 页。

③ 习近平:《高举中国特色社会主义伟大旗帜 为全面建设社会主义现代化国家而团结奋斗——在中国共产党第二十次全国代表大会上的报告》,人民出版社 2022 年版,第 14 页。

"四个自信"、做到"两个维护",把全面从严治党向民族工作的各个领域纵深推进,永葆党的先进性和纯洁性。另外,"党的自我革命永远在路上,决不能有松劲歇脚、疲劳厌战的情绪"①,要不断开辟马克思主义民族理论中国化时代化新境界,确保党始终成为民族工作的坚强领导核心。

① 习近平:《高举中国特色社会主义伟大旗帜 为全面建设社会主义现代化国家而团结奋斗——在中国共产党第二十次全国代表大会上的报告》,人民出版社 2022 年版,第 64 页。

第三篇

话语体系

中华民族共同体：话语转变视角下的现实价值与理论内涵*

在2014年5月召开的第二次中央新疆工作座谈会上，习近平总书记提出“牢固树立中华民族共同体意识”，这是官方首次使用“中华民族共同体”的话语表述。党的十九大报告在论述巩固和发展爱国统一战线时指出：“铸牢中华民族共同体意识，加强各民族交往交流交融”①。在这一背景之下，学界掀起了一股“中华民族共同体”的探讨热潮。当前主要围绕中华民族共同体的构成、中华民族共同体的建设路径等方面进行解读，较为充分地开发了中华民族共同体研究的不同面向和维度。通过对现有研究的梳理，有学者发现，当前关于“中华民族共同体”和“中华民族”的探讨形成两个脉络发展②，但是对于“中华民族共同体”与“中华民族”的区别却鲜有阐释。有的学者虽然意识到“从‘中华民族’到‘中华民族共同体’不仅是词汇上的简单变化，更标志着国内民族理念和民族工作部

---

* 本文以“‘中华民族共同体’：话语转变视角下的理论价值与内涵探析”为题发表于《北方民族大学学报》2018年第3期，有删节改动。

① 习近平：《决胜全面建成小康社会　夺取新时代中国特色社会主义伟大胜利——在中国共产党第十九次全国代表大会上的报告》，人民出版社2017年版，第39页。

② 王平：《反思与检讨：“中华民族共同体”研究规范化的若干基本问题》，《思想战线》2017年第3期。

署的转型”①,但并没有展开深入探讨。从这个层面而言,对“中华民族共同体”的理论挖掘和阐述工作还有进一步深化的必要和空间。

众所周知,话语不仅是信息、观念、意识形态得以表达和传播的载体,还是改造世界的工具。当代西方著名的批评话语分析学者诺曼·费尔克拉夫(Norman Fairclough)在其代表作《话语与社会变迁》中讲道:“话语不仅是表现世界的实践,而且是在意义方面说明世界、组成世界、建构世界。”②那么,不同的话语显然具有不同的说明意义和建构意义。广为流传的俗语“问题不在于说什么,而在于怎么说”表达的正是这个含义。从“中华民族”到“中华民族共同体”表面上是表述方式的不一样,但是从话语的功能意义上而言,却有着不同的认知效果。从话语的社会意义上而言,其背后还反映了不同的逻辑、知识、理念及理论背景的某种变迁,话语的变化自然也蕴含或影响着话语指导下的实践的发展进路。因此,通过对“中华民族共同体”与“中华民族”二者间话语特性的区别加以分析,可以透视其背后更为生动和深刻的理论演变及价值追求。

一、“中华民族共同体”是对“中华民族”相关讨论的回应和超越

“中华民族+共同体”的话语表述与“中华民族”有何不同?乔治·莱考夫(Lakoff)和马克·约翰逊(Johnson)在《我们赖以生存的隐喻》中提出的一种关于隐喻的理论可以帮助我们理解二者间不易觉察的区别。

---

① 平维彬、严庆:《从文化族类观到国家民族观的嬗变——兼论“中华民族共同体意识”的理论来源》,《贵州民族研究》2017 年第 4 期。

② [英]诺曼·费尔克拉夫:《话语与社会变迁》,殷晓蓉译,华夏出版社 2003 年版,第 60 页。

“隐喻的本质就是通过另一种事物来理解和体验当前的事物”①,“对于我们来说十分重要的概念要么是抽象的,要么是我们的经验中界定不明确的(情感、想法、时间,等等),所以我们需要借助那些我们清楚理解的其他概念(空间方位、物体,等等)来掌握他们。”②这种需要以具体的、简单的和熟悉的事物来辅助理解的抽象而复杂的概念被称作隐喻概念。隐喻不仅仅是一种修辞,更是一种认知方式,这种新颖的认知方式可以使我们获得认知事物的新视角、丰富对原有事物的想象、推动其内涵与外延的拓展,进而形成对原有认知的充实与超越。借助隐喻的视角分析,“中华民族共同体”与“中华民族”在话语上最大的区别就在于前者是一个明显的隐喻概念。尽管中华民族作为一个民族实体早已存在,但是以“中华民族”作为这一实体的称谓的历史却并不长。“中华民族”这一名词自被创造以来在不长的历史中所产生的大量讨论充分证明这是一个极其抽象和复杂的概念。而相对于“中华民族”或者“民族”,“共同体”对于我们而言是一个外延更宽、更易理解和更加熟悉的概念,以“共同体”作为“中华民族”的隐喻,为理解中华民族提供了参考的客观具象,丰富和充实了对“中华民族”的认知,由此在一定程度上超越了围绕“中华民族”概念所产生的讨论。

(一)以“共同体”内涵对讨论的回应

“中华民族共同体”强调中华民族是一个共同体,“共同体”暗示着中华民族是中国境内 56 个民族的有机结合而不是机械组成。德国社会学家滕尼斯对共同体的研究影响深远,滕尼斯认为“共同体”之区别于“社

① [美]乔治·莱考夫、马克·约翰逊:《我们赖以生存的隐喻》,何文忠译,浙江大学出版社 2015 年版,第 3 页。

② [美]乔治·莱考夫、马克·约翰逊:《我们赖以生存的隐喻》,何文忠译,浙江大学出版社 2015 年版,第 108 页。

会”概念最核心之处即在于“共同体本身应该被理解为一种生机勃勃的有机体,而社会应该被理解为一种机械的聚合和人工制品。”①可见,有机的、紧密的联系是共同体的基本内涵。所谓“有机整体”,即这一整体内部已经呈现一种相互交融、难分彼此、不可分离的状态,如果可以分离,那只能是机械的组成体而非有机的整体。早在秦汉之际,中国境内各民族就开始了未曾间断的交流和融合,在数千年的互动和交往中形成了一个紧密联系、有机互动的整体,即“中华民族共同体”。中华民族内部各“族”共享着以儒家文化为核心的中华文明,并在持续的交往过程中相互影响、相互融合,形成了“你中有我,我中有你”的紧密关系。由此可见,这一“共同体”之间的共同性是在长期的社会真实互动中逐渐培育的。因此,“中华民族共同体”对“共同体”的强调实则否定了把中华民族等同于汉族的错误认识,强调了中华民族是中国56个民族有机构成的整体。从这一有机整体形成的历史和现实来看,中华民族共同体拥有共同的历史叙事和历史记忆,建立在频繁的经济联系、密切的文化交流、共享的政治价值和制度基础之上的经济、文化和政治的共同体。这个共同体的形成有据可查,由来已久,早已凝结为一个具有共同精神、共同意识的统一体,毫无疑问,是一个客观与主观因素兼具的民族实体。

“中华民族共同体”强调了中华民族是一个“共同体”而不是“联合体”。“联合体”与“共同体”的区别在于“联合体”是一个松散的、由外力促成的组合体,而“共同体”则是一个自然而然凝聚而成的整体。西方“共同体主义”思想还认为“共同体”揭示了群体对个体的塑造作用和构成作用,而“联合体”则不具有这样的效力。正是由于“共同体”与“联合体”存在上述本质上的区别,中华民族是一个“共同体”而不是“联合体”,实则否定了“中华民族是一个复合体”的说法,中华民族共同体内部是不

① [德]斐迪南·滕尼斯:《共同体与社会》,林荣远译,商务印书馆1999年版,第52页。

可分离的凝聚状态,强调了“一体”高于“多元”的价值追求,“多元”只有在中华民族这一“苍穹”之下才有存在的意义,中华民族的共有精神文化、传统、规范对“多元”具有决定性的价值,这一根本原则是“多元”得以获得生命的源泉。

(二)以“共同体”视域尝试对话语体系的超越

传统中国并没有西方意义上的“一国一族”的“民族”概念,只有一种以文化区分彼此的文化族类观,文化族类间没有横亘其间、不可跨越的明确界限,以这种文化族类观划分的“汉人”“藏人”“蒙古人”难以等同于西方的“民族”①。在接触西方民族国家理论的过程中,中国近现代的民族精英们意识到必须有一个能够代表和团结国内各民族的一体概念,“中华民族”这一称谓被有意无意地赋予了这一使命。但是在西方民族国家理论的框架下,却无法适切地处理“中华民族”与国内各“族”的关系,这就导致了各种各样争论的产生。

“中华民族共同体”试图以“共同体”的理论视域来超越“民族国家”理论体系的话语权威。“共同体”概念的内涵和外延显然大于“民族”概念,“民族”只是共同体类型中的一种,以“共同体”概念来理解“中华民族”是对“中华民族”概念的丰富和拓展。而对概念的丰富和拓展则有望达到这样一种认知效果:跳出“民族”的视域,代之以更为宏观的“共同体”理论来理解“中华民族”,对中华民族这一有机整体的形成和发展的轨迹就可以获得更大的解释空间。由此看来,以“共同体”上位概念来补充或者抵消“民族”下位概念的不足与伴随的风险,不失为一个好的选择。

---

① 平维彬、严庆:《从文化族类观到国家民族观的嬗变——兼论“中华民族共同体意识”的理论来源》,《贵州民族研究》2017 年第 4 期。

二、“中华民族共同体”是对“命运一体”的强调

党的十八大以来,习近平总书记在不同场合多次阐发“命运共同体”思想,其中,“中华民族共同体”也是“命运共同体”思想在民族工作领域的运用。习近平总书记指出:“我国56个民族都是中华民族大家庭的平等一员,共同构成了你中有我、我中有你、谁也离不开谁的中华民族命运共同体。”①“命运共同体”思想为“中华民族共同体”赋予了时代特色,注入了新的理论内涵。

所谓“命运共同体”实际上就是习近平总书记所形容的“一损俱损,一荣俱荣”的紧密的命运相连和利益共生。任何类型的共同体必然都建立在共同的利益基础之上。“共同的”利益不同于“相同的”利益。相同的利益暗示各成员都追求各自利益的最大化,从而可能形成一种相互竞争、相互排斥的关系,即“我”的利益的主张会导致“你”的利益的损耗。而共同的利益则表示彼此间的利益是密切相关的,是一种“同进同退”而不是“此消彼长”的关系。毫无疑问,只有共同的利益才能产生彼此间“守望相助”的手足情谊,才能真正铸就一个同舟共济、同甘共苦、互帮互助的“中华民族共同体”,而这也正是“命运共同体”思想的伦理精神和价值意义。

所有类型的共同体都是建立在共同利益的基础之上,利益在共同体内分配不均衡、不公平是破坏共同体维系的根本原因。少数民族和民族地区的发展,不仅影响到全面建成小康社会目标的实现,还影响到国家的安全和稳定,进而影响中华民族的伟大复兴。因此,中华民族共同体的建设离不开中华民族内部共享改革开放的发展成果。而“中华民族共同

---

① 中共中央宣传部编:《习近平总书记系列重要讲话读本》(2016年版),学习出版社、人民出版社2016年版,第12页。

体”对“命运一体”的强调正是对当前我们党实施的少数民族帮扶政策合理性的重申。中华民族共同体的建设需要继续实施少数民族帮扶政策,需要继续支持和帮助民族地区的发展,让各民族同胞们真真切切感受到中华民族作为一个“命运共同体”而存在的价值和意义,从而增强对中华民族共同体的认同与情感。

“中华民族共同体”对“命运一体”的强调不仅是对利益共享的强调,也是对责任共担的强调。中华民族“命运一体”的利益相关性是对大汉族主义和狭隘民族主义的坚决批驳和抵制。但是“共同体”如果只是共享利益,那远不能称之为“命运共同体”。“命运共同体”的伦理精神是“同甘共苦”,既要分享利益,又要共同体承担责任,这才是对“命运共同体”的全方位认识。正如鲍曼所言,“失去共同体,意味着失去安全感;得到共同体,意味着将很快失去自由”①,也从一个侧面反映了共同体给予个体的不仅仅是利益。作为“中华民族共同体”内部的各群体、各成员,维护这一共同体的核心利益是必须承担的责任。共同体内各成员需要承担的责任包括自觉维护这一共同体的核心利益、自觉维护共同体的团结,以及坚决抵制蓄意挑拨民族关系、破坏民族团结的行为。

三、“中华民族共同体”是对共同性纽带的强调

从“中华民族”到“中华民族共同体”更加凸显了共同性作为中华民族基本属性的重要性,共同性是任何一个共同体得以维系和发展的关键。“中华民族共同体”的共同性既包括了利益的共同性也包括精神的共同性,所谓利益的共同性实际就是上文所论“命运一体性”,而精神的共同性其实质就是共有的精神家园。利益的共同性是共同体维系的基石,而

① [英]齐格蒙特·鲍曼:《共同体》,欧阳景根译,江苏人民出版社 2003 年版,第6页。

精神的共同性是共同体维系的纽带。

习近平总书记将“中华民族共同体”比喻为“大家庭”,家是一个充满温馨而又舒适的地方,家之所以不同于其他任何庇护所,就在于家对其成员提供了精神上的安慰,而每个成员对家有一种难以割舍的归属感,“中华民族共同体”之所以成为各个民族的“大家庭”,核心之处就在于“中华民族共同体”是一个共有的精神家园,提供了家一样的归属感。这就是“中华民族共同体”的共同性纽带的根本。

“中华民族共同体”共有的精神家园是中华民族在文化认同基础上产生的文化寄托和精神归属,是中华民族长期的历史积淀所形成的特有的传统、习惯、风俗、精神、心理、情感等非物质内容①。共有精神家园的形成主要依靠两方面:一是共同的历史记忆;二是共享的中华文化。共同的历史记忆是精神纽带得以形成的催化剂,共享的中华文化是精神家园得以构筑的支撑。由此,构筑“中华民族共同体”的精神纽带需要从这两方面入手,并且在这一过程中,必须时时贯穿着对“共同性”的强调。

众所周知,历史记忆与民族认同之间存在着密切的联系。在 20 世纪民族主义兴起的过程中,通过历史记忆来建构“想象的共同体”是广为流行的做法。共同历史记忆的挖掘和叙述有利于维护中华民族共同体的团结。没有共同的历史记忆,难以形成凝聚一心的共同认同。在对“中华民族共同体”共同历史记忆的回忆和叙事中,不能忽视历史叙述方式对民族团结所产生的影响。

“中华民族共同体”对共同性纽带的强调蕴含着对中华文化“民族共有性”属性的强调。中华文化是在中华民族共同体上千年的交往交流过程中相互吸收、相互借鉴形成的融合各民族文化的、极具包容性的文化体系。在文化创造和文化宣传领域,我们必须尊重各个民族的文化传统和

---

① 高永久、陈纪:《论中华民族共有精神家园的内涵与价值核心》,《科学社会主义》2008 年第 2 期。

贡献,注重吸收和弘扬少数民族文化中的优良传统,引导少数民族群众及其文化在中华民族共有精神家园建设和中华文化的发展中发挥积极作用。① 这是从"中华民族"到"中华民族共同体"的话语转变所揭示的实践启示。

总之,"民族—国家"这一术语的核心要义在于强调国家必须有一个与之对应的民族(国族)共同体存在,而且正是国族这个共同体赋予了国家合法性。在民族—国家时代,国族共同体意识对于社会安定团结、国家长治久安有着至关重要的意义,因此国家对于这种共同体意识的营造和追求也是一个无穷无尽、无休无止的过程。而习近平总书记提出"中华民族共同体"这一概念并一再重申要"铸牢中华民族共同体意识",无疑具有极强的现实针对性。

从"中华民族"到"中华民族共同体",并非只是术语的简单替换或修饰词的添加。从话语转变的视角来看,"中华民族共同体"是对围绕"中华民族"概念所引发相关讨论的回应,是以"共同体"视域对民族国家理论体系下"民族"概念的超越。"中华民族共同体"既是对"命运一体"的强调,又是对共同性纽带的强调。话语本身就是一种实践,因此话语体系的创新有不可估量的现实意义。从"中华民族"到"中华民族共同体"可视为我们党创新民族领域话语体系的一次尝试,话语转变的背后还蕴含着党对民族工作实践的审视与反思。总之,中华民族共同体的建设是一项需要从多方面着手的长远任务,在这条路上我们依然任重道远。

---

① 郝亚明:《少数民族文化与中华民族共有精神家园建设》,《广西民族研究》2009年第1期。

铸牢中华民族共同体意识的若干话语趋向*

铸牢中华民族共同体意识是党中央全面把握中华民族伟大复兴战略全局和世界百年未有之大变局，在统一的多民族国家建设问题上提出的重大战略举措。铸牢中华民族共同体意识作为新时代党的民族工作的主线，毫无疑问也将是今后相当长时期内中国统一多民族国家建设的指导方针。习近平总书记在2021年中央民族工作会议讲话中强调，“铸牢中华民族共同体意识是新时代党的民族工作的‘纲’，所有工作要向此聚焦。”①这在某种意义上标志着铸牢中华民族共同体意识已经由初步探索阶段迈向深入推进阶段。

在当前如火如荼的理论构建与实践推进中，都迫切面临着如何正确认识和准确定位铸牢中华民族共同体意识这个根本性的问题。对铸牢中华民族共同体意识本质的精准把握绝非易事，它需要对中国统一多民族国家基本国情的历史形成、对中国共产党民族理论的马克思主义属性、对新时代中华民族实现伟大复兴的战略需求等问题综合理解的基础上，进行多维度审慎客观的研判。当前学界对这一问题的直接探究并不多，但依然可以看到若隐若现地呈现几种有所区分的理论认识趋向，可大致概

---

* 本文以“铸牢中华民族共同体意识的若干话语趋向”为题发表于《民族研究》2022年第4期，有删节改动。

① 《习近平谈治国理政》第四卷，外文出版社2022年版，第246页。

括为“民族团结话语”“国族建构话语”“共同体建设话语”。简而言之，“民族团结话语”将铸牢中华民族共同体意识视作具有延续性与拓展性的民族团结策略，“国族建构话语”将铸牢中华民族共同体意识视作具有突破性与创新性的国族建构手段，“共同体建设话语”则将铸牢中华民族共同体意识视作具有超越性与本质性的共同体建设方案。尽管三种话语趋向之间并无根本性冲突，但彼此之间还是体现了颇为不同的学科传统和逻辑取向，在理论阐释和实践推进的侧重点上也存在着明显的差异。笔者将这三种理论话语趋向视作把握铸牢中华民族共同体意识本质属性的一种思路，尝试以学理、逻辑、现实相结合的方式进行比较分析，以增进对相关问题的认识。

一、铸牢中华民族共同体意识的民族团结话语

毫无疑问，民族团结话语一直以来就是中国共产党民族理论与民族政策的主流话语体系。“民族团结是中国共产党民族理论与民族政策的核心理念，也是中国特色民族事务管理制度的核心要义。”①坚持民族团结，既是中国共产党马克思主义政党性质的根本要求，也是中国共产党领导革命与建设国家成功经验的总结。一方面，民族团结的主流话语体系地位普遍体现在国家的法律政策文本之中，1949 年作为代宪法的《中国人民政治协商会议共同纲领》以及后来的《中华人民共和国宪法》对此都有非常明确的规定与表述。另一方面，民族团结的主流话语体系地位集中体现在国家的民族事务实践之中。民族团结进步表彰大会、民族团结进步创建活动、民族团结教育、民族团结进步示范区和示范单位等专有词汇的使用，清晰展现了我国民族工作围绕着维护民族团结这一中心任务

① 陈建樾：《激荡与互动：中国共产党民族团结思想的提出与清晰化》，《西南民族大学学报》2017 年第 2 期。

而开展的事实。此外,在我们耳熟能详的民族理论与民族政策表述中——如我国处理社会主义民族关系的三个原则(民族平等、民族团结、各民族共同繁荣)、我国社会主义民族关系的四个特征(平等、团结、互助、和谐)、三个离不开(汉族离不开少数民族、少数民族离不开汉族、各少数民族之间也相互离不开)、两个共同(共同团结奋斗、共同繁荣发展)等——民族团结无一例外都是其关切重点。概而言之,民族团结"既确定了我国处理民族问题的基本原则,又奠定了我国民族政策体系的主要脉络,还塑造了我国社会主义民族关系的基本特征"。①

党的十八大以来,以习近平同志为核心的党中央高度重视民族工作,在总结提炼中国特色解决民族问题正确道路的基础上,又与时俱进地提出了一系列新主张、新论断,形成了党关于加强和改进民族工作的重要思想。纵观这一时段关于民族工作的重要论述,有两个基本特征。

其一是铸牢中华民族共同体意识的主线定位日益凸显。中华民族共同体意识在 2014 年被提出以后,就因其理论创新性与实践指导性成为新时代党的民族工作的中心概念。前文述及,在这一过程中,中华民族共同体意识的政策定位发生了多重进化。值得注意的是,习近平总书记在 2021 年中央民族工作会议讲话中指出:"改革开放特别是党的十八大以来,我们党强调中华民族大家庭、中华民族共同体、铸牢中华民族共同体意识等理念,既一脉相承又与时俱进贯彻党的民族理论和民族政策,积累了把握民族问题、做好民族工作的宝贵经验,形成了党关于加强和改进民族工作的重要思想"②。这段讲话非常直观而又明晰地揭示了铸牢中华民族共同体意识相关理念的提出与党关于加强和改进民族工作重要思想的形成两者之间的逻辑关联。

---

① 张少春:《团结之路 70 年:新中国民族团结理论与实践的历史脉络》,《西北民族研究》2019 年第 3 期。

② 《习近平谈治国理政》第四卷,外文出版社 2022 年版,第 243—244 页。

其二是民族团结进步的工作目标持续得到重点强调。在2021年中央民族工作会议召开前夕,《人民日报》在头版头条以"共享民族复兴的伟大荣光"为题,对习近平总书记关于民族团结进步重要论述进行了专题报道。① 这篇一万四千余字的长篇综述报道,一方面集中展示了党的十八大以来党中央在民族团结方面形成的丰硕理论成果,另一方面也深刻揭示了铸牢中华民族共同体意识在民族团结进步的整体架构下推进的逻辑关系。我们可以看到,党的十八大以来习近平总书记在民族团结方面有很多经典论述,例如,"民族团结是各族人民的生命线。""各族干部群众都要像爱护自己的眼睛一样爱护民族团结,像珍视自己的生命一样珍视民族团结。"②"促进各民族像石榴籽一样紧紧抱在一起,共同团结奋斗、共同繁荣发展。"③"必须高举中华民族大团结旗帜,促进各民族在中华民族大家庭中像石榴籽一样紧紧抱在一起。"④其中"眼睛""生命""生命线""石榴籽"这些生动形象的提法尤为引人注目,起到了良好的政策宣传效果,推动了民族团结进步理念在各民族群众中入脑入心。有学者认为,"习近平对民族团结进步论述的一个重要特点,就是以通俗的比喻阐释民族团结进步的重要性,用形象的比拟描述各族人民团结一体的理想状态。"⑤

综上所述,从文本分析的角度而言,党的十八大以来党中央关于民族工作的诸多论述在结构上大致表现为民族团结进步主流话语体系与铸牢中华民族共同体意识新时代党的民族工作主线的相互交织。基于这一视

① 《共享民族复兴的伟大荣光——习近平总书记关于民族团结进步重要论述综述》,《人民日报》2021年8月25日。

② 中共中央文献研究室编:《习近平关于社会主义政治建设论述摘编》,中央文献出版社2017年版,第148、154页。

③ 习近平:《决胜全面建成小康社会 夺取新时代中国特色社会主义伟大胜利——在中国共产党第十九次全国代表大会上的报告》,人民出版社2017年版,第40页。

④ 《习近平谈治国理政》第四卷,外文出版社2022年版,第244页。

⑤ 郝时远:《民族团结进步的新境界:铸牢中华民族共同体意识》,《西部蒙古论坛》2020年第3期。

角,以民族团结话语来解读铸牢中华民族共同体意识,并将其视作根本性的民族团结策略就顺理成章了。以民族团结话语来认识或解读铸牢中华民族共同体意识有着得天独厚的优势。

首先,这种理论话语构建方式清晰展现了铸牢中华民族共同体意识与民族团结进步事业之间紧密的内在联系。尽管民族团结话语在本质上将铸牢中华民族共同体意识视作维护和促进民族团结大局的重要手段,但同时也认为两者之间存在相互促进相互支撑的互动关系。一方面,铸牢中华民族共同体意识服务于民族团结进步大局;另一方面,民族团结进步也是铸牢中华民族共同体意识的重要前提。

其次,这种理论话语构建方式将铸牢中华民族共同体意识完美嵌入马克思主义民族理论体系和中国特色解决民族问题正确道路之中。中国共产党走出了一条中国特色解决民族问题的正确道路,而铸牢中华民族共同体意识就是这条正确道路的有机构成部分。作为马克思主义民族理论中国化的最新成果,铸牢中华民族共同体意识的现实回应性与理论创新性极为引人注目,但政策延续性依然是准确把握其性质的基础和起点所在。2021 年中央民族工作会议指出,铸牢中华民族共同体意识等理念既一脉相承又与时俱进贯彻党的民族理论与民族政策。以民族团结话语来解读铸牢中华民族共同体意识,淋漓尽致地展现了两者之间“一脉相承”的理论关联,彰显了其马克思主义民族理论的基本性质。更进一步说,将铸牢中华民族共同体意识与民族团结进步关联起来,客观上也具有消除理论误区、平息政策论争、指明实践方向的现实功用。[①] 正是基于以上缘由,大量民族问题研究学者倾向于以

① 郝亚明:《从政治定位来深化对铸牢中华民族共同体意识的认识》,《西南民族大学学报》2021 年第 8 期。

民族团结理论话语来解读铸牢中华民族共同体意识，例如有学者将其视作中国民族团结进步的新境界①；还有学者称之为中国民族团结进步事业的第五个阶段。②

铸牢中华民族共同体意识的民族团结话语立足中国统一多民族国家的基本国情，紧扣马克思主义民族理论的基本立场，其核心观点可简要概括为“铸牢中华民族共同体意识是具有延续性与拓展性的民族团结策略”。这里的延续性是指铸牢中华民族共同体意识与传统民族团结话语之间的对接延续，这里的拓展性是指铸牢中华民族共同体意识对传统民族团结话语的创新拓展。从当前民族团结话语对铸牢中华民族共同体意识的解读来看，在延续性层面已经比较成熟，然而在拓展性层面则尚有欠缺。在某种意义上，延续性支撑着铸牢中华民族共同体意识民族团结话语的合理性；拓展性则决定着铸牢中华民族共同体意识民族团结话语的生命力。毕竟，铸牢中华民族共同体意识作为习近平总书记重大原创性论断，能否有效挖掘其创新性是评判一种理论话语体系价值的关键所在。因此，在构建铸牢中华民族共同体意识的民族团结话语时必须时刻警惕两种情形，一是在理论上不足以挖掘铸牢中华民族共同体意识的创新性，二是在实践上沿袭新瓶装旧酒的方式来铸牢中华民族共同体意识。

铸牢中华民族共同体意识作为马克思主义民族理论中国化的最新成果，具有政策延续性、现实回应性与理论创新性三大基本特征。③ 民族团

① 郝时远：《民族团结进步的新境界：铸牢中华民族共同体意识》，《西部蒙古论坛》2020 年第 3 期。

② 张少春：《团结之路 70 年：新中国民族团结理论与实践的历史脉络》，《西北民族研究》2019 年第 3 期。

③ 郝亚明：《从政治定位来深化对铸牢中华民族共同体意识的认识》，《西南民族大学学报》2021 年第 8 期。

结话语集中凸显了政策延续性，但似乎并不足以全方位地挖掘出铸牢中华民族共同体意识的现实回应性和理论创新性。这一方面要求我们继续丰富和完善民族团结话语体系，另一方面则昭示有必要引入新的理论视角作为铸牢中华民族共同体意识的话语体系补充。

二、铸牢中华民族共同体意识的国族建构话语

在关于中国统一多民族国家建设的学术探讨中，民族国家与国族建构并非陌生的术语。在民族理论与民族政策领域，这些术语通常以反思与启示的形象出现。由于民族国家、国族建构等术语与西方历史与政治的深度勾连，它们也时常遭受能否适用于中国的历史和现实、如何与既有理论话语体系对接等方面的质疑。然而不可否认的是，中国是否是民族国家？中华民族是否是中国的国族？中国是否需要进行国族建构？这些老生常谈的论争却关涉中国民族理论话语体系构建的基础与方向。在2014年党中央提出中华民族共同体意识之后，一些学者尝试从国族建构的角度对其理论意涵和实践意义进行解读，彰显了这一视角对于铸牢中华民族共同体意识的话语构建潜力。

所谓铸牢中华民族共同体意识的国族建构话语，其主旨概而言之就是，铸牢中华民族共同体意识具有国族建构的性质。为了清晰理解国族建构话语的理论逻辑与应用前提，我们可以尝试将其核心思想转化成三段论式的演绎推理：第一，民族国家建设既包括国家建设还包括国族建构；第二，中国是民族国家，而中华民族就是中国的国族；第三，铸牢中华民族共同体意识是一种具有突破性与创新性的国族建构手段。

1. 民族国家(nation-state)①建设既包括国家建设(state building)也包括国族建构(nation building)②,这是国族建构话语的理论前提。

民族国家作为人类社会的一种政治组织形式,强调民族边界与国家边界的相互重叠,民族为国家提供政治合法性,国家成为民族的政治屋顶。从这个意义上来说,民族—国家是“两种不同结构与原则的熔合,一种是政治与领土的,一种是历史与文化的。”③尽管民族国家是民族原则与国家原则紧密结合的产物,但两者之间的区分依然十分明晰。恰如有学者所言:“‘民族’与‘国家’有不同的渊源,其行动旨趣也大相径庭。前者是‘共同体’谱系的一个分支,为个体成员提供情感归属;后者出自‘统治体’一脉,核心构造是一套具有暴力色彩的政权组织系统。”④正是在这个意义上,真正的民族国家建设就必须包含国家建设与国族建构两个环节,不仅缺一不可,而且无法替代。

安东尼·史密斯认为,“虽然民族缔造(nation building)是一个与国家建构时常互换使用的术语,但民族缔造的重点和中心点却与之有着相当大的差异”。⑤ 国内外很多学者认识到这一点,在对国家建设与国族建

① nation-state 在国内有多种译法,如国民国家、国族国家、民族国家等,其中民族国家是翻译最不确切却应用最为广泛的一种。本文探讨国族建构问题,与其最为对应的概念应当是国族国家。为避免与既有知识体系之间的冲突,文中依然采用传统的民族国家译法。

② 国家建设(state building)与国族建构(nation building)两者在国内均有多种译法。例如 state building 的译法有国家建设、国家组织建设、国家政权建设、国家形成等;nation building 的译法有国族建构、国民共同体建设、民族统一构设、民族缔造等。相关讨论可参见王希恩:《论“民族建设”》,《中国社会科学院研究生院学报》2004 年第 3 期;饶志华、于春洋:《论民族建设与国家建设》,《西南民族大学学报》2013 年第 11 期。

③ [英]戴维·米勒、韦农·波格丹诺:《布莱克维尔政治学百科全书》,邓正来等译,中国政法大学出版社 2002 年版,第 490 页。

④ 张凤阳:《西方民族—国家成长的历史与逻辑》,《中国社会科学》2015 年第 6 期。

⑤ [英]安东尼·D.史密斯:《全球化时代的民族与民族主义》,龚维斌、良警宇译,中央编译出版社 2002 年版,第 106 页。

构进行区分的基础上对二者的具体意涵进行了尝试性探讨。例如,蒂利根据欧洲民族国家形成的经验指出,“国家建设”表现为政权的官僚化、渗透性、分化以及对下层控制的巩固;“民族构建”表现为公民对民族国家的认同、参与、承担义务和忠诚。① 王希认为,“国家建设”指的是构建保证国家赖以生存和发展的内部和外部环境的过程,具体包括保证领土的安全和主权的统一完整、在统治范围内建立有效的政治和法律秩序、建立有效的资源的汲取和分配机制、为公民提供基本的权利和福利等;“民族建设”指的是国家的公民群体的构建和更新过程,具体包括建立公民身份、建设和普及国家的核心价值观、建设公民认同感等。② 曹正汉认为,国家建设的实质是国家组织或国家政权建设,而国族建构的实质则是国民共同体或国家共同体建设。③

国家建设与国族建构两者的关系较为复杂。一方面,两者各有侧重,但又相互支撑。“‘国家构建’为‘民族构建’提供了政治上的保护和活动的领土场所;‘民族构建’为国家的运转提供了有效的合法性证明和全面的资源支持。”④另一方面,两者互动紧密,但又不可替代,例如饶志华等认为,国族建构与国家建设两者在客体、评价标准、目标、内容、主要行为承担者、历时性和起始时段等方面存在诸多差异。⑤ 还有一些学者提出了国族建构非比寻常的复杂性与长期性。“现代民族国家需要一个很长的历史过程建构其民族性,对国家内部不同的人口集团进行整合,在具有不同历史文化和种族联系的人口中创造出政治的和社会的凝聚力,创造出把

① 转引自杨雪冬:《民族国家与国家构建:一个理论综述》,载《执政的逻辑:政党、国家与社会(复旦政治学评论第三辑)》,上海辞书出版社 2005 年版,第 89 页。

② 王希:《美国历史上的“国家利益”问题》,《美国研究》2003 年第 2 期。

③ 曹正汉:《“强政权、弱国家”:中国历史上一种国家强弱观》,《开放时代》2019 年第 2 期。

④ 杨雪冬:《民族国家与国家构建:一个理论综述》,载《执政的逻辑:政党、国家与社会(复旦政治学评论第三辑)》,上海辞书出版社 2005 年版,第 84—107 页。

⑤ 饶志华、于春洋:《论民族建设与国家建设》,《西南民族大学学报》2013 年第11 期。

不同的民族连接在一起的制度文化,创造出对国家高度认同的政治文化,创造出一种与国家休戚相关的共同心理。”①国家建设有可能在短时段内就能完成,但国族建构却是长时段的,甚至可能伴随着民族国家存续的始终。

2. 中国是民族国家,中华民族就是中国的国族,这是国族建构话语的现实基础。

国族建构的概念与民族国家概念息息相关,一定意义上前者是后者的衍生品。中国作为统一的多民族国家,在本质上到底是从属于民族国家的一种非典型形态,抑或是独立于民族国家的一种特殊形态?这一问题在中国民族理论研究中具有“元问题”的意味,因为它不仅是理解当代中国民族问题研究中诸多论争的源头与起点,也影响着中国民族政策体系的价值取向与路径选择。② 判断中国是否是民族国家无外乎两条路径,一条是外在形式,一条是内在本质。

所谓民族国家的外在形式,就是经典理论所强调的民族边界与国家边界的一致性。首先我们需要注意的是这里的民族边界指的是政治意义上的国族边界而非文化意义上的族群边界。“中华民族和它所包含的五十多个民族都称为‘民族’,但在层次上是不同的。”③“享有主权的民族只能是政治意义上的国族,而不是文化意义上的族群……对应于领土型中国且负载国家主权的现代性民族/国族只有一个,就是‘多元一体’整体意义上的中华民族。”④其次民族边界与国家边界的一致性并不会天然生成,而是通过国家整合领土内所有民众——恰恰就是国族建构——的过程来实现的。威尔·金里卡指出,19 世纪法国通过国族建构政策非常

① 王建娥:《国家建构与民族建构:内涵、特征及联系——以欧洲国家经验为例》,《西北师大学报》2010 年第 2 期。

② 郝亚明:《各民族交往交流交融:淡化族际差异抑或强化族际纽带?》,《中央民族大学学报》2021 年第 3 期。

③ 费孝通:《中华民族多元一体格局》,《北京大学学报》1989 年第 4 期。

④ 张凤阳:《西方民族—国家成长的历史与逻辑》,《中国社会科学》2015 年第 6 期。

成功地将人口众多的少数民族群体,如巴斯克人、布列塔尼人、奥克西坦尼人和加泰罗尼亚人等整合到国民序列之中;意大利的国族建构过程同样如此。① 正是从这个意义上,霍布斯鲍姆才说,“不是民族创造了国家,而是国家创造了民族”。②

所谓民族国家的内在本质,就是作为国民共同体的国族实现了对国家的认同,赋予了民族国家统治的合法性。人们经常从民族国家所谓一族一国的理念与现实世界中国家的民族结构不相契合的角度去否认民族国家理念的合理性,正如有学者所认为,“民族国家唯美的政治理想常常遭遇‘历史是否合法’‘现实是否可能’‘理论是否普世’的多重叩问。”③ 但从一个国家应该拥有一个与其国民边界相一致的民族共同体,国家的主权属于这个民族共同体,民族共同体认同于这个国家并赋予这个国家统治合法性的角度而言,民族国家理念无疑是具有正当性的。决定一个国家是否是民族国家的并非其外在形式,而是其内在本质。正是在这个意义上,“到目前为止,民族国家仍然是唯一得到国际承认的政治组织结构。”④“民族国家被人们普遍地当成是唯一可行的政治统治单位,也被广泛接受为国际政治的基本要素。绝大多数现代国家都是,或者都宣称是民族国家。民族国家的巨大优势就在于,它能提供一种同时实现文化团结和政治统一的前景。”⑤

---

① [加]威尔·金里卡:《多民族国家中的认同政治》,刘曙辉译,《马克思主义与现实》2010年第2期。

② Eric J.Hobsbawm, *Nations and Nationalism Since* 1870, Cambridge: Cambridge University Press, 1991, pp.9-10.

③ 张会龙、朱碧波:《中华国家范式:民族国家理论的省思与突破》,《政治学研究》2021年第2期。

④ [英]安东尼·D.史密斯:《全球化时代的民族与民族主义》,龚维斌、良警宇译,中央编译出版社2002年版,第122页。

⑤ [英]安德鲁·海伍德:《政治学核心概念》,吴勇译,天津人民出版社2008年版,第315页。

“中华民族多元一体是先人们留给我们的丰厚遗产,也是我国发展的巨大优势。”①但由于我们误读了民族国家概念的本质,机械地将这种文化族群上的多样性用来否认自己在国族上的一致性,极大地影响到“丰厚遗产”和“巨大优势”在统一多民族国家建设上功能的发挥。通过表象性的民族构成将中国统一多民族国家现实与民族国家概念对立起来,国族建构也丧失了其合理性依据。承认中国是民族国家、承认中华民族是中国的国族,既没有违背马克思主义民族理论的基本原则,更不会与中国特色解决民族问题正确道路形成冲突,相反却能使我们摆脱很多理论上的桎梏与实践上的局限,更好地围绕铸牢中华民族共同体意识推动新时代党的民族工作的开展。在某种意义上,这正是在新时代民族理论研究领域“坚持正确的,调整过时的”集中体现。

3. 铸牢中华民族共同体意识是一种国族建构手段,这是国族建构话语的核心观点。

“国家共同体的稳健取决于一国有没有以及多大程度上实现了基于领土空间尺度的聚合性民族/国族建构。”②这句话相当深刻地阐明了国家共同体建设与国族建构的理论关联。之所以将铸牢中华民族共同体意识视作国族建构手段,有以下三方面的支撑。

其一,铸牢中华民族共同体意识与国族建构的主旨相契合。国族建构意欲何为? 芬纳(Samuel E.Finer)就认为,所谓国族建构就是所有国民组成一个自我认同的国民共同体;在这个国民共同体中,每一位国民都感觉到他们须共担责任,同时也共享国家收益。③ 杨雪冬认为,国族建构就

① 习近平:《在全国民族团结进步表彰大会上的讲话》,人民出版社 2019 年版,第 4 页。

② 张凤阳:《西方民族—国家成长的历史与逻辑》,《中国社会科学》2015 年第 6 期。

③ Finer, Samuel E., 1975, “State - and Nation - Building in Europe: The Role of Military,” in Charles Tilly (ed.), *The Formation of National States in Western Europe*, New Jersey: Princeton University Press.转引自曹正汉:《“强政权、弱国家”:中国历史上一种国家强弱观》,《开放时代》2019 年第 2 期。

是国族作为文化—政治共同体的构建过程和国族认同的形成过程。① 张力等指出,国族建构就是通过政治的、文化的、经济的各种手段使政治共同体成为文化共同体——一个有着共同记忆和共同追求、荣辱与共的联合体。② 曹正汉更是直截了当地指出,国族建构的本质是国民共同体或国家共同体建设。③ 综上可见,国族建构旨在塑造与维护民族国家的共同体形象,而铸牢中华民族共同体意识与之契合。铸牢中华民族共同体意识,就是要引导各族人民牢固树立"四个与共"的共同体理念。

其二,铸牢中华民族共同体意识与国族建构的内容相契合。安东尼·D.史密斯认为,国族建构的中心与重点是一系列主观性要素的生长、培育与传递,这些要素主要包括象征符号、神话、记忆、传统、仪式、价值观以及和权力相连的一些态度、理解和情感等。④ 从 2021 年中央民族工作会议精神来看,铸牢中华民族共同体意识方面的诸多阐述——如"坚持正确的中华民族历史观,增强对中华民族的认同感和自豪感""高举中华民族大团结旗帜,促进各民族在中华民族大家庭中像石榴籽一样紧紧抱在一起""构筑中华民族共有精神家园,使各民族人心归聚、精神相依,形成人心凝聚、团结奋进的强大精神纽带""促进各民族广泛交往交流交融,促进各民族在理想、信念、情感、文化上的团结统一,守望相助、手足情深"等⑤——都具有非常明确的国族建构色彩。

其三,铸牢中华民族共同体意识与国族建构的功能相契合。国族建

① 杨雪冬:《民族国家与国家构建:一个理论综述》,载《执政的逻辑:政党、国家与社会(复旦政治学评论第三辑)》,上海辞书出版社 2005 年版,第 88 页。

② 张力、常士訚:《国家建构与民族建构:多族群国家政治整合两要务》,《东南学术》2015 年第 6 期。

③ 曹正汉:《"强政权、弱国家":中国历史上一种国家强弱观》,《开放时代》2019 年第 2 期。

④ [英]安东尼·D.史密斯:《全球化时代的民族与民族主义》,龚维斌、良警宇译,中央编译出版社 2002 年版,第 107 页。

⑤ 《习近平谈治国理政》第四卷,外文出版社 2022 年版,第 244 页。

构旨在形塑全体国民对国家的认同与忠诚。在党中央提出中华民族共同体概念之后，学界很快在“中华民族共同体意识的核心就是认同问题”这一本质论断上达成共识。① 哈正利等直接提出，中华民族共同体意识就是在历史与实践中所取得的一致性或共识性的集体身份认同。② 郎维伟等提出，“五个认同”是“凝聚共同体意识的最大公约数和统领性要素”。③ 2021 年中央民族工作会议指出，“必须以铸牢中华民族共同体意识为新时代党的民族工作的主线，推动各民族坚定对伟大祖国、中华民族、中华文化、中国共产党、中国特色社会主义的高度认同，不断推进中华民族共同体建设。”④也就是说，铸牢中华民族共同体意识旨在提升全国各族人民的“五个认同”，尽显其国族建构的定位。

对于民族国家而言，“以国家建设来组织国家政权、以国族建构来实现国民团结”是常规选择。中华人民共和国成立后，面对复杂的历史与现实因素，中国共产党将民族区域自治制度确立为基本政治制度来解决多民族国家的政治架构问题，以民族团结来解决国家内部的国民凝聚问题。可以说，这种多民族国家建设策略一方面尊重了统一多民族国家的基本国情，另一方面深刻体现了马克思主义民族理论的基本原则，构成了中国特色解决民族问题正确道路的基本框架。在这样的背景之下，中国是否还需要推进国族建设由两方面的因素决定，一是中国是否是民族国家，二是民族团结是否可以完全替代国族建构。对于第一个问题，前文已经分析指出，民族结构多元复杂的国家同样可以是民族国家。事实上，中

① 王文光、徐媛媛：《中华民族共同体意识形成与发展的历史过程研究论纲》，《思想战线》2018 年第 2 期。

② 哈正利、杨胜才：《中华民族共同体意识基本内涵探析》，《中国民族报》2017 年 2 月 24 日。

③ 郎维伟、陈瑛、张宁：《中华民族共同体意识与“五个认同”关系研究》，《北方民族大学学报》2018 年第 3 期。

④ 中共中央统一战线工作部、国家民族事务委员会编：《中央民族工作会议精神学习辅导读本》，民族出版社 2022 年版，第 11 页。

华民族共同体意识概念的提出自身就说明了对中华民族实体性的认定，因为如果中华民族只是作为56个民族统称的虚体，又何来意识可言？既然中华民族是实体，那么就当仁不让地是中国的国族，进而推论出中国也是民族国家的结论。对于第二个问题，民族团结话语更多的注意力在于解决多民族国家中民族与民族之间的关系以及民族与国家之间的关系，而国族建构话语则致力于解决民族国家中的国族与国家之间的关系。铸牢中华民族共同体意识最突出的理论与实践意义，就在于它尝试去彻底解决国族与国家的关系问题。

铸牢中华民族共同体意识国族建构话语的意义何在？概括而言有三大功能。一是国族建构话语对民族团结话语形成了有效补充。“作为现代民族的中华民族，是56个民族组成的多族聚合体，也是全体国民构成的国民共同体。铸牢中华民族共同体意识的政策议程，仅从加强民族团结的路径来推进是不够的，还须从增强国民意识的路径来推进。”①从这个角度而言，铸牢中华民族共同体意识的国族建构话语是中华民族基本结构的内在要求，可以为传统民族团结话语提供进一步的支撑与补充。二是国族建构话语体现了铸牢中华民族共同体意识的现实回应性。铸牢中华民族共同体意识的现实回应性主要体现为对新时代党的民族工作背景的回应，主要包括“五个并存”的阶段特征与“两个大局”的时代背景。在两个大局的时代背景之下，对内要支撑中华民族伟大复兴战略全局，对外要迎接世界百年未有之大变局，中华民族绝不能只是一个松散的民族联合体，而必须是一个坚强的民族共同体。以国族建构的高度去推动铸牢中华民族共同体意识就是这种时代性的要求，旨在将中华民族锻造成为一个凝聚力很强、包容性很强、战斗力很强的命运共同体。三是国族建构话语可以有效提升民族事务治理体系和治理能力现代化水平。国族建

---

① 周平:《铸牢中华民族共同体意识的双重进路》,《学术界》2020年第8期。

构话语将新时代党的民族工作与国族建构关联起来，与国家建设协同起来。加强和完善党对民族工作的全面领导，坚持和完善民族区域自治制度，依法处理民族事务，坚决维护国家主权、安全、发展利益，坚决防范民族领域重大风险隐患，这些举措都可以有效提升民族事务治理能力和治理现代化水平。

三、铸牢中华民族共同体意识的共同体建设话语

在中华民族共同体的相关表述中，“共同体”具有中心词与元概念的属性，决定了复合而成的最终概念之意涵所在，①但现实中真正从共同体的理路展开深入研究的文献则相对较少。事实上，无论是忽视共同体的独特意涵还是对共同体意涵的简单化理解，显然都不利于对中华民族共同体完整意涵的全面把握。在 2020 年 12 月全国政协民族和宗教委员会主题协商座谈会上，汪洋同志提出要持续加强理论和政策研究，把与铸牢中华民族共同体意识相关的一系列薄弱环节搞清楚。② 从共同体的视域出发深入挖掘铸牢中华民族共同体意识的意涵，正是当前相关领域的理论薄弱环节之一。

如果将“中华民族共同体意识”的表述拆解开来，民族团结话语更侧重于关注“意识”，视其为民族团结意识的构建；国族建构话语更侧重于关注“中华民族”，视其为国家民族的构建；共同体建设话语则侧重于关注“共同体”，尝试从共同体建设的角度来思考中国的民族问题。与铸牢中华民族共同体意识的民族团结话语和国族建构话语相比，共同体建设话语有如下几个特点：第一，共同体建设话语是一个开放的体系。如果说

---

① 青觉、徐欣顺：《中华民族共同体意识：概念内涵、要素分析与实践逻辑》，《民族研究》2018 年第 6 期。

② 《汪洋出席全国政协民宗委主题协商座谈会》，《光明日报》2020 年 12 月 3 日。

民族团结话语植根于民族学学科,国族建构话语主要关联于政治学学科,那么共同体建设话语则是一个相对开放的体系,亟待包括民族学、政治学、历史学、社会学、经济学、心理学等诸多哲学社会科学学科共创理论话语体系。第二,共同体建设话语是一个初创的体系。民族团结话语是中国共产党民族理论与民族政策的主流话语体系,国族建构话语有深厚的学理基础与全球实践作支撑,而共同体建设话语则与党的十八大以来着重强调的命运共同体理念息息相关。2014 年党中央首次提出的中华民族共同体意识,是一个前景光明但仍然在理论和实践上处于起步阶段的话语体系。第三,共同体建设话语是一个基础的体系。共同体建设是一项基础性工程,可以为民族团结、国族建构等具体政治目标的实现提供柔性支撑,例如共同体具备"彰显集体价值、塑造群体团结、获取安全感、提供意义感"四大基本功能。① 一旦吸纳了共同体建设话语,民族团结话语和国族建构话语就可以将这些极富价值的基本功能为己所用。

从共同体建设的视角来理解铸牢中华民族共同体意识,有必要将其与人类命运共同体的理念关联起来。"中国解决民族问题、建设中华民族命运共同体的理念,与中国参与全球治理、倡导人类命运共同体的理念是一致的"。② 一些学者将"人类命运共同体意识"与"中华民族共同体意识"合并简称为"两个共同体意识",也体现了对两者理念一致性的认知。③ 自党的十八大报告提出"倡导人类命运共同体意识"以来,共同体理念已经成为习近平总书记治国理政思想的核心关键词之一。习近平总

① 郝亚明:《共同体视域下的中华民族共同体建设》,《中央民族大学学报》2022 年第 4 期。

② 郝时远:《改革开放四十年民族事务的实践与讨论》,《中央社会主义学院学报》2018 年第 4 期。

③ 如马俊毅:《中华民族共同体与人类命运共同体视角下的民族研究》,《贵州民族研究》2019 年第 11 期;张三南:《"两个共同体理念"与马克思主义民族理论中国化》,《学术界》2020 年第 1 期;周少青:《论两个共同体理念的世界意义》,《西北民族研究》2020 年第 2 期;等等。

书记在多个国际、国内政治场合对其内涵进行了系统而深刻的阐述。①人类命运共同体的主旨思想就是，全人类是一个你中有我、我中有你的命运共同体，大家前途命运紧密相连，只有协商共建、互利共享、合作共赢才能确保全人类拥有光明的前途。在人类命运共同体的基础之上，习近平总书记在不同场合相继提出网络空间命运共同体、人类卫生健康共同体、地球生命共同体、能源合作共同体、人与自然生命共同体等一系列概念。事实上，如果说人类命运共同体阐述了中国共产党的国际观，指引着中国对世界格局的理解和全球治理的参与；那么中华民族共同体则表述了中国共产党的国家观，决定着中国对多族群国家建设的理念认识与路径选择。人类命运共同体的理念对于我们深刻理解与切实铸牢中华民族共同体意识具有很强的启示与对照意义。

共同体建设话语的核心观点是，铸牢中华民族共同体意识旨在将中华民族打造成为一个全方位的命运共同体，为中华民族伟大复兴提供坚强的国民凝聚力保证。当前铸牢中华民族共同体意识的共同体建设话语大致有三个方向：

第一个是从不同领域来论证中华民族的共同体性质。比较常见的是通过学理分析和事实支撑的方式来论证中华民族是政治共同体、经济共同体、文化共同体、社会共同体、历史共同体、心理共同体等。该类型研究还延伸到如何从实践上去推进这些共同体的建设，例如推动各民族共同走向社会主义现代化、各民族共同团结奋斗共同繁荣发展等可以与经济共同体和命运共同体建设关联起来；加强和完善党对民族工作的全面领导、坚持和完善民族区域自治制度等可以与政治共同体建设关联起来；构筑中华民族共有精神家园、正确把握中华文化与各民族文化关系等可以

① 习近平：《文明交流互鉴是推动人类文明进步和世界和平发展的重要动力》，载《习近平外交演讲集》第一卷，中央文献出版社 2022 年版，第 96—104 页。

与文化共同体建设关联起来;推动各民族交往交流交融、各民族相互嵌入式社会结构与社区环境可以与社会共同体关联起来;坚持正确的中华民族历史观可以与历史共同体建设关联起来;等等。

第二个是结合共同体的构成要素来思考中华民族共同体建设问题。共同体概念内在蕴含着伦理、道德、价值、规则、情感、认同、秩序、安全、归属等诸多要素,对于中华民族共同体的理论发展和实践推进而言都有着很强的支撑意义。在哲学、社会学、政治学的文献中,涉及共同体构成要素的相关表述大致有"共同地域、共享价值、共有文化、共同信仰、共同道德、共同信念、共同理解、共同情感、共同利益、共同目标、公共利益、共同的善、共有认同、共同归属、共同身份"等。① 一方面,这些构成要素直接为中华民族共同体建设提供了方向指引;另一方面,诸多构成要素可以提炼升华为共享价值、共通情感、共同利益、共有身份等几个核心联结纽带,这也说明价值共同体、情感共同体、利益共同体、身份共同体是中华民族共同体建设中亟待关注的重要维度。

第三个是结合共同体的内在意涵来探讨铸牢中华民族共同体意识。例如,共同体与共同性有着深刻的关联,后者是前者存续的前提与基础,因此铸牢中华民族共同体意识必须注重从增进共同性的方向来开展工作。正确处理共同性与差异性的关系是铸牢中华民族共同体意识的关键性问题,这其实也是共同体建设普遍面临的问题。又如,在共同体研究中长期存在着两方面的张力:一是归属与自由两种价值何者优先,二是集体与个体两种主体何者优先。这在某种程度上也会成为铸牢中华民族共同体意识时需要着力解决的问题。再如,共同体概念内在蕴含着诸多的积极情感和道义正当性②,共同体理念具有促成集体优先、群体团结的实践

① 郝亚明:《中华民族共同体建设的三个维度》,《西北民族研究》2021 年第 1 期。

② [英]齐格蒙特·鲍曼:《共同体》,欧阳景根译,江苏人民出版社 2003 年版,《序曲,或是欢迎捉摸不透的共同体》,第 1—2 页。

导向，那么我们在铸牢中华民族共同体意识时该如何充分运用？此外，共同体理论还提出，共同体建设需要注重对个体安全感和意义感的满足，这同样是铸牢中华民族共同体意识时需要积极回应的问题。2021 年中央民族工作会议的主题为“以铸牢中华民族共同体意识为主线，推动新时代党的民族工作高质量发展”，其实会议精神很多内容都与共同体的理论意涵关联紧密。

对于中国民族理论与民族政策的话语体系构建而言，铸牢中华民族共同体意识的共同体建设话语最具创新性，最有利于挖掘铸牢中华民族共同体意识的理论内涵，最有利于发掘更有超越性与本质性的多民族国家建设思路。2021 年中央民族工作会议高度重视正确把握共同性与差异性的关系，一方面提出“按照增进共同性的方向改进民族工作”，另一方面又要求“尊重和包容差异性”，就是共同体建设话语的典型体现。随着“四个共同”“九个坚持”“四个与共”“十二个必须”等政策理论表述的陆续提出，共同体建设话语的内涵正在不断丰富，体系正在不断明晰。但与此同时我们还应该看到，共同体建设话语也面临着不少挑战，它当前还只是呈现为一个松散的研究方向，在理论性与系统性方面有待加强，在学科支撑与理论基础方面也有待进一步挖掘。

综上所述，自 2014 年第二次中央新疆工作座谈会首次提出“中华民族共同体意识”以来，理论界围绕这一概念展开了积极的学术探索，形成了大量的研究成果。在如何正确认识和准确定位铸牢中华民族共同体意识这个根本性问题上，这些成果大致呈现出“民族团结策略”“国族建构手段”“共同体建设方案”三种话语趋向。一方面，三种理论话语趋向彼此之间并无根本性冲突，共同丰富和完善了对铸牢中华民族共同体意识的理论认识；另一方面，三种理论话语趋向之间还是体现出不同的认识角度和阐述重点，也各自存在着自身优势与不足。

首先，民族团结话语将铸牢中华民族共同体意识视作民族团结策略，既着力强调其与中国共产党既有民族理论之间的延续性,也承认其拓展了新时代党的民族工作的方向与思路。这种话语倾向的优势是将铸牢中华民族共同体意识与中国特色解决民族问题正确道路无缝衔接,其不足是可能导致理论阐释与实践推进上的路径依赖,难以全面挖掘铸牢中华民族共同体意识的理论与实践意义。

其次,国族建构话语将铸牢中华民族共同体意识视作国族建构手段,认为铸牢中华民族共同体意识突破了“重国家建设、轻国族建构”的多民族国家建设路径。这种话语倾向的优势是有效回应中华民族伟大复兴的战略需求及新时代党的民族工作的阶段性特征,其不足主要体现为难以回避学界在统一多民族的中国是否是民族国家的长久争论,同时还面临着与主流话语体系的对接问题。

再次,共同体建设话语将铸牢中华民族共同体意识视作命运共同体建设方案,认为中华民族命运共同体建设可以超越现有路径,从根本上解决多民族国家国民凝聚问题。这种话语倾向作为一种全新的话语方式,最有利于全方位发掘铸牢中华民族共同体意识在理论与实践上的创新性,其不足则在于这种话语在理论基础和学科支撑上相对薄弱。

铸牢中华民族共同体意识作为习近平总书记的重大原创性论断,在其被确立为新时代党的民族工作主线的背景之下,更需要学界以开放革新的心态去进行理论话语体系构建。从目前的研究现状来看,三种话语倾向还需要更多的磨砺与积累才能形成有解释力的话语体系。一方面,我们需要找准理论薄弱环节开展研究,针对实践急需问题开展研究,致力于构建一套理论与实践相结合的话语体系;另一方面,我们需要凝聚多学科的理论、方法与视野,积极与社会科学相关主流理论进行借鉴对话,致力于形成一套开放有效的理论话语体系。

话语不仅是信息、观念、意识形态得以表达和传播的载体,还是改造和建构世界的工具。[①] 在某种意义上,这就是当下中国哲学社会科学高度重视理论话语体系建设的根本原因。铸牢中华民族共同体意识的民族团结、国族建构、共同体建设等话语趋向的交融互动,不仅丰富了中国特色解决民族问题正确道路的理论内涵,也推动着中华民族共同体建设的实践进程。以 2021 年中央民族工作会议提出的“十二个必须”为例,都与笔者所论及的三种话语趋向之间存在特定的对应关系。而在民族工作实践方面,不少地区正在积极推动铸牢中华民族共同体意识示范区、模范区的创建工作,也体现了相关话语体系的指引性与感召力。

---

① 郝亚明、赵俊琪:《“中华民族共同体”:话语转变视角下的理论价值与内涵探析》,《北方民族大学学报》2018 年第 3 期。

各民族交往交流交融：淡化族际差异抑或强化族际纽带？*

“各民族交往交流交融”自2010年中央第五次西藏工作座谈会上被首次提出以来，频繁出现在国家民族工作重要理论表述之中，已经成为我国民族事务的指导性方针之一。然而正如有学者指出的那样，各民族交往交流交融作为一种宏观政策导向自身存在实践取向上的模糊性，同样遵循促进各民族交往交流交融的政策原则，可以达成多种多样的政策目标。在理论上，它既可以服务于单一民族国家构建中的民族同化，也可以服务于多民族国家建设中的民族团结。① 进而言之，只有从学理上明确辨析各民族交往交流交融的实践指向，才有望从根本上统一认识。

此外，在当前党的民族理论、民族政策相关论述中，“促进各民族交往交流交融”与“铸牢中华民族共同体意识”之间的关联日趋紧密。党的十九大报告中就将两者并列在一起进行表述。在中华人民共和国成立70周年前夕召开的2019年全国民族团结进步表彰大会上，习近平总书记在讲话中更是将“坚持促进各民族交往交流交融，不断铸牢中华民族

---

* 本文以“各民族交往交流交融：淡化族际差异抑或强化族际纽带？”为题发表于《中央民族大学学报》2021年第3期，有删节改动。

① 郝亚明：《中华民族共同体意识视角下的民族交往交流交融研究》，《西南民族大学学报》2019年第3期。

共同体意识”提炼为我国民族工作九大成功经验之一。① 在将铸牢中华民族共同体意识作为新时代党的民族工作主线的背景之下,促进各民族交往交流交融被视作其主要实践路径之一,旨在夯实中华民族共同体的社会基础。② 那么需要阐明的就是,通过各民族交往交流交融夯实中华民族共同体社会基础的具体机制是什么?对这个问题的回答同样涉及各民族交往交流交融的实践取向问题。各民族交往交流交融是通过淡化族际差异还是通过强化族际纽带来铸牢中华民族共同体意识,这一抉择不仅事关民族工作的实践方向,也事关民族政策的性质判定。

结合上述两个方面可以看到,无论是从民族理论学理阐述的需要出发,还是从民族政策实践推进的需求出发,都有必要对各民族交往交流交融的实践取向问题进行深入细致探讨。笔者在多学科文献整合的基础上,构建出“淡化族际差异”与“强化族际纽带”的二元选择论题③,尝试从学理辨识、价值选择、结构限定、话语竞争四个维度,为各民族交往交流交融的理论定位和政策定位搭建一套更为完善和更加有力的话语体系。

一、学理辨识:族际关系中张力的来源与化解

要尝试回答各民族交往交流交融是通过淡化族际差异还是通过强化族际纽带来调节民族关系的问题,首先就必须从学理上搞清楚族际关系中张力的来源,并据此来选择张力化解的实践路径。就族际冲突的形成

① 习近平:《在全国民族团结进步表彰大会上的讲话》,人民出版社 2019 年版,第 3 页。

② 郝亚明:《论中华民族命运共同体建设的五大基础路径》,《西南民族大学学报》2020 年第 5 期。

③ “淡化族际差异”与“强化族际纽带”两种实践取向类似于马克斯·韦伯(Max Weber)的理想类型,属于构建出来进行对比分析的概念与工具。但在现实世界里,族际差异的淡化与族际纽带的强化之间可能存在一定的重叠关系,而非绝对的二元对立。

原因而言,传统意义上有原生主义(Primordialism)、工具主义(Instrumentalism)与建构主义(Constructivism)等若干主流解释范式。① 事实上,这些解释族际冲突的理论范式,原本就是解释民族现象自身形成与发展的理论范式。也就是说,对族际关系与族际冲突的理解,离不开对民族本质与性质的理解。在综合前人分析的基础上,笔者尝试提炼出族际关系张力来源的三种主要假说。②

第一种假说是"文化差异说",核心观点是族际冲突主要是由历史文化方面的族际差异所造成的。在传统意义上,所谓民族指的就是在文化上存在明显差异的各个人群共同体。各种经典的民族概念,基本都在强调不同民族之间在血缘、地域、语言、宗教、风俗、心理、情感等主客观方面的差异性。李峻石将"族群冲突的原因在于族群性"这一观念分解成六条论点:(1)文化差异即族群性,是族群冲突的原因;(2)文化碰撞反映了古老的、世代相传的、根深蒂固的对立;(3)族群性是普遍存在的,这意味着每个人都归属于某一族群;(4)族群性具有先天归属性,这意味着在常规情况下一个人不能改变自己的族群归属;(5)族群是一个具有共同祖先的群体;(6)族群具有地域性,一个族群会争取一个统一的领地,最终争取民族的独立主权。他认为,后五条与第一条相辅相成,增加了族群性的分量,最终形成一个能引起或者加深冲突的因素。③ "差异论"在族际冲突中的解释力一定意义上与原生主义存在紧密关联。在原生主义的视野中,族群性被认为是历史性、文化性、情感性、生物性的混合,是先天的、自然的存在,其强烈的排他性蕴藏着族群冲突的危险。对于不同民族群体之间的主客观差异,原生主义将其本质化、神圣化,营造一种民族群体

---

① 唐世平、王凯:《族群冲突研究:历程、现状与趋势》,《欧洲研究》2018 年第 1 期。

② 这三种假说与原生主义、工具主义、建构主义三大族群冲突解释范式之间并非严格的一一对应关系。

③ [德]李峻石:《何故为敌:族群与宗教冲突论纲》,吴秀杰译,社会科学文献出版社 2017 年版,第 5—15 页。

之间差异不可调和的论调,对于强调族际差异导致族际冲突的观念有很强的推动作用。

第二种假说是"利益竞争说",核心观点是族际冲突主要围绕政治经济利益的竞争而展开。"族群之间的社会张力并非一个单纯的文化问题,更是经济社会问题的一种文化反映。"①不管以何种"高贵诉求为理由和目标的战争,其背后隐藏的本质性争端都关乎实际利益,它们或者是矿物资源,或者是从业领域,或者会涉及官职、报酬等"。② 利益竞争说以理性选择、经济人为理论前提,是工具主义族群观的集中体现。"工具主义基本上把族群视为一种政治、经济或社会现象,以政治与经济资源的竞争与分配来解释族群的形成、维持与变迁。……工具主义把族群性视为个人、群体或精英为实现某些更大的尤其是物质性的目的而使用的一种工具。"③利益说中的"利益"通常包括政治利益与经济利益,围绕这两个领域分别形成了精英操纵理论(Elite Manipulation Theory)与资源竞争理论(Resource Competition Theory)。也就是说,无论是出于政治目的和政治利益,还是出于对石油、天然气、水资源等自然资源的竞争,都可能会成为世界各国族群冲突爆发的根源所在。

第三种假说是"结构区隔说",核心观点是社会结构断裂以及族群边界固化导致了族际冲突的最终发生。"区隔通常被视作引起分裂与不和的重要因素,它阻碍了社会交往并导致群体之间相互不信任和相互不理解。"④区隔说注意到一个现象,不管是出于文化差异,抑或是出

① 关凯:《社会竞争与族群建构:反思西方资源竞争理论》,《民族研究》2012 年第 5 期。

② [德]李峻石:《何故为敌:族群与宗教冲突论纲》,吴秀杰译,社会科学文献出版社 2017 年版,第 22 页。

③ 焦兵:《族群冲突理论:一种批判性考察》,《青海社会科学》2013 年第 3 期。

④ Peach C.,"Good Segregation,Bad Segregation",*Planning Perspectives*,Vol.11,1996,p.379.

于利益竞争，冲突的边界经常与族群的边界相重合。甚至在一些情况下，即使没有出现明显的文化、政治、经济竞争，仅仅是因为社会结构的断裂自身就足以造成不同民族群体之间的紧张关系。在多民族国家中，失衡的民族结构与脆弱的民族关系成为最有可能撕裂国家统一和社会和谐的主要力量。政治、经济、文化乃至社会事务方面的群体分歧经常被有意无意地导向民族层面，并最终以民族矛盾或民族冲突的形式爆发出来。

差异说是一种历史文化视角的解释范式，将族群历史文化差异与族际冲突关联起来；利益说是一种政治经济视角的解释范式，将族际冲突归因为围绕政治经济利益展开的竞争；而区隔说则属于一种社会心理视角的解释范式，认为族群之间的结构断裂以及边界固化导致了族际冲突的最终发生。应该说每种假说对于族际关系张力而言都有一定的解释力，但同时也必然存在自身局限。对于差异说而言，现实表明，族际差异也可能带来融合与共存，并不必然导致冲突；存在较大文化差异的族群之间可能关系良好，存在较少文化差异的族群之间也可能爆发激烈冲突。更加值得警惕的是，差异论将族际差异视作族际冲突的根源，可能导致试图淡化或消减族际差异的同化主义实践倾向。在某种意义上，利益说是对差异说的一种反动，它断然否定族际差异导致族群冲突的观点，甚至进一步提出由利益竞争导致的族群冲突催生了族际差异与族群边界。但这种假说过于强调工具理性的作用，而低估了情感性因素的力量；同时有将民族庸俗化为一般性政治组织、经济组织的嫌疑。而在区隔说看来，如果能够通过社会结构的相互嵌入，使得族群边界更加灵活或呈现重叠，那么即使存在文化差异或利益竞争，也不一定会发生族群冲突。很显然，这种理论视角支持的是通过各民族交往交流交融来强化族际纽带的实践取向。

二、价值选择:超越同化主义与多元文化主义的对垒

任何民族政策背后都蕴含着一定的价值取向,这些价值取向是民族政策的底蕴与本质所在。特定民族政策的价值取向一旦确立,就会成为影响民族政策实践取向的稳定力量。① 同理,加强各民族交往交流交融作为新时代党的民族工作的指导方针之一,其具体实践指向在很大程度上就取决于其价值取向的选择。通过推动各民族交往交流交融,是试图达到淡化族际差异的实践目标抑或是试图达到强化族际纽带的实践目标,在某种意义上也体现了同化主义与多元文化主义两种价值取向的对垒。

所谓同化,简而言之就是"不同文化或代表不同文化的个人或群体融入一个同质性单元的过程",②或者表现为"文化差异和竞争趋向消失的渐进过程"。③ "在本质上,同化是一种民族性模式(nationality pattern)对另一种民族性模式的取代。一般而言,力量较弱或数量上处于劣势的群体不得不对自身进行这些修正。"④根据同化进程的不同特征,又可以区分为单向同化与双向同化、强制同化与自愿同化等子类型。早期"同化"的概念与"文化适应"的概念关联性极强,都重点关注文化层面的内容。随着相关研究的不断深入,同化所涵盖的领域不再只局限于文化行为,而且也扩展至社会结构层面。例如米尔顿 · M.戈登就从"行为与结

---

① 周平:《民族政策的价值取向及我国民族政策价值取向的调整》,《学术探索》2002 年第 6 期。

② Henry Pratt Fairchild(ed),*Dictionary of Sociology*,New York:Philosophical Library,1944,p.276.

③ John F. Cuber,*Sociology:A Synopsis of Principles*,New York:Appleton - Century - Crofts,3rd ed.,1955,p.609.

④ Henry Pratt Fairchild(ed),*Dictionary of Sociology*,New York:Philosophical Library,1944,p.277.

构”相区分的角度，将多元社会的同化过程划分为“文化和行为的同化”“结构同化”“婚姻同化”“认同意识同化”“态度接受同化”“行为接受同化”“公民同化”七个亚过程与子领域。①

根据《柯林斯英语词典》的解释，同化主义具有“促进社会中不同群体之间融合混杂的理论”“把少数民族文化群体完全吸收到主体文化中的政策”“同化或鼓励同化来自不同种族、族群、文化的人的政策和实践”等多种既相互重叠又彼此细微区分的意涵。与今天人们将同化主义视作道德上不可接受与实践中不可通行的价值理念相比，在历史上同化主义曾是一种极为普遍乃至通行的政策导向。戈登将美国历史上移民融入社会的进程划分为盎格鲁一致性、熔炉主义和文化多元主义三个阶段，其中“要求移民们接受美国的盎格鲁-撒克逊核心群体的价值观念和行为方式，彻底放弃自己祖先的文化”的盎格鲁一致性阶段，以及“盎格鲁-撒克逊群体与其他移民群体实现生物学的合并，把他们各自相关文化混合称为一种全新的美国本土文化模式”的熔炉主义阶段无疑具有明显的同化主义色彩。② 作为一种古已有之的思想形态，同化主义有着深刻的心理根源和文化根源。然而同化主义成为一种明确的价值取向，则与民族国家时代的到来关系密切。威尔·金里卡更是直截了当地提出西方国家在历史上都通过或试图通过同化的方式来推动其民族国家建设，例如 19 世纪的法国、意大利都是以同化主义成功建构民族国家的典型例子。③

然而学者们观察到，在 19 世纪一度流行且成功的同化主义策略在 20 世纪不再奏效。甚至有评论者称，“20 世纪没有一个颇具规模的少数

① ［美］米尔顿·M.戈登：《美国生活中的同化》，马戎译，译林出版社 2015 年版，第 64—66 页。

② ［美］米尔顿·M.戈登：《美国生活中的同化》，马戎译，译林出版社 2015 年版，第 77 页。

③ ［加］威尔·金里卡：《多民族国家中的认同政治》，刘曙辉译，《马克思主义与现实》2010 年第 2 期。

民族被同化”。[①] 同化主义日渐消退可以从以下两个方面来理解。从实践层面来说,少数民族越来越拒绝承认同化并且有能力抵制同化。同化政策会激发“反应性民族主义”(reactive nationalism),会导致暴力抗争甚至是分离主义运动。更重要的是从价值层面来看,同化主义在当今时代已经丧失了其道德与价值上的合法性,几乎没有国家再将其作为一种可以接受的政策导向来予以公开讨论。金里卡对比了这样一种变化,“在19世纪,当法国对其少数民族采取十分强制的政策(如明令禁止出版所有少数民族语言的作品)时,没有人抱怨。而今天,这样的强制性的民族政策将取消一个国家进入欧洲组织的资格。”[②]

尽管同化主义遭到了拒斥,但直到20世纪中叶,西方国家的族群、文化、宗教多样性依然受制于种族主义的意识形态,即主张某些民族和文化具有相对于他者的先天优越性。随着第二次世界大战后非殖民化运动、民权运动的风起云涌,20世纪60年代多元文化在西方国家初现端倪,此后逐步形成一股主张承认和容纳多样性的多元文化主义浪潮。多元文化主义自身起源复杂,导致其内涵丰富且难以界定。“多元文化主义这一术语通常包含了对文化多样性的肯定性评价,并从制度上承诺可以保留这些文化多样性。”[③]沃特森认为,多元文化主义既是一种文化观,也是一种历史观,同时还是教育理念以及公共政策。[④] 相对于同化主义意识形态而言,多元文化主义具有摒弃同质性、单一化国家观念的意味,同时也具有追求民族、种族、文化平等的意涵。由于多元文化主义契合时代的潮

---

① [加]威尔·金里卡:《多民族国家中的认同政治》,刘曙辉译,《马克思主义与现实》2010年第2期。

② [加]威尔·金里卡:《多民族国家中的认同政治》,刘曙辉译,《马克思主义与现实》2010年第2期。

③ [意]恩佐·科伦波:《多元文化主义:西方社会有关多元文化的争论概述》,郭莲译,《国外理论动态》2017年第4期。

④ 参见[英]C.W.沃特森:《多元文化主义》,叶兴艺译,吉林人民出版社2005年版。

流，因而具备了较高的价值合法性，同时在实践中也具有弥合多元社会裂痕的政策功用，因而在20世纪70年代到90年代中期之间迎来了一个高潮。但此后多元文化主义在理论上和实践上都遭遇了猛烈的攻击，呈现一种收缩退却的状态。21世纪初以来的各种批评一直在呼吁放弃多元文化主义，认为多元文化主义已然失败，抨击其造成了社会的分裂、生活的平行化和恐怖主义组织的产生。① 与此同时，"国家建设、共同价值观和共同身份认同及单一公民身份等观念受到重申，甚至出现了趋向于同化的回归。"②对于多元文化主义是否已经失败在西方学界是存在争议的。例如金里卡就认为这种说法过于夸张，他分析指出，只是针对移民群体的多元文化主义产生了严重的后退，而在原住民族和次国家民族群体上并未出现退却。此外，他还和合作者运用多元文化主义政策指数对21个国家进行评估，得出了"没有证据表明多元文化政策发生倒退，也没有出现从多元文化政策向公民融合政策的转变"的研究结论。③ 尽管如此，多元文化主义在实践中遭遇困境却是一个难以否认的事实。

作为一种具有相对道德优势的价值取向，多元文化主义在实践中的困境与其自身特性息息相关。因为多元文化主义确认了业已存在的多样性，却不能提供妥善处理多样性的实践策略。对多元文化主义政策形成羁绊的因素既包括多数群体的恐惧，担心对多样性容纳走得太远以至于威胁到本群体的生活方式；也包括对多元文化主义实践效果的质疑，不仅未能真正帮助少数群体，相反还导致这些群体的社会孤立。例如库普曼

① [意]恩佐·科伦波：《多元文化主义：西方社会有关多元文化的争论概述》，郭莲译，《国外理论动态》2017年第4期。

② [加]威尔·金里卡：《多元文化主义的兴衰？关于多样性社会中接纳和包容的新争论》，焦兵译，《国际社会科学杂志（中文版）》2019年第3期。

③ Banting Keith, and W.Kymlicka, "Is There Really a Backlash Against Multiculturalism Policies? New Evidence from the Multiculturalism Policy Index", *Comparative European Politics* 11.5(2013):577-598.

斯(Ruud Koopmans)通过比较分析指出,多元文化政策对政治融合具有一定的正面影响,对社会—经济融合几乎毫无作用,而对社会—文化融合甚至产生了负面影响。① 一方面,多民族社会必须具备相当程度的社会凝聚力和群体亲和力;另一方面,多元文化主义社会又时常面临"平行社会"(parallel society)和群体区隔的威胁。这就是多元文化主义面临实践困境的核心所在。

在一个多民族社会中,人为淡化族际差异固不可取,但单纯依靠对族际差异的承认与尊重同样难以达成民族团结社会和谐的目标。如何在摒弃同化主义取向拥抱多元文化主义价值的前提下,有效维护多民族社会的凝聚力是一个具有长久生命力的政策议题。同化主义在当今时代已经失去了道德和价值合法性,而多元文化主义尽管较少面临价值取向上的批判,却深陷实践困境难以自拔。因此,超越同化主义与多元文化主义的对垒成为了一种现实选择,促进各民族交往交流交融就具有此种政策潜力。首先,从价值选择上来说,"各民族交往交流交融到底是旨在淡化族际差异抑或是旨在强化族际纽带"这一问题的答案是不言自明的。淡化族际差异具有同化主义倾向,这显然并非中国政府推行各民族交往交流交融政策的实践取向。其次,多元文化主义在实践中最大的困境就在于容纳多样性的过程中可能造成族际纽带的断裂。通过各民族交往交流交融来强化族际纽带,才可能化解多元文化主义自身固有的弊端,在尊重多元文化价值的基础上,维系社会凝聚力。从这个角度而言,促进各民族交往交流交融以强化族际纽带,具备了超越同化主义与多元文化主义对垒的意义。从强化族际纽带的视角来看,各民族交往交流交融表述的就是从民族之间的交往接触到民族之间的理解接受再到民族之间的团结互信的过程。很多理论与实证研究证明,民族之间交往交流交融的充分开展,

① Koopmans R.(2013), Multiculturalism and Immigration: A Contested Field in Cross-national Comparison, *Annual Review of Sociology*, 39:147-169.

可以增进不同民族彼此间的深度了解、缓解异文化接触的紧张焦虑、催生族际相互理解的共情能力。①

三、结构限定:中华民族多元一体格局的历史形成与当代发展

中国是一个历史悠久的多民族国家,千百年来各族人民共同生长繁衍在这片土地之上。早在先秦时期,中华大地上就形成了“五方之民”的族群划分观念;在中华人民共和国成立初期汇总登记的民族成分高达400多种,后经民族识别过程形成了今天56个民族及部分未识别民族人口的整体架构。中国众多民族的多元与一体辩证运动和演进,贯穿着中国历史的全过程。陈连开教授将中华民族形成史划分为三个阶段:从旧石器时代到秦统一以前的“起源与孕育阶段”;从秦汉到1840年之间长达2000余年的“自在发展历史阶段”;以及从1840年到当前的“从自发到自觉联合的历史阶段”。②“历史悠久的统一的多民族国家,为中华民族多元一体格局的形成提供了基本条件;中华民族多元一体格局的形成,又为发展和巩固统一的多民族国家提供了保证。”③在漫长的历史进程中,各民族在文化上兼收并蓄、经济上相互依存、情感上相互亲近,逐步形成了中华民族多元一体的格局。“一部中国史,就是一部各民族交融汇聚成多元一体中华民族的历史,就是各民族共同缔造、发展、巩固统一的伟大祖国的历史。”④

---

① 郝亚明:《西方群际接触理论研究及启示》,《民族研究》2015年第3期。

② 陈连开:《中华民族之含义及形成史的分期》,《社会科学战线》1996年第4期。

③ 谷苞:《中华民族多元一体格局赖以形成的基本条件》,《西北民族研究》1993年第1期。

④ 习近平:《在全国民族团结进步表彰大会上的讲话》,人民出版社2019年版,第7页。

费孝通先生将学术研究与现实关怀相结合，通过对大量考古发现、史实材料以及语言学人类学社会学等诸多学科研究成果的综合运用，开创性地提出了中华民族多元一体格局的理论体系，以此来阐述中华民族大家庭的历史形成过程及其内在结构关系。① 费孝通先生在构建中华民族多元一体格局理论的过程中，对中华民族的多元起源、凝聚核心的形成与发展、地区性多元统一基础上大一统局面、民族间的大混杂大融合大流动等问题进行了系统阐述，分析了地理条件、生产方式、文化交融、人口混杂、族际交往等系列因素在此过程中的作用，清晰完整地展现了中华民族多元一体格局逐步形成的历史进程。中华民族多元一体格局的提出将中华民族的理论研究提升到新高度，得到了国内外学界的广泛认可。有学者评价这一理论为“研究中华民族结构的核心理论，解开中华民族构成奥秘的钥匙”。②

“坚持准确把握我国统一的多民族国家的基本国情，把维护国家统一和民族团结作为各民族最高利益。”③中国共产党将其列为民族工作九大成功经验的第一条，凸显了对多民族国家基本国情的高度重视与深刻认识。在2019年全国民族团结进步表彰大会上，习近平总书记强调，“我们伟大的祖国，幅员辽阔，文明悠久，中华民族多元一体是先人们留给我们的丰厚遗产，也是我国发展的巨大优势。”“我们辽阔的疆域是各民族共同开拓的”；“我们悠久的历史是各民族共同书写的”；“我们灿烂的文化是各民族共同创造的”；“我们伟大的精神是各民族共同培育的。”④中

---

① 费孝通主编：《中华民族多元一体格局》，中央民族大学出版社1999年版，第3—4页。

② 陈连开：《关于中华民族结构的学术新体系——中华民族多元一体格局理论的评述》，《民族研究》1992年第6期。

③ 习近平：《在全国民族团结进步表彰大会上的讲话》，人民出版社2019年版，第3页。

④ 习近平：《在全国民族团结进步表彰大会上的讲话》，人民出版社2019年版，第4—6页。

华民族多元一体格局深刻反映了中国多民族国家的基本国情，因而成为中国特色解决民族问题正确道路的结构性基础所在。

系统研读中央相关政策文件不难发现，中华民族多元一体与中华民族共同体的表述通常是同时出现的。以2014年中央民族工作会议精神为例，中华民族多元一体格局与中华民族共同体意识两个概念同时得到了强调。讲话先阐述了中华民族多元一体的基本国情，再在此基础上提出要铸牢中华民族共同体意识。中华民族共同体建设作为多民族国家建设的核心内容，也必然应该依托于中华民族多元一体格局这一基本社会结构。就二者的关系而言，中华民族共同体意识是中华民族多元一体格局存续的必要条件，而中华民族多元一体格局则是中华民族共同体建设的结构性基础，因而在一定意义上也框定了铸牢中华民族共同体意识的实践路径。① 中华民族共同体意识并非是要挤压多元的空间，更不是试图以一体取代多元。

统一的多民族国家是中国的基本国情，而中华民族多元一体格局正是其社会结构在民族层面的集中概括。有学者敏锐地提出，"中华民族、中华民族共同体和中华民族共同体意识是当前学术界和学者们关注的主要议题，而这些讨论多是在费孝通先生提出'中华民族多元一体格局'的基础上展开的。"②正是由于中华民族多元一体格局的结构限定，任何民族方略、民族政策的制定与实施都无法超越或无视这一结构性基础。具体到各民族交往交流交融而言，同样如此。一方面，多元要求各民族交往交流交融不以淡化族际差异为政策目标；另一方面，一体则要求各民族交往交流交融必须注重强化族际纽带。从这个角度来审视，中华

① 郝亚明：《论中华民族多元一体格局与中华民族共同体建设》，《湖北民族学院学报》2019年第1期。

② 严庆：《本体与意识视角的中华民族共同体建设》，《西南民族大学学报》2017年第3期。

民族多元一体格局自身完美阐释了各民族交往交流交融的实践取向选择问题。

四、话语竞争:民族国家与多民族国家的论争

我国宪法明确规定"中华人民共和国是全国各族人民共同缔造的统一的多民族国家。"那么,这里的多民族国家到底是一种在性质上从属于民族国家的衍生类型,抑或是一种在本质上独立于民族国家的特殊形态?① 从理论维度而言,这一问题是理解当代中国民族问题研究的源头与起点;从实践维度而言,对中国多民族国家性质的不同判定,则基本决定了民族政策体系的价值取向与路径选择。正是由于对这一问题的回答具有前提预设的意义,且在相当程度上锚定了后续研究的理论话语和政策路径,故将其称作中国民族研究的"元问题"亦不为过。

中国这个多民族国家是否属于民族国家范畴?对这一问题的回答不仅关系到理论定位,更重要的是会关系到国家的民族事务实践与民族政策制定。民族国家有民族国家的国家建设路径,非民族国家有非民族国家的国家建设方略。更为关键的是,这两种定性之下的国家建

---

① 事实上,认为民族国家包括单一民族国家与多民族国家两种形态的国内学者不在少数。早期代表人物如吴文藻先生,他认为"民族国家,有单民族国家与多民族国家之分",参见吴文藻:《民族与国家》,载《吴文藻人类学社会学研究文集》,民族出版社 1990 年版,第 24 页。近期代表人物如周平教授,他认为民族国家"并不是根据国家的民族构成划分的","民族国家并不等同于单一民族国家",参见周平:《对民族国家的再认识》,《政治学研究》2009 年第 4 期。但是,这些理论观点并未平息关于中国多民族国家性质以及多民族国家建设路径的争论。此外,在理论认识上支持一方观点但在实践路径上却走向其对立面的论述在学界并不鲜见,这在某种意义上也印证了该问题的复杂性。笔者出于行文的需要,将民族国家与多民族国家视作两种国家类型进行比较分析,并不代表笔者认定多民族国家不属于民族国家。

设实践逻辑之间几乎存在着截然不同的取向和近乎对立的特征。如果承认当今是民族国家时代,中国是民族国家,就应该按照民族国家的逻辑去进行国家建设;如果否认当今是民族国家时代,中国并非民族国家,就应该寻找一条独立于民族国家体系且适用于自身历史现实的国家建设道路。“多民族国家的理论与多族群民族—国家的构想的根本分歧,不在于对现代国家的政治特征如领土完整、主权独立和权力集中等有什么不同的看法,而在于怎样看待现代国家条件下的民族与民族过程以及主张采取什么样的民族政策。”①各民族交往交流交融作为我国的民族工作方略之一,其具体的实践取向无疑同样受制于对中国多民族国家性质的判定。

从历史演进逻辑上来看,传统意义上民族国家的建立就是从多样性向同质性转化的过程。在前民族国家时代,民族、语言、文化、宗教等方面的多元混杂是多民族帝国的常态,差异化与帝国统治并行不悖;而到了民族国家时代,政治稳定与经济发展则将对国家内部同质性的需求提高到了前所未有的高度。从政治运行的角度来说,民族—国家(nation-state)这一概念自身就包含着“民族”赋予“国家”合法性的意味,这与多民族帝国时代帝国以暴力实现对多民族统治的逻辑截然不同。“民族主义首先是一条政治原则,它认为政治的和民族的单位应该是一致的。”②如果民族国家中的“民族”指代的是文化意义上的民族,那么它自然而然就是具有文化同质性的人群共同体;如果民族国家中的“民族”指代的是政治意义上的国族,那么它就必须建构出一定的国民同质性才能达成赋予国家合法性的目的。由于民族边界的主观性与流动性,维持其与国家边界的

① 朱伦:《论“民族—国家”与“多民族国家”》,《世界民族》1997 年第 3 期。

② [英]厄内斯特·盖尔纳:《民族和民族主义》,韩红译,中央编译出版社 2002 年版,第 11 页。

一致性是极为困难的。也是在民族国家时代,民族认同与国家认同的关系才显得如此剑拔弩张。对于民族国家而言,普遍是通过民族建构(nation-building)的过程来达成国民同质性的建构,形成特定意义上的国族,以此匹配并支撑国家的合法性。从欧洲民族国家的成长历程来看,这一过程无疑都充斥着同化主义的身影。从经济发展的角度来说,现代工业文明要求与之相匹配的民族国家形态具备较高的同质性。在盖尔纳看来,农业文明与工业文明分别对应于前民族国家时代与民族国家时代。工业文明区别于农业文明的种种特征,首要且本质的体现就在于对同质性的不同需求。工业文明对社会同质性的要求提出了国家与文化边界一致性的要求,并进而催生了民族国家的产生。为了维持工业社会持续的经济增长,国家需要其国民在文化上具备相同的特征,例如在语言、教育、知识、技能等方面形成并维持同质性。①

多民族国家与民族国家对多样性的容纳程度不同,在处理方式上也存在不同。随着现代社会多样性日益增加,民族国家试图以多元文化主义去容纳多样性,但由于多样性现实与同质性需求之间存在理念上的冲突,必然出现以同质性化解多样性的政策冲动。“多族群民族—国家的构想否认小民族在现代国家条件下的发展,认为可以依靠现代国家的外壳将不同的民族很快地整合为同一的民族。”②而对于多民族国家而言,在这种国家形态之中,对多样性的认识与民族国家是截然不同的。如果说传统意义上的民族国家是建立于对同质性追求基础之上,那么多民族国家则本身就是多样性共生共存的产物。在民族国家形态或理念之下,多样性总是作为一种异常张力存在;在多民族国家形态或理念之下,多样性可以被视作一种正常状态。如果将各民族交往交流交融视作对多样性

① 卿文辉、张润:《农业文明、工业文明与民族主义——盖尔纳民族理论解读》,《欧洲研究》2004 年第 1 期。

② 朱伦:《论“民族—国家”与“多民族国家”》,《世界民族》1997 年第 3 期。

的消解,必然导致淡化族际差异的政策取向;如果将各民族交往交流交融视作对多样性的沟通,那么就会形成强化族际纽带的政策取向。从这种意义上来讲,民族国家与多民族国家的话语辨析,也关涉着各民族交往交流交融的实践取向选择。

综上所述,各民族交往交流交融在新时代党的民族工作方略中处于极为关键的位置,向上对接着铸牢中华民族共同体意识,向下关联着各民族相互嵌入式社会结构和社区环境。① 因此,准确定位各民族交往交流交融的价值取向和实践取向,事关新时代党的民族工作的前进方向。更进一步说,各民族交往交流交融旨在淡化族际差异抑或强化族际纽带?对这一问题的回答事实上关联到铸牢中华民族共同体意识的路径选择问题。即是"以单一民族国家为模板试图构建文化同质的共同体"还是"在承认多民族国家文化多元基础上努力构建各民族相互包容相互嵌入的共同体"?笔者从族际关系中张力来源的学理辨识、同化主义与多元文化主义的价值选择、中华民族多元一体格局的结构限定、民族国家与多民族国家的话语竞争等四个维度展开了系统分析,得出了各民族交往交流交融应当坚持强化族际纽带而非淡化族际差异的实践取向。

从族际关系中张力来源学理辨识角度而言,伴随着原生主义民族观神圣信仰的日渐消退,以及"围绕政治经济利益展开的竞争催生了族际差异与族群边界"此类反向解释逻辑的快速兴起,"族际冲突主要是由历史文化方面的族际差异所造成"的流行观念遭受到越来越多的挑战,这也就使得其背后潜藏的以淡化族际差异来消解族际关系张力的政策理念失去了学理支撑。社会结构断裂与族群边界固化自身构成了族际关系的张力,导致政治、经济、社会、文化等各类冲突极易沿着族际边界展开。这种关于族际关系张力的结构区隔说,为各民族交往交流交融以强化族际

① 对三者关系的系统分析讨论,参见郝亚明:《民族互嵌与民族交往交流交融的内在逻辑》,《中南民族大学学报》2019 年第 3 期。

纽带作为实践取向提供了学理支撑。

从同化主义与多元文化主义价值选择角度而言,淡化族际差异具有明显的同化主义倾向,而同化主义在当今时代已经丧失了其道德与价值上的合法性,这就决定了中国政府不可能以此作为各民族交往交流交融政策的实践取向。作为一种具有相对道德优势的价值取向,多元文化主义又因不能提供妥善处理多样性的实践策略而陷入困境。多元文化主义在实践中最大的困境就在于容纳多样性的过程中可能造成族际纽带的断裂。促进各民族交往交流交融以强化族际纽带,恰好具备了超越同化主义与多元文化主义对垒的意义。

从中华民族多元一体格局结构限定角度而言,中国是历史形成的统一的多民族国家,中华民族多元一体格局深刻反映了中国统一的多民族国家的基本国情,因而成为中国特色解决民族问题正确道路的结构性基础所在。任何民族方略、民族政策的制定与实施都无法超越或无视这一结构性基础的限定。中华民族内部结构的多元要求各民族交往交流交融不以淡化族际差异为政策目标;中华民族的共同体性质又要求各民族交往交流交融要着力于强化族际纽带的建立。

从民族国家与多民族国家话语竞争的角度而言,民族国家与多民族国家这两种国家形态对多样性的容纳程度和处理方式存在显著不同。传统意义上的民族国家是建基于对同质性追求基础之上,而多民族国家则本身就是多样性共生共存的产物。对中国这个多民族国家是否属于民族国家范畴的不同判定,基本决定了民族政策体系的价值取向与路径选择。民族国家追求对多样性的消解,倡导在各民族交往交流交融中淡化族际差异;多民族国家重视对多样性的沟通,主张在各民族交往交流交融中强化族际纽带。中国作为一个典型的多民族国家,应该寻找一条独立于民族国家体系且适用于自身历史现实的国家建设道路。

铸牢中华民族共同体意识亟待多学科共创理论话语体系*

在2021年中央民族工作会议上，习近平总书记在讲话中强调，要以铸牢中华民族共同体意识为主线，推动新时代党的民族工作高质量发展。铸牢中华民族共同体意识被进一步确立为“新时代党的民族工作的‘纲’”，这激发了新一轮民族工作理论研究与实践推进的热潮。此时我们回头检视过去这些年在铸牢中华民族共同体意识理论话语体系建构方面的工作，显然不足以支撑新形势下的理论与实践需求。其中很重要的一个原因是很多学科囿于传统认识因而欠缺参与中华民族共同体研究的理论自觉和学术担当，使得这样一个跨学科的议题无法汲取多学科的养分。统一的多民族国家是中国的基本国情，铸牢中华民族共同体意识作为全新理论命题，其话语构建工作既不可能也不应当由民族学单一学科来承担。在马克思主义指导之下，铸牢中华民族共同体意识的理论话语亟须社会科学各门学科的滋养与孕育，唯有如此才能使其具备更加坚实的理论基础和更加强大的话语感召力。在某种意义上，铸牢中华民族共同体意识的理论话语构建工作是整个中国哲学社会科学的重大使命之一，其中民族学、历史学、政治学、心理学、社会学等学科的基础性作用尤为显著。

---

* 本文以“铸牢中华民族共同体意识亟待多学科共创理论话语体系”为题发表于《民族学刊》2021年第10期，有删节改动。

一、民族学:为什么中华民族是一个共同体?

民族学是一门对民族共同体的起源、演进、消亡等问题进行整体性探究的学科。在当代中国的学术传统中,几乎所有与民族相关的议题都归属于民族学学科之下,它涵盖着民族文化、民族历史、民族经济、民族艺术、民族理论、民族政策等诸多领域。中国的民族学学科有两个根本特征,一是坚持以马克思主义民族理论为指导,二是紧密服务于党和国家民族工作需要。在中华人民共和国成立之初,民族学学科就深度参与民族识别及少数民族社会历史调查等重大工程,在为多民族国家建设实践贡献力量的同时,也为中国民族问题研究供给了大量原始而鲜活的珍贵资料。① 在党中央提出铸牢中华民族共同体意识之后,民族学学科迅速推出了大批相关研究成果,以排头兵和主力军的姿态推动了中华民族共同体理论话语体系的初步构建工作。②

铸牢中华民族共同体意识的提出对于民族学学科发展而言既是一种机遇又是一种挑战。说是机遇,因为铸牢中华民族共同体意识为民族学学科指明了发展方向,注入了新的动力;说是挑战,因为民族学学科在新时代面临着视角切换、重心转移、话语重构的艰巨任务。传统意义上民族学将民族视作相对独立的文化单元,通过文化认知与文化比较来认识民族现象,更为注重民族个性的凸显与民族边界的确立。在这种研究视角之下,被视作文化实体的 56 个民族更具实质性研究意义,而中华民族长久以来并未成为民族学学科关注的中心。在铸牢中华民族共同体意识被定位为马克思主义民族理论中国化最新成果及新时代党的民族工作主线

① 参见王建民、张海洋、胡鸿保:《中国民族学史(下)》,云南教育出版社 1998 年版。

② 郝亚明、秦玉莹:《中华民族共同体意识研究的热点分析与路径演化——基于 Citespace 的知识图谱分析》,《中南民族大学学报》2021 年第 2 期。

的背景之下,民族学学科必须与时俱进被确立为本学科的根本导向。民族学学科在积极参与中华民族共同体理论话语构建过程中,需要正视学科传统中存在的薄弱环节,积极革新理论话语,在深化认识一体与多元的关系、正确处理共同性与差异性的关系等方面作出更多的理论贡献。

民族学学科在铸牢中华民族共同体意识的理论话语构建中承担着一个基础性任务,那就是阐明中华民族作为共同体的机理与依据何在。而论证中华民族共同体的民族实体性质,是铸牢中华民族共同体意识的逻辑前提,也是打牢中华民族共同体意识思想基础的核心内容。与民族实体相对的概念是民族虚体,意为名义上的民族,大致指的是此类人群共同体尚不具备作为民族应该具备的属性、结构、要素、意识等主客观特征。事实上,中华民族历经数千年的自在民族时期与数百年自觉民族时期,在风雨同舟的历史长河中锻造了坚强的内聚力和明确的认同感,早已铸炼成为名副其实的实体民族。论证中华民族的实体与共同体性质,是民族学在铸牢中华民族共同体意识理论话语构建中义不容辞且不可替代的学科使命。

二、历史学:中华民族共同体从哪里来?

民族是一个历史形成的过程,历史脉络是民族叙事中不可或缺的部分。“一部中国史,就是一部各民族交融汇聚成多元一体中华民族的历史,就是各民族共同缔造、发展、巩固统一的伟大祖国的历史。”①作为中华民族共同体的基础与表征,各民族共同开拓的辽阔疆域、各民族共同书写的悠久历史、各民族共同创造的灿烂文化、各民族共同培育的伟大精神,无一不是历史积淀的结晶。费孝通先生在论证中华民族多元一体格

① 习近平:《在全国民族团结进步表彰大会上的讲话》,人民出版社 2019 年版,第 7 页。

局的时候，史料记录与考古发现也是其最重要的论据来源。从这个意义上来说，历史学学科承担着为中华民族共同体形成演进提供实证支撑的重大使命，因而在中华民族共同体理论话语构建中有着举足轻重的作用。中国史学界已经为此做了大量的基础性工作，例如在边疆史地研究中紧密关注国家主权、边疆治理、民族交融等核心论题；对中华民族概念史、演进史等进行细致梳理与深入推进；对西方学界所谓“中国乃汉族国家”“长城外非中国”“元史、清史非中国历史”等论调进行批驳等，都在实质上有力地推动了中华民族共同体理论话语体系构建。历史学学科应该秉持高度的学术自觉，进一步参与到新时代中华民族共同体理论话语构建中来。

一方面要不断强化中华民族共同体的研究导向，继续加强各民族交往交流交融史、中华民族形成演进史等方面的具体研究工作。现实中各民族交往交流交融是铸牢中华民族共同体意识的重要路径，而历史上各民族交往交流交融则是中华民族共同体形成演进的起点所在。2014 年中央民族工作会议对这些各民族关联互嵌的历史事实进行了总结提升，“我国历史演进的这个特点，造就了我国各民族在分布上的交错杂居、文化上的兼收并蓄、经济上的相互依存、情感上的相互亲近，形成了你中有我、我中有你，谁也离不开谁的多元一体格局。”①正是从历史唯物主义的高度出发来认识这些历史事实的现实价值，中央才强调“要将各民族交往交流交融的历史事实搞清楚”。在中华民族形成演进史方面前期已经有一些学者展开过研究，但作为中华民族共同体研究的系统性成果，还期待在论证体系与史料支撑方面有突破的佳作出现。陈连开、谷苞等先生通过历史考证指出，中国历史上南北两个统一体的汇合才使中华民族作

① 《中央民族工作会议暨国务院第六次全国民族团结进步表彰大会在北京举行》，《人民日报》2014 年 9 月 30 日。

为一个民族实体进一步地完成。① 诸如此类的很多研究结论和研究思路都值得历史学界予以拓展或深化。

另一方面也是更根本的方面,那就是在历史研究中自觉将铸牢中华民族共同体意识上升为一种历史观。“历史观是关于什么是历史、怎样对待历史的总的看法和根本观点,是对待一个国家、一个民族安身立命的历史最基本的立场和观点。”“认识和研究历史又总是自觉或不自觉地在一定的历史观指导下,以史实、史料为基本依据而进行的一种思想认识活动”。② 对于历史研究而言,从史料的选择、编排、运用、阐述背后都是特定历史观的影响。历史观具有建构性的作用,也具有解构性的作用。例如“新清史”作为一种历史观,对于中国统一多民族国家建设而言就具有显而易见的解构性;再如我们说坚决反对两种民族主义,其中重要的内容就是反对大汉族史观与地方民族主义史观,它们都与铸牢中华民族共同体意识背道而驰。中国的历史学必须具备一种学科自觉,那就是将中华民族共同体意识上升为一种历史观、民族观、国家观,内化到统一多民族国家历史话语构建中去。

三、政治学:中华民族共同体意识对多民族国家建设有什么意义?

中华民族的概念兼具历史文化共同体与政治法律共同体双重意涵,但在传统意义上历史文化属性得到了更多强调。中华民族的政治性凸显不够,在某种意义上这也是国家民族事务被政治化的根源之一。从“中华民族”到“中华民族共同体”,最直观的话语转变莫过于对中华民族共

① 费孝通主编:《中华民族多元一体格局》,中央民族大学出版社 1999 年版,第 11 页。

② 宋月红:《历史虚无主义问题的实质是历史观问题》,《光明日报》2018 年 2 月 14 日。

同性与整体性的着重强调。而构建中华民族整体性,一方面要从历史文化层面发掘凝聚要素,另一方面也要从政治法律层面寻求制度保障。如果说民族学学科的优势在于论证中华民族共同体的历史文化关联的话,那么政治学学科的优势就在于为中华民族整体性提供强有力的政治合法性支撑。从中华民族共同体的政治属性出发,其理论话语体系构建中应当有政治学学科的参与,才不至于在理论解释和实践路径上出现方向性偏差。与其他学科相比,政治学学科在中华民族共同体话语构建中的潜力尚未充分激活。除少数学者在民族政治学的旗帜下展开探究之外①,中国政治学界整体上对民族问题研究参与度较低。政治学学科的缺位不可避免地产生系列负面影响,使得中华民族共同体的学理阐释欠缺政治维度,使得中华民族共同体的政治属性难以彰显,也使得民族政治实践中的国家立场与国家在场严重不足。

政治学在本质上是一门关于国家的学问,其涵盖的领域除了暴力机器意义上的国家(state)和领土地域意义上的国家(country)之外,理所应当还包括国民共同体意义上的国家(nation)。在民族—国家时代,政治学应兼顾国家建设(state building)与国族建构(nation building)两部分内容,不可偏废。中华民族共同体的新提法事实上高度关注中华民族的政治法律意涵,铸牢中华民族共同体意识被认为具有强烈的国族建构意味。从这个角度而言,中华民族共同体建设就是一个政治学命题,其使命在于推动中国这个多民族国家完成国族建构的大业。在中华民族共同体理论话语构建中有几个绕不开的“元问题”,如中国多民族国家性质的判定、中华民族共同体与(多)民族国家理论的对接、中华民族共同体与国族建设的关系等都离不开政治学的积极参与,这也可以视作是政治学学科参与本领域研究的重点方向。多民族国家到底是一种在性质上从属于民族

① 代表人物如云南大学周平教授,他在中华民族、国族建构、人口国民化等方面进行了长期且系统的理论研究。

国家的衍生类型,抑或是一种在本质上独立于民族国家的特殊形态?中国这个多民族国家是否属于民族国家范畴?从政治学的层面对这些问题的回答不仅关系到民族理论话语构建的进程,也会关系到国家民族事务实践与民族政策制定的方向。① 民族政治学作为政治学的分支学科,不仅要着眼于研究与国家建设紧密相关的民族政治现象,更应当将国族建构视作其学科定位的基准点,围绕中华民族共同体建设进行深入的理论和实践探讨。

四、心理学:中华民族共同体意识的心理机制是什么?

习近平总书记在2014年中央民族工作会议上指出:“做好民族工作,最关键的是搞好民族团结,最管用的是争取人心。”②这一表述也从侧面强调了情感与心理因素在民族工作中的重要作用。中华民族共同体意识的核心是认同问题,学界对这一论断有着高度共识。2021年中央民族工作会议指出“铸牢中华民族共同体意识,就是要引导各族人民牢固树立休戚与共、荣辱与共、生死与共、命运与共的共同体理念。”③无论是“意识”“理念”还是“认同”,本质上都属于心理学的议题。

心理学作为一门对人类心理现象发生发展规律及其影响进行探究的学科,其对于铸牢中华民族共同体意识的基础性作用极易被人忽视。事实上,心理学可以直接为铸牢中华民族共同体意识提供很多专业性见解。

---

① 郝亚明:《各民族交往交流交融:淡化族际差异抑或强化族际纽带?》,《中央民族大学学报》2021年第3期。

② 中共中央文献研究室编:《习近平关于社会主义政治建设论述摘编》,中央文献出版社2017年版,第152页。

③ 中共中央宣传部编:《习近平新时代中国特色社会主义思想学习纲要(2023年版)》,学习出版社、人民出版社2023年版,第178页。

例如群际接触理论指出，并非所有的族际互动都能提升族际关系，族际接触发生的社会情境会产生决定性的影响。因而在推动各民族交往交流交融以铸牢中华民族共同体意识的过程中，要高度注重促成积极接触的最优条件的营造。① 与国外心理学界深度涉入民族、种族等议题不同，中国的心理学学科在民族问题研究中处于某种程度的自我边缘化状态。很多明显具有心理学色彩的民族议题中极度缺乏心理学学科的专业性参与，导致相关研究难以触及问题的本质。② 共同的心理素质是民族共同体形成的基本条件；情感关联与心理支持是共同体的显著特征；意识理念的建构成效很大程度上取决于对心理机制的把握。从这些角度来看，在构建中华民族共同体理论话语体系过程中，必须积极引导心理学学科参与进来。有了心理学学科的充分涉入，我们不仅对于什么是中华民族共同体意识会有更深刻的理解，而且对于如何铸牢中华民族共同体意识也会形成很多创见性的思路。

共同体意识形成的心理机制与动因是什么？心理学在促进共同体意识形成上有哪些重要理论和经典案例？从心理机制的视角出发，哪些因素可以称之为中华民族共同体思想基础？何种实践路径可以有效提高中华民族共同体思想基础建设的可行性与有效性？这些都是在铸牢中华民族共同体意识理论话语构建方面亟待心理学学科回答的问题。心理学至少可以从如下几个方面推动铸牢中华民族共同体意识工作。第一，进一步廓清中华民族共同体意识的内涵与本质。将心理学上意识与认同形成发展演变理论与中华民族共同体自身特征相结合，有助于从理论上加深对中华民族共同体意识本质的认识。第二，发掘有效的中华民族共同体意识培育路径。民族偏见的消除、群际关系的提升、文化适应的推进、心

---

① Allport G.W., *The Nature of Prejudice*, Reading, MA: Addison-Wesley, 1954, p.537.

② 郝亚明：《心理学视角下的国家认同与族群认同关系探究》，《南开学报》2019 年第 6 期。

理距离的拉近等心理学常见话题,无疑就是铸牢中华民族共同体意识的有效路径。同样,对国家认同与民族认同关系的探究、对族际交往交流交融心理机制的挖掘等复杂理论问题的探讨也能为铸牢中华民族共同体意识的实践路径提供启示。第三,准确评估中华民族共同体意识的状况。民族问题研究中通常采用的质性评估方式存在评价不准确、不精确的问题,尤其是在认同、意识、心理等主观指标上更为明显。心理学长于对内隐、潜在、主观变量的测量,通过有较高效度和信度测量工具的制作与使用,可以在中华民族共同体意识的状况掌握、波动监测、政策评估等方面发挥积极的作用。

五、社会学:铸牢中华民族共同体意识需要何种社会结构来支撑?

马克思主义认为,社会意识具有相对的独立性,但整体而言是由社会存在所决定的。中华民族共同体并非一个超然的实体,它植根于社会生活和社会结构之中;中华民族共同体意识并非虚幻的精神产物,而是各族民众深入、全面、持续的族际交往交流交融的结果。多民族社会是中华民族共同体的生成场域,共同的社会生活是中华民族共同体意识的终极源泉。从社会成员与社会生活的视角来阐述中华民族共同体意识的生成,是最鲜活最本原的理论构建方式。从社会结构、社会生活、社会交往、社会关系的角度来认识中华民族共同体及其意识构建问题,正是社会学学科的研究特长所在。社会学学科对于中华民族共同体理论话语构建的支撑作用主要体现在以下三个方面。

其一,社会学的核心研究议题对于中华民族共同体建设具有实践支撑意义。在铸牢中华民族共同体意识的政策表述中,社会结构、社区环境、社会交往等占据极为重要的地位,而这些都是社会学的核心分析概念。通过这些核心概念的统领，可以将族际交往互动、族际居住格局、民族社会分层、民族人口流动、城市民族工作、多民族社区、族际关系、族际通婚、民族意识及社会融合等传统民族社会学研究议题串联贯通起来，以社会实践的形态为铸牢中华民族共同体意识的大业提供支撑力量和推动力量。①

其二，社会学的共同体研究传统对于中华民族共同体建设具有理论支撑意义。对共同体理论脉络的梳理，是准确认识中华民族共同体性质与特征的基本理路之一。从早期德国社会学家滕尼斯从“共同体”与“社会”二元对立的视角展开对共同体意涵的探讨，再到近代社会学学科以“社区”的名义承接起共同体研究的大旗，都充分说明社会学具备对中华民族共同体意识中“共同体”意涵进行深入探究的学科禀赋和研究旨趣。从共同体的理论内涵出发，中华民族共同体是一个价值共同体、情感共同体、利益共同体、身份共同体。从这四个维度展开中华民族共同体的理论建构和实践建设，正是社会学学科视角带来的启示。

其三，社会学为铸牢中华民族共同体意识的社会路径提供了学理支撑。在中国民族政策体系之中，政治、文化、经济是三大传统路径，而社会路径则相对处于被忽视的位置。而自党的十八大以来，民族事务治理体系与治理能力现代化的一个突出表现就是对社会路径的着重强调，如提出建设各民族相互嵌入的社会结构和社会环境、促进各民族交往交流交融等，这也是习近平总书记关于民族工作重要论述创新性的表现之一。②民族交往的本质是社会交往，这是中华民族共同体意识形成的基础前提；民族交流的本质是文化交流，这是中华民族共同体意识形成的连接纽带；

① 麻国庆、关凯、施爱东等：《多学科聚力铸牢中华民族共同体意识研究（笔谈一）》，《西北民族研究》2020 年第 2 期。

② 郝亚明：《从政治定位来深化对铸牢中华民族共同体意识的认识》，《西南民族大学学报》2021 年第 8 期。

民族交往的本质是结构交融,这是中华民族共同体意识形成的结构支撑。在以民族交往交流交融来铸牢中华民族共同体意识的整个过程中,各民族相互嵌入的社会结构和社区环境是不可替代的重要环节。①

综上所述,对于铸牢中华民族共同体意识的理论话语构建而言,哲学社会科学中诸多学科都可以参与其中并作出自己独特的贡献。本文着重强调民族学、历史学、政治学、心理学和社会学,是因为这些学科在铸牢中华民族共同体意识话语构建中发挥的作用较为基础,而且各自承担着极为重要的功能使命。概而言之,民族学回答"为什么是"的问题,试图为中华民族共同体提供学理支撑,承担着论证中华民族共同体是实体民族的使命;历史学回答"从哪里来"的问题,试图为中华民族共同体提供历史依据,承担着将中华民族共同体意识上升为历史观的使命;政治学回答"为什么要"的问题,试图阐明铸牢中华民族共同体意识的功能价值,承担着彰显中华民族共同体国族属性的使命;心理学回答"是什么"的问题,试图廓清中华民族共同体意识形成的心理机制,承担着打牢中华民族共同体意识思想基础的使命;社会学回答"怎么办"的问题,试图探析铸牢中华民族共同体意识的社会基础,承担着从社会结构和社会互动的层面铸牢中华民族共同体意识的使命。

在多学科共创铸牢中华民族共同体意识理论话语体系过程中,还应坚持如下基本原则:

一是坚持以马克思主义为指导的原则。铸牢中华民族共同体意识是党的民族工作实践的最新总结,是马克思主义民族理论中国化的最新成果。各门学科共创铸牢中华民族共同体意识理论话语体系必须坚持以马克思主义为指导,这同样关系到新时代党的民族工作举什么旗走什么路的问题。铸牢中华民族共同体意识必须放在党关于加强和改进民族工作

① 郝亚明:《民族互嵌与民族交往交流交融的内在逻辑》,《中南民族大学学报》2019 年第 3 期。

重要思想的整体语境中进行解读，必须与中国特色解决民族问题正确道路保持一致。

二是各尽所长与交叉论证相互结合的原则。每一门学科都有相对独立的研究旨趣、理论视角、方法体系及学术传统，当不同学科各展所长、各尽其用地参与到跨学科议题之中时，通常都能极大地促进该领域的发展。如前文所示，民族学、历史学、政治学、心理学和社会学等学科对于铸牢中华民族共同体意识都有着各自的学理认识，都发挥着各自的支撑功能。然而我们还应该看到，多学科共同参与中华民族意识研究的最终目的是通过跨学科交叉论证的方式，构建出一套逻辑严密、基础扎实、富有说服力和感召力的理论话语体系。在这个过程中，各门学科都应当摒弃学科本位主义，以开放的心态审视其他学科的观点，避免形成对中华民族共同体意识的片面理解。不同学科在中华民族共同体上存在的差异性认识，应当通过跨学科对话进行积极沟通，有效消解理论话语中的张力。

三是理论建构与实证支撑相互配合的原则。铸牢中华民族共同体意识的理论话语构建工作对于统一思想认识、打牢思想基础、推动实践工作都有着非常重要的意义。然而我们需要看到，这里的理论话语构建并非是单纯以逻辑推演、概念关联为特征的纯理论建构，而是包含着大量实证材料及实证研究作为支撑。如果没有相应的实证研究作为支撑与引导，理论话语的说服性和感召力将大为受损，理论话语构建工作将极易陷入话语重复的境地，甚至导致实践方向上的偏差。在多学科共创中华民族共同体理论话语体系的过程中，一方面要注重以既有事实材料对理论话语的论证，另一方面还需要采用现代社会科学的实证研究方法，广泛收集定量定性材料，积极推进个案研究、比较研究，使得中华民族共同体的理论话语体系具有更为坚强的事实基础。

第四篇

实践路径

共同体视域下的中华民族共同体建设*

中华民族共同体意识这一概念自2014年被提出以来,因其自身所具有的理论创新性和实践指导性而迅速成为社会各界关注的焦点。2019年9月27日,习近平总书记在全国民族团结进步表彰大会上发表重要讲话,正式确立了铸牢中华民族共同体意识在新时代党的民族工作中的主线地位,这预示着围绕中华民族共同体的研究工作进入一个全新的阶段①。在2021年中央民族工作会议上,习近平总书记指出,必须以铸牢中华民族共同体意识为新时代党的民族工作的主线,不断推进中华民族共同体建设。会议还进一步提出,“铸牢中华民族共同体意识是新时代党的民族工作的‘纲’,所有工作要向此聚焦。”②新阶段民族工作的实践需要势必对理论话语体系提出更高的要求。回顾已有相关研究可以发现,关于中华民族共同体基本意涵的探析正处于不断深化的进程之中,但仍然留有不少薄弱之处,例如真正从共同体的理路展开系统探究的文献仍然较为缺乏。有学者提出在中华民族共同体的相关表述中,“共同体”

---

* 本文以“共同体视域下的中华民族共同体建设”为题发表于《中央民族大学学报》2022年第4期,有删节改动。

① 在2019年度中国十大学术热点评选中,“中华民族共同体意识研究”名列第七。参见《2019年度中国十大学术研究热点》,《光明日报》2020年1月22日。

② 《习近平谈治国理政》第四卷,外文出版社2022年版,第245—246页。

具有中心词与元概念的属性,决定了复合而成的最终概念之意涵所在①。事实上,无论是忽视共同体意涵还是对共同体意涵的简单化理解,显然都不能全面透彻地把握中华民族共同体的完整意涵。共同体是一个在哲学、社会学、政治学、心理学等学科中都有着深刻理论内涵的概念术语,通过对其内在蕴含的伦理、道德、价值、规则、情感、认同、秩序、安全、归属等要素的全面挖掘,不仅可以为中华民族共同体理论话语体系的构建提供支撑作用,而且可以为中华民族共同体建设实践的推进提供启示。基于此,笔者尝试从共同体的视角对中华民族共同体建设问题进行理论与实践上的审视。

一、共同体意涵的多学科梳理与提炼

对于人类社会而言,共同体总是一个极为美妙的词汇。无论是用来表达对过往的怀念,还是对现实的批判,抑或是对未来的热望,这一概念自身总是传递着一种温馨、舒适、安全、可靠的情感体验。雷蒙・威廉斯在对共同体概念几个世纪以来演化历程进行考证的基础上指出,“不像所有其他的社会组织的词汇(例如国家、民族、社会等),共同体似乎从来没有用负面的意涵。”②《布莱克维尔政治学百科全书》在对共同体进行概念界定时认为,“使用这个术语通常意味着它所规定的社会关系中有某些积极和有价值的东西”。③ 齐格蒙特・鲍曼也说:“共同体给人的感觉总是不错的:无论这个词可能具有什么含义,‘有一个共同体’‘置身于

① 青觉、徐欣顺:《中华民族共同体意识:概念内涵、要素分析与实践逻辑》,《民族研究》2018 年第 6 期。

② [英]雷蒙・威廉斯:《关键词:文化与社会的词汇》,刘建基译,生活・读书・新知三联书店 2005 年版,第 81 页。

③ [英]戴维・米勒、韦农・波格丹诺:《布莱克维尔政治学百科全书》,邓正来等译,中国政法大学出版社 1992 年版,第 142 页。

共同体中’，这总是好事……我们认为，共同体总是好东西。”①而作为共同体研究的标志性人物，滕尼斯更是不掩对其的偏爱与眷恋。他甚至写道：“说坏的共同体是违背语言的含义的。”②

对于社会科学而言，共同体则是一个极为基础的概念。作为社会科学恒久主题的社会秩序与社会变迁，都与共同体有着莫大的关联。“就社会秩序来说，其得以维系的关键，是个体被共同体有效吸纳，以及共同体与更大的社会组织和结构之间得以协调以实现社会的整合。而社会变迁，实际上也可以看作传统共同体裂解和现代共同体生成的过程。”③正是由于共同体概念对社会运行有着基础性的意义，哲学、社会学、政治学等学科围绕其展开了深入持久的探究。关于共同体思想的源头，最早可以追溯到古希腊先贤亚里士多德在其名作《政治学》中对城邦政治共同体和共同善的相关论述。④ 自此之后，这种思想形态在西方历史上就没有中断过，并在社会生活领域也有相当程度的实践。进入近代以来，伴随着资本主义市民社会和理性国家的兴起，“自然权利和契约成为西方社会关系中的核心环节，这种关系与前现代社会具有本质差异。”⑤如此剧烈的社会变迁不可避免地引发了人们在身份与安全上的焦虑，作为传统生活方式和组织形式的共同体应运而生成为了反思性社会思潮的核心元素。这一点在具有历史主义传统的德国学者中尤为明显，如康德、赫尔德、黑格尔、马克思、滕尼斯、韦伯等人都围绕共同体议题展开过精彩论

---

① ［英］齐格蒙特·鲍曼：《共同体》，欧阳景根译，江苏人民出版社2003年版，“序曲”第1—2页。

② ［德］斐迪南·滕尼斯：《共同体与社会》，林荣远译，北京大学出版社2010年版，第43页。

③ 汪火根：《社会共同体的演进及其重构》，《重庆社会科学》2011年第10期。

④ ［古希腊］亚里士多德：《政治学》，颜一等译，中国人民大学出版社2003年版。

⑤ 李荣山：《共同体的命运——从赫尔德到当代的变局》，《社会学研究》2015年第1期。

述。其中滕尼斯被公认为是共同体研究的集大成者,正是他的经典著作《共同体与社会》将“共同体”概念引入现代社会理论体系之中。滕尼斯构建出“共同体”(Gemeinschaft,Community)与“社会”(Gesellschaft,Society)这对理想类型,以区分和对比的方式来展现传统社会与现代社会不同的生活秩序与伦理倾向,这种分析思路和基本观念引领甚至决定了其后相当长时间内的共同体研究路径。当芝加哥学派出于实用主义的考虑,引入滕尼斯的“共同体”概念,把它转变成“社区”概念来研究和解决美国现实社会问题时,两者尽管存在一些继承性的关联,但已经不完全是同一个概念了。① 由于双方理解上的颠倒性差异,“从滕尼斯的共同体到芝加哥学派的社区的转变,可视为 community(共同体)一词在社会理论脉络中的一个断裂。”②一直到 20 世纪八九十年代政治哲学领域中共同体主义(communitarianism,又译为“社群主义”)崛起,并与新自由主义就“共同体与个体的关系”问题展开激烈论辩,滕尼斯意义上的传统共同体才再次回归学术舞台的中央。

与共同体概念重要性相伴相随的,是其内涵的模糊性与外延的庞杂性。丹·拉比诺维茨(Dan Rabinowitz)认为,共同体是一个在社会科学理论中普遍使用却又不精确的术语。“这个术语倾向于表述一种综合性的而不是精确定义的现象。在不同的时期和不同的理论取向中指涉地域单元、职业圈子、凝聚型群体以及非正式的社会文化交融体等,它可能意味着边界明确的固定群体,也可能意味着边界松散的临时组合。”③据统计,仅在社会学领域就存在百余种共同体的概念界定。数量众多的定义除了

① 陈美萍:《共同体(Community):一个社会学话语的演变》,《南通大学学报》2009 年第 1 期。

② 李荣山:《共同体的命运——从赫尔德到当代的变局》,《社会学研究》2015 年第 1 期。

③ Dan Rabinowitz,“Community Studies:Anthropological”,*International Encyclopedia of the Social & Behavioral Sciences*,volume 4,2nd edition,Elsevier Ltd.2015,p.369.

说明共同体自身的复杂性之外，还彰显了人们在对其内涵把握上共识的缺乏。希勒里（George A.Hillery Jr.）在对诸多共同体的定义进行统计分析之后提出，“除了人包含于共同体这一概念之外，有关共同体的性质，并没有完全相同的解释”。① 内涵的模糊必然带来外延的泛化，小到邻里、村庄、社团，大到民族、国家的人类组织形式，甚至连网络虚拟社区都被划归到共同体阵营之中。恰如霍布斯鲍姆（Eric Hobsbawm）所言，“共同体一词从来没有像最近几十年来一样不加区别地、空泛地得到使用了。”②

共同体概念的模糊性从何而来呢？首先，共同体概念自身意涵存在一个历史演进过程。雷蒙·威廉斯指出，community 这个英文单词在 14 世纪出现之初主要指“平民百姓”或“较小型的政府或社会”，从 16 世纪起具有指代“拥有共同事物的特质”或“相同的身份与特点的感觉”的意涵，从 18 世纪起开始指代“一个地区的人民”。③ 在与历史进程中所发展出的各种思潮的互动过程中，共同体概念累积形成了丰富的意涵，这无疑是其复杂性的来源之一。其次，现代性不断深化背景下共同体的处境不断发生位移。有学者提出共同体概念在社会理论中的地位经历了一个逐步“降格”的过程，即从“共同体作为统领原则”的格局变为“共同体与社会”对立的格局，再进一步变为“社会中的共同体”格局。④ 此种格局变化背后呈现的是共同体与国家、社会之间不同关系模式的建构，这种动态过程也增加了对共同体内涵把握的难度。再次，共同体的学术传统存在断裂。这一点尤为突出地体现在“共同体研究”与“社区研究”之间。美

---

① George A.Hillery Jr.，“Definitions of Community：Areas of Agreement”，*Rural Sociology*，Vol.20，No.2，1955，pp.111-123.

② Hobsbawm E.，*The Age of Extremes*，London：Michael Joseph，1994，p.428.

③ ［英］雷蒙·威廉斯：《关键词：文化与社会的词汇》，刘建基译，生活·读书·新知三联书店 2005 年版，第 81 页。

④ 李荣山：《共同体的命运——从赫尔德到当代的变局》，《社会学研究》2015 年第 1 期。

国芝加哥学派社区研究最突出的特征就是凸显共同体的地域维度而忽视了共同体的意义维度,然而这种认知却极大地影响乃至塑造着当今人们对共同体概念的理解。正如有人所提醒的那样,“今天我们在理解西方文献中的 community(共同体)之义时,如果仍然习惯地使用包含地域取向的社区概念为理解的中介,那么产生理解上的错位就难以避免。”①最后,不同学科对共同体的研究存在侧重点的差异。在伦理学上,共同体体现为一种伦理或道德取向,如对共同善的追求;在哲学上,共同体体现为个体自由与群体归属之间的张力;在社会学中,共同体体现为社会互动与联结方式的选择;在政治哲学中,共同体体现为个人权利与公共利益的优先性问题;在心理学领域,共同体则涉及个体完整认同的建构问题。

为了消解共同体概念的内在模糊性,学界寻求以类型划分的方式获得对其更加清晰系统的认识。传统共同体与现代共同体、情感性共同体与功能性共同体、地域性共同体与关系性共同体、狭义共同体与广义共同体等涉及类型划分的提法应运而生。我们需要看到,滕尼斯以理想类型的方式构建出“共同体”与“社会”这两个二元对立的概念,正是为了将很多现代性特征排除出共同体的范畴。然而当前在对共同体概念进行类型化分析的时候,那些原本被排除在外的特征却被有意无意或明或暗地再次塞入到共同体的概念范畴之中。例如一些学者提出,“与传统共同体所强调的面对面互动和共同生活、共同地域等因素不同,现代共同体更加注重共同的利益诉求、价值表达、自我认同和归属等精神层面因素。”②“共同体概念中已经融入了权力组织、社会网络、社会资本等元素,它已不再是传统的单纯的地域性或情感性概念,而被赋予了更多功能性的内涵。”③这种

① 赵健:《学习共同体》,华东师范大学 2005 年博士学位论文,第 17 页。

② 汪火根:《社会共同体的演进及其重构》,《重庆社会科学》2011 年第 10 期。

③ 李慧凤、蔡旭昶:《“共同体”概念的演变、应用与公民社会》,《学术月刊》2010 年第 6 期。

类型化操作表面看来是增强了共同体概念的涵盖范围和分析效力，但实质上却使得共同体概念自身变得面目全非，复杂性与争议性进一步增加。无论是泛泛地将从村庄到虚拟社区都涵盖到共同体的外延之内，还是泛泛地将各种新生的因素纳入到共同体的内涵之中，都反映了共同体的虚弱及其本质的耗失。一方面共同体本身是一个历史性词汇，它表述的就是特定时期人类群体的一种生活方式和组织模式，当今社会试图复兴与挖掘的正是共同体的原初意义；另一方面添加过多的新生内容之后，不仅不能将共同体与非共同体区分开来，相反还丧失了这一概念独特的分析效力。

回到共同体研究的源头，亚里士多德在《政治学》一书开篇就明确提出，“所有城邦都是某种共同体，所有共同体都是为着某种善而建立的”。[①] 这句话道明了其对共同体内在本质与外在形式的认识，前者是“善”，后者是“城邦”。某种意义上，这两者恰好对应于雷蒙·威廉斯对“共同体”词义的总结，“一方面，它具有‘直接、共同关怀’的意涵；另一方面，它意指各种不同形式的共同组织，而这些组织也许可能、也许不可能充分表现出上述的关怀。”[②]也就是说，当我们使用共同体一词的时候，要么指称的是作为理念的关系特质，要么是指称作为实体的人群类型。那么在理念和实体二者中谁最为根本呢？毫无疑问应该是前者，因为共同体理念是共同体作为实体存在的依据所在。正如安德鲁·海伍德所言，“在日常用语中，共同体指的是特定地区的人们的结合体，它可以是一个村庄、城镇、城市甚或一个国家。然而作为一种政治或社会原则，共同体一词表示的则是一个建立在友谊、忠诚和义务等联系基础上的具有很强

① ［古希腊］亚里士多德：《政治学》，颜一等译，中国人民大学出版社 2003 年版，第 1 页。

② ［英］雷蒙·威廉斯：《关键词：文化与社会的词汇》，刘建基译，生活·读书·新知三联书店 2005 年版，第 81 页。

的集体同一性的社会群体。”①可见正是由于共同体独特理念的限定,才将共同体实体与一般意义上的人类群体组织形式区分开来。那么,到底是什么使得一个人类群体被称为共同体呢?纵观各学科的理论探讨,答案无疑是蕴藏于共同体理念中的一系列“联结纽带”。毋庸置疑,共同体与“共同”二字有着深刻的关联。正如鲍曼所言,共同体的一致性是由其同质性、共同性所构成的。② 恰如共同体的英文单词 community,无论是其最早的词源拉丁文 communis,还是其拉丁文前缀 com,都具有“普遍、共同”之意。③ 在一定的意义上,共同体指的就是以各种主客观共同特征为联结纽带而组成的人类群体。在哲学、社会学、政治学等学科文献中,涉及共同体共同特征的有关表述大致有“共同地域、共享价值、共有文化、共同信仰、共同道德、共同信念、共同理解、共同情感、共同利益、共同目标、公共利益、共同的善、共有认同、共同归属、共同身份”等。通过归类、合并、筛选,可以将与共同体本质相关的联结纽带提炼为共享价值、共通情感、共同利益、共有身份四个内容。

共同体的第一个联结纽带是共享价值。埃齐奥尼在总结共同体基本特征时指出,“共同体需要一套对共享文化的承诺,包括共享的价值、规范、意义,以及共享的历史和认同。”④斯蒂芬·布林特也认为,类似于共同体的社会关系中都强调一条,那就是相同的道德信仰与道德秩序。⑤

① [英]安德鲁·海伍德:《政治学核心概念》,吴勇译,天津人民出版社 2008 年版,第 151 页。

② [英]齐格蒙特·鲍曼:《共同体》,欧阳景根译,江苏人民出版社 2003 年版,第 9 页。

③ [英]雷蒙·威廉斯:《关键词:文化与社会的词汇》,刘建基译,生活·读书·新知三联书店 2005 年版,第 79 页。

④ Amitai Etzioni, “The Responsive Community: A Communitarian Perspective”, *American Sociological Review*, Vol.61, No.1, 1996.

⑤ Brint Steven, “Gemeinschaft Revisited: Rethinking the Community Concept”, *Sociological Theory*, Vol.19, No.1, 2001.

共享价值作为联结纽带贯穿于共同体研究的始终，这一点通过学术史的整理可以得到验证。在亚里士多德的眼中，城邦共同体的形成就是缘起于对共同善的追求。在德国历史主义取向的共同体传统中，共同体的本质正在于一套独特的道德理念。例如滕尼斯就认为，道德是维系共同体最稳固的基石，共同体的本质在于过一种道德生活。① 而在法国社会学家迪尔凯姆的论述中，这种"道德权威"的力量就转变成了所谓的"集体意识"，但其所指依旧是社会成员的共同价值观念和道德规范。在 20 世纪八九十年代兴起共同体主义者看来，分享共同善观念是判断共同体的核心标准，共同体的成立必须是成员分享同一的善和价值观念。② 正如有学者所强调的那样，在传统共同体向现代共同体的转变中，共同体始终体现着一种向善共生的伦理指向和团结互助的道德逻辑。因为就共同体形成的基础而言，共同体从不单纯意味着"共同的生活"，而且意味着在共同的生活中已经形成一种特定的伦理关系和共同的价值取向。③

共同体的第二个联结纽带是共通情感。埃齐奥尼认为，共同体的首要条件是个体之间形成了彼此交错相互加强的情感满溢的关系网络。④ 无论是将共同体视作一种社会关系还是一种生活方式，共通情感都是其形成与延续的黏合剂，也是将共同体与非共同体区分开来的核心判断因素。很多学者都将共通情感视作共同体的内核和本质，强调其对于共同体形成与发展的基础性作用。卢梭认为，共同体的根基要到人原初的激情或情感中去寻找，从这些情感中能产生比任何人为的纽带更加神圣和

① 李荣山：《共同体与道德——论马克思道德学说对德国历史主义传统的超越》，《社会学研究》2018 年第 2 期。

② 王立：《共同体之辨》，《人文杂志》2013 年第 9 期。

③ 王露璐：《共同体：从传统到现代的转变及其伦理意蕴》，《伦理学研究》2014 年第 6 期。

④ Amitai Etzioni, "The Responsive Community: A Communitarian Perspective", *American Sociological Review*, Vol.61, No.1, 1996.

牢靠的纽带。① 麦克米伦和查维斯将共同体意识的基本特征归结为"成员身份、影响力、需要的接纳和实现、共享的情感纽带"四个方面,并认为"共享的情感纽带"是共同体真正的决定性因素。② 有学者归纳共同体主义的首要特征为"共同体的成员之间存在情感的联系",并认为"共同体提供了情感的纽带,能够使由个人组成的群体变为像家庭一样的社会实体。"③鲍曼也指出,共同体这个词总能给人带来美好的情感体验,如温馨、温暖、舒适、轻松、和睦、友爱、信任、安全、可靠、快乐等。④ 在某种意义上,共同体这个概念恒久的褒义就来自于其自身所具有的情感性。

共同体的第三个联结纽带是共同利益。在共同体与利益的关系上,学术界呈现出一种分歧与演进的态势。第一种也是最初的观念以滕尼斯为代表,认为共同体显然不是一些为了发展共同利益而走到一起的个人。共同体是由同根性、天然性、一致性、有机性而联系在一起的人们组成的共同体,它是与那种促进利益的契约为基础的联合体相对立的。第二种观念以麦基佛为代表,强调共同体可以是为了实现共同利益而创造出来的。共同体必须建立在共同利益之上,即对他人的福利和地位有一种直接的关心。第三种观点事实上反映的则是自由主义者的共同体观念,强调共同体可以是有特殊私人利益之个人的聚合,私人利益的一致性促成了共同体的形成,共同体是巩固并促进这些私人利益的特殊手段。⑤ 一方面,原始共同体观念彻底排斥利益因素而完全依赖于有机联系、直接互

---

① 刘诚:《卢梭的两个世界——对卢梭的国家观与社会观的一个初步解读》,载邓正来主编:《中国书评(第二辑)》,广西师范大学出版社 2005 年版,第 203—211 页。

② Mcmillan D. W., Chavis D. M., "Sense of Community: A Definition and Theory", *Journal of Community Psychology*, 1986, 14(1): 6-23.

③ 姚大志:《什么是社群主义》,《江海学刊》2017 年第 5 期。

④ [英]齐格蒙特·鲍曼:《共同体》,欧阳景根译,江苏人民出版社 2003 年版,"序曲"第 1—4 页。

⑤ [英]戴维·米勒、韦农·波格丹诺:《布莱克维尔政治学百科全书》,邓正来等译,中国政法大学出版社 1992 年版,第 143—144 页。

动等联结纽带在现代社会早已无以为继;另一方面,自由主义者所谓以个体利益为基础构建共同体无疑违背了共同体自身的意涵,也使得共同体与一般意义上的功能性组织混为一谈。在这种背景之下,公共利益作为共同体联结纽带已日益成为人们的共识。这一点从当前学界中高举共同体大旗的共同体主义的基本主张中亦可得到印证。由于共同体主义将公共利益视作核心概念展开论述,同时极力确认公共利益相对于个体权利的优先性地位,因而被称为一种“公益政治学”。共同体主义者所倡导的公共利益是一种非排他性的相容性利益,从本质上大致可以区分为“安全”和“福利”两大类。① 共同体具有这种“安全和福利场所”的性质,也强化了其凝聚成员的能力。

共同体的第四个联结纽带是共有身份。如果说以地域来确定共同体边界过于客观僵化,那么仅以价值、情感和利益来确定共同体的边界则可能存在主观性或流动性过强的问题。确立共同体内外边界是共享身份,也即共同享有的成员资格。例如麦克米伦和查维斯在归纳共同体意识时,就将成员资格(membership)视作共同体构成的第一要素。② 迈克·沃尔泽也着重强调作为共同体构成要素的成员资格,只有作为共同体的一员,才能享有成员资格所带来的安全、富裕、荣誉、职位和权利等权益。③ 有学者进一步提出,“在某种意义上,成员资格所能提供的保护可能是共同体得以确立的最基本的要求或最底线的要求。”④除了确定边界之外,共同身份的最大意义还在于其集中体现了共同体的价值主张。梅

① 俞可平:《当代西方社群主义及其公益政治学评析》,《中国社会科学》1998 年第 3 期。

② Mcmillan D.W., Chavis D. M., “Sense of Community: A Definition and Theory”, *Journal of Community Psychology*, 1986, 14(1): 9-11.

③ [美]迈克·沃尔泽:《正义诸领域:为多元主义与平等一辩》,褚松燕译,译林出版社 2002 年版,第 38—39 页。

④ 龚群:《当代社群主义的共同体观念》,《社会科学辑刊》2013 年第 1 期。

因说:“迄今为止,一切进步性的社会运动,都是一场从身份到契约的运动。”①这种以契约为代表的现代性力量在促进人类社会飞速发展的同时,也导致了社会关系中自然性与有机性日渐消解,其后果是人类安全感和幸福感的丧失。传统共同体理论往往通过对身份的回归和召唤,从而与以契约为基础的人类联合体之间形成强烈对比。身份作为一种客观存在,其背后都对应着主观认同,②因此客观上的共同身份也对应着主观上的共同认同。在关于共同体的研究中,共同认同已经成为一个被日益强调和重视的因素,身份认同被视作共同体建构的基础所在。例如桑德尔就认为,共同体由具有共同的自我认识的参与者组成,拥有共同的认同。③

由上述四种纽带联结而成的共同体为何被赋予积极的情感评价?为何被视作正义的社会理想?为什么对共同体的追寻甚至从政治哲学的书斋中走向社会实践?在某种意义上,这些问题都可以从共同体的基本功能中找到答案,因为共同体满足了群体延续和个体生存的特定需要,主要表现在以下四个方面。

其一,集体价值的彰显。无论将共同体视作特定的生活方式、伦理规范、社会关系类型、社会互动模式,抑或只是一种群体组织形式,其背后都毋容置疑地关联着集体主义的倾向。正如很多学者指出,共同体主义在本质上体现的是集体主义的社会观,强调共同体优先于个体,集体价值优先于个体权利。共同体对集体价值的强调与彰显,对于群体延续有着极为重要的意义。

---

① [英]梅因:《古代法》,沈景一译,商务印书馆1959年版,第17页。

② [美]曼纽尔·卡斯特:《认同的力量》,夏铸九、黄丽玲等译,社会科学文献出版社2003年版,第2—3页。

③ [美]迈克尔·J.桑德尔:《自由主义与正义的局限》,万俊人译,译林出版社2011年版。

其二,群体团结的塑造。共同体对内部社会秩序的维持,以及对外部竞争优势的获取,都有赖于群体团结。共同体通过共享价值、共通情感、共同利益、共有身份这些联接纽带,努力强化对其成员的凝聚力。群体团结的形成,既是共同体的形成标志,也是共同体的主要功能。一旦群体团结无以为继,那么共同体势必濒临崩溃。

其三,安全感的获取。共同体之所以获得如此神圣的地位,并成为人们内心经久不息的眷恋,根本原因就在于人类始终在自由与安全两种价值之间苦苦寻求平衡,而共同体恰好被视作确定性与安全感的来源和象征。鲍曼写道:"首先,共同体是一个温馨的地方,一个温暖而又舒适的场所……其次,在共同体中,我们能够相互依靠对方。""失去共同体,意味着失去安全感"。① 也就是说,共同体的一个基本功能就是为其成员提供安全庇护,个体通过特定纽带联接进入共同体很大程度上是为了获得这种安全感。

其四,意义感的提供。共同体主义认为,共同体对于个体而言具有构成性作用。也即"共同体完全或根本地构成我们的身份,以至于'我们是谁'首要地并不可避免地取决于我们对某一特殊共同体之生活方式的参与"。② 恰如桑德尔所言,共同体不仅表明了他们作为其成员拥有什么,而且也表明了他们是什么;不仅表明了他们所选择的关系,而且也表明了他们所发现的联系;不仅表明了他们的身份的性质,而且也表明了他们的身份的构成因素。③ 也就是说,共同体赋予个体意义感,没有共同体就无法建构个人的完整认同。

---

① [英]齐格蒙特·鲍曼:《共同体》,欧阳景根译,江苏人民出版社 2003 年版,第 2—7 页。

② 朱慧玲:《共同体主义还是共和主义?——桑德尔政治哲学立场评定与剖析》,《世界哲学》2011 年第 3 期。

③ Michael Sandel, *Liberalism and the Limit of Justice*, Cambridge, UK: Cambridge University Press, 1982, p.150.

这四个基本功能中,前两个属于群体性功能,后两个属于个体性功能。对于群体而言,共同体意味着集体价值与群体团结,其价值在于维系群体延续;对于个体而言,共同体意味着安全感与意义感,其价值在于满足个体需求。

二、从共同体基本意涵来发掘中华民族共同体的建设方向

共同体意涵的多学科梳理,不仅可以帮助我们构建中华民族共同体的理论体系,亦可以为中华民族共同体建设实践提供开创性的思路。在中华民族的视角之下,中华民族共同体是政治共同体、文化共同体、历史共同体、社会共同体,因此在中华民族共同体的建设实践中通常从政治基础、经济基础、文化基础、社会基础、法律基础等层面展开论述;如果从共同体的立场出发,中华民族共同体则是价值共同体、情感共同体、利益共同体、身份共同体,相应地在实践路径上也应着重从这几方面着手提升。这种中华民族共同体建设思路,可以有效解决中华民族与共同体两者之间的理论衔接问题,为相关领域实践工作提供新的启示和动力。

(一)中华民族价值共同体的建设

共享价值是共同体形成与延续的基本要素,中华民族共同体建设离不开价值共同体的构建。中华民族共享价值在现实中体现为一套共识性的伦理秩序和行为规范,但其载体却在于中华文化。习近平总书记曾先后指出,“一个国家、一个民族的强盛,总是以文化兴盛为支撑的,中华民族伟大复兴需要以中华文化发展繁荣为条件。”①“中国优秀传统文化的丰富哲学思想、人文精神、教化思想、道德理念等……优秀传统文化是一

① 李翔海:《中华民族伟大复兴需要中华文化发展繁荣——学习习近平同志在山东考察时的重要讲话精神》,《求是》2013 年第 24 期。

个国家、一个民族传承和发展的根本，如果丢掉了，就割断了精神命脉。”①作为各民族共有精神家园，中华文化成为了中华民族共享价值的源头所在。“天人合一”“和而不同”“家国情怀”“以德治国”“仁义礼智信”“忠孝节义”等传统文化伦理观念，在历史上中华民族价值共同体的构建与维系中起到了重要的作用。

建设中华民族共有精神家园，发挥社会主义核心价值观的引领作用，构筑中华民族价值共同体。首先，要发挥中华民族共有精神家园的基础性作用。2021 年中央民族工作会议指出：“必须构筑中华民族共有精神家园，使各民族人心归聚、精神相依，形成人心凝聚、团结奋进的强大精神纽带。”②中华民族共有精神家园依托的是包括各民族文化在内的中华文化，是铸牢中华民族共同体意识的文化基础所在。建设中华民族共有精神家园，既要充分重视不同民族文化的共同贡献，也要能够充分包容不同民族文化之间的差异。在这个意义上，将中华民族共有精神家园与中华民族共享价值关联起来就显得意义重大：从不同民族文化中提炼出共享的价值，但在文化细节方面可以包容差异性，正可谓是“和而不同”的真实体现。其次，要重视社会主义核心价值观的引领作用。党的十八大报告提出的社会主义核心价值观，涵盖了国家层面的价值目标、社会层面的价值取向、公民个体层面的价值准则，兼具政治性、文化性、时代性与民族性的基本特征。社会主义核心价值观与中华文化传统价值观之间存在一个继承与升华的关系，无疑对于中华民族共享价值的提炼和培育而言具有启示与引领价值。在当今时代，社会主义核心价值观已经成为中华民族的共享价值，为中华民族共同体建设提供价值支撑。

---

① 习近平：《在纪念孔子诞辰 2565 周年国际学术研讨会暨国际儒学联合会第五届会员大会开幕会上的讲话》，人民出版社 2014 年版，第 7—11 页。

② 中共中央统一战线工作部、国家民族事务委员会编：《中央民族工作会议精神学习辅导读本》，民族出版社 2022 年版，第 24 页。

(二)中华民族情感共同体的建设

情感相通是共同体维系的前提和纽带,它是历史进程中长时段群体交融互动的自然产物。中华民族的形成发展史既是一部各民族交往交流交融的历史,也是各民族情感共通共融的历史。共同的历史记忆、共同的社会生活、共同的文化浸润,使得各民族之间逐步形成了情同手足、荣辱与共、患难相依的情感体验。中华人民共和国成立之后,中国共产党所倡导的“全国各族人民团结成为友爱合作、自由平等大家庭”的民族理念和政策主张,更是有力地推动了中华民族情感共同体的形成与发展。2014年中央民族工作会议进一步提出:“中华民族和各民族的关系,是一个大家庭与家庭成员的关系,各民族之间的关系,是一个大家庭里不同成员间的关系。”①

促进各民族交往交流交融,推动各民族相互嵌入式社会结构和社区环境建设,构筑中华民族情感共同体。在一个多民族社会中,交往互动是各民族情感相通的基础,结构互嵌则是各民族情感相通的保障。因此,中华民族情感共同体的构筑,必须从推动各民族交往交流交融和各民族相互嵌入式社会结构与社区环境这两个角度入手。大量心理学、社会学等学科的实证研究指出,族际交往交流交融具有三个功能,一是可以增进了解,二是可以缓解焦虑,三是可以催生共情。② 这里的共情,指的就是一个人采取外群体成员的视角并对他们的关注点感同身受,从而形成了共同的情感体验。各民族交往交流交融表述的过程,也是各民族之间情感共通建立的过程。与之相对,族际交往交流交融的极端缺乏会带来很多恶果,从一般性的群体排斥到极其严重的社会分裂。可以想象,两个生活

---

① 中共中央宣传部编:《习近平总书记系列重要讲话读本(2016 年版)》,学习出版社、人民出版社 2016 年版,第 179 页。

② 郝亚明:《西方群际接触理论研究及启示》,《民族研究》2015 年第 3 期。

世界中的人,不可能产生同一种情感。当多民族社会里不同民族群体之间互不交往时,“平行社会”就产生了。① 党中央提出“推动建立各民族相互嵌入式社区结构和社会环境”,正是为了杜绝这种对共同体意识具有撕裂性影响的社会形态的产生。只有促进各民族交往交流交融,构建宏观的民族互嵌式社会结构以及微观的民族互嵌式社区结构,才能最终形成“中华民族大家庭”“中华民族一家人”式的中华民族情感共同体。

(三)中华民族利益共同体的建设

共同体意义上的共同利益通常包括“安全”和“福利”两方面,对于中华民族利益共同体建设而言同样需要高度关注这些内容。“铸牢中华民族共同体意识,就是要引导各族人民牢固树立休戚与共、荣辱与共、生死与共、命运与共的共同体理念。”②这一表述本身就是强调中华民族共同体在利益、尊严、安全、发展上的一体性与一致性。在民族国家时代,国家作为民族的政治屋顶,为本民族提供安全和福利保障是其基本职能。中华民族概念正是在国家积贫积弱、民族危机深重的背景下提出的,其自身本来就有救亡图存的意味。在革命先贤们前赴后继的努力和牺牲下,中国已经发展成为世界性政治、经济、军事强国,为各族人民的安居乐业提供了安全保障。在综合国力不断提升的同时,中国共产党秉持各民族共同繁荣发展的理念,以巨大的人力、财力、物力投入推动民族地区完成脱贫攻坚,带领全国各族人民如期全面建成小康社会。对外,国家兴旺民族昌盛,每个中华民族成员都能平视世界;对内,共享改革开放发展成果,不能让一个民族掉队。民族自尊心、民族自豪感的不断提升正是中华民族

① Mueller C.,“Integrating Turkish Communities: A German Dilemma”, *Population Research and Policy Review*, Vol.25, No.5, 2006.

② 中共中央宣传部编:《习近平新时代中国特色社会主义思想学习纲要(2023 年版)》,学习出版社、人民出版社 2023 年版,第 178 页。

利益共同体日渐形成的体现。

坚持各民族共同繁荣发展，不断满足各族群众对美好生活的向往，构筑中华民族利益共同体。中华民族利益共同体的构建有两个前提，一个是中国各民族整体利益的一致性，另一个是中国各民族利益分配的公平性。这两者共同面临的挑战，集中地体现在民族地区及部分民族经济社会发展的差距上。在 2014 年中央民族工作会议上，习近平总书记对我国民族工作阶段性特征作出了“五个并存”的总结，精准地指出了当前民族地区所存在的发展不平衡、发展程度差、发展水平低的问题；在 2021 年中央民族工作会议上，习近平总书记又提出要推动各民族共同走向社会主义现代化。中国当前民族发展差距的客观存在，既有历史上各民族发展基础发展水平差距的原因，也有市场经济、商品经济之下民族与地区之间发展不平衡的原因。要做到让全国各族人民都有获得感、要在经济社会发展中不让一个民族掉队，需要从以下几个方面着手。首先是要彻底提升认识。促进民族地区的经济社会发展不单纯是经济社会建设补短板的问题，更是一个关涉中华民族利益共同体建设的根本性问题。其次是要做好顶层设计。民族地区发展问题除了对口支援、转移支付、国家投资等常规性政策设计之外，还需要在国家发展重心转移、区域发展规划等方面有实质性的动作。最后是要精准施策长期推动。2021 年中央民族工作会议提出，要完善差别化区域支持政策，要加大对民族地区基础设施建设、产业结构调整支持力度，要支持民族地区实现巩固脱贫攻坚成果同乡村振兴有效衔接，精确瞄准民族地区经济社会发展重点难点展开积极行动。尽管这些政策当前已有一定成效，但唯有持之以恒长期推动才能收取最大效力。

（四）中华民族身份共同体的建设

中华民族以共有身份为基础形成身份共同体。费孝通先生曾指出，中华民族作为一个自在的民族实体已经有数千年的历史，而作为一个自觉的民族实体则不过百余年的时间。① 中国各民族实现中华民族身份认同的过程与边疆民族危机紧密相关，其中反抗外来侵略与中华民族理论构建都发挥了重要的作用。尤其是在抗日战争期间，全国各族人民携手保家卫国、共抗外侮，极大地推动了中华民族的民族观念深入人心。此外，"中华民族是一个"的学界大讨论②、"中华民族多元一体格局"的理论阐述、"铸牢中华民族共同体意识"的政治主张，也都从理论层面推动了中华民族身份共同体的建构进程。

强化"五个认同"的理论教育和实践工作，提升全体国民的凝聚力和归属感，构筑中华民族身份共同体。全体国民对中华民族成员身份的深切认同是铸牢中华民族共同体意识的基础所在，要使这一身份认同在个体诸多身份中具有统率意义，必须做好以下几方面的工作。首先要注重中华民族共同历史记忆的培育，在全国各族民众中广泛开展中华民族形成演进历史、中华民族多元一体理论等方面的普及性宣传教育工作。其次是妥善处理多重身份认同之间的关系，尤其是中华民族身份认同与次国家民族身份认同之间的关系问题，改变认同整合的传统思路，努力构建前者对后者的包容嵌套关系。再次是充分利用不同认同之间的互动关联性。主要是强化"五个认同"的理论教育和实践工作，使得各族人民对伟大祖国的认同、对中华民族的认同、对中华文化的认同、对中国共产党的认同、对中国特色社会主义的认同之间彼此形成合力，在相互支撑相互强化中推动中华民族身份共同体的建设。

① 费孝通主编:《中华民族多元一体格局》，中央民族大学出版社 1999 年版，第 3 页。

② 参见马戎主编:《"中华民族是一个"——围绕 1939 年这一议题的大讨论》，社会科学文献出版社 2016 年版。

三、从共同体内在张力来寻求中华民族共同体的建设启示

中华民族共同体作为一种特定的共同体类型，必然也会受到共同体内在属性的影响。其中，归属与自由两种价值的张力、集体与个体关系的平衡、规模与嵌套带来的复杂性是值得关注的三个要点。对于中华民族共同体的理论建构和实践推进而言，它们带来的不只是挑战，也包含着一些全新的启示。

（一）共同体中归属与自由两种价值张力问题

“失去共同体，意味着失去安全感；得到共同体，如果真的发生的话，就意味着很快失去自由。”①鲍曼这句富有哲理的总结，表述了“归属”与“自由”这两种人类极其珍视和渴望的价值之间的张力，二者之间的博弈与平衡甚至决定着共同体的兴衰存亡。在前现代社会，由个体自然联结而成的传统共同体是人类社会的基本组织形式，满足个体寻求安全庇护的需求；到了现代社会，身份日益让位于契约，人们对自由的追求导致了传统共同体的不断解体；随着现代性持续深化带来的疏离和风险，人们又兴起了对共同体的回归热潮，希望以此满足对确定性的需要。正因为如此，“我们生活在这样一个时代：对共同体的需求在增长，同时又感觉共同体在衰落。然而，人们从未像今天一样，如此努力地构建、复兴、寻找和研究共同体。”②

---

① ［英］齐格蒙特·鲍曼：《共同体》，欧阳景根译，江苏人民出版社2003年版，“序曲”第6—7页。

② Karen Christensen & David Levinson(eds), *Encyclopedia of Community: From the Village to the Virtual World*, Thousand Oaks, California: Sage Publications Ltd, 2003.转引自李荣山：《共同体的命运——从赫尔德到当代的变局》，《社会学研究》2015年第1期。

总之,无论是对共同体的理论探究,还是对共同体的实践构建,都无法绕过对归属与自由两者关系的深度审视。人们选择生活在共同体中是出于对安全感、归属感、确定性的需求,付出的代价就是要放弃一定的自由与自主,奉献自己的忠诚与服从。在天平的两端,我们无从控制人们对自由的渴求,唯有进一步加强对安全的供给与确认,才能使得共同体成为更多人们的最终选择。结合前文的分析,共同体对于个体的基本功能是"安全感的获取"与"意义感的提供",而这两者恰好都是属于确定性的范畴。这对于中华民族共同体建设的启示就是,要确保中华民族对其成员在安全感和意义感上的供给,才能使得这个共同体对个体而言具有心灵上的感召力。

(二)共同体中集体与个体关系问题

在前现代社会,个体因其身份而与特定共同体自然结合,两者亲密无间、相互成就;进入近现代社会后,随着自然权利和契约观念的启蒙,传统共同体的自然性逐步消解,共同体与个体的关系成为需要讨论与审思的问题。20世纪八九十年代自由主义与共同体主义的大论战,焦点就在于个人与共同体何者具有优先性问题,进一步说就是个体权利与公共利益的优先性问题。"共同体主义者与自由主义者的一个重要分歧便在于对共同体及其意义的理解……共同体主义者强调共同体对个体的构成作用及其相对于个体而言的优先性。"①共同体主义的本体论是人对社会关系的依附性,个体及其自我是个体所在的共同体的产物。② 作为集体主义价值观的体现,共同体主义无疑主张集体优先的价值理念。

---

① 王露璐:《共同体:从传统到现代的转变及其伦理意蕴》,《伦理学研究》2014年第6期。

② 成伯清:《社会建设的情感维度——从社群主义的观点看》,《南京社会科学》2011年第1期。

“社群主义强调社群对于自我与个人的优先性,这无疑具有很大的真理性;然而,如若一味地强调社群对个人的优先性,就可能抹杀个性,压制个人的能动作用。”①更严重的是,这种集体优先如果超出一定的限度,有可能引发部分成员退出并导致共同体的解体。“共同体关系的建构,选择性越来越大,强制性越来越小。”②在此种时代背景之下,如何妥善平衡集体与个体的关系对于共同体的存续至关重要。共同体需要强制性的一面,但更有力量的却是其温情脉脉的另一面。积极推动共同体主义社会实践的美国著名社会学家埃齐奥尼就提出了“回应性共同体”(the responsive community)的概念,认为真正的共同体必须对所有成员的真实需求作出及时回应,并确保秩序与自主之间恰当的平衡。③ 前文在文献梳理中总结出共同体的四大基本功能,即“彰显集体价值、塑造群体团结、获取安全感、提供意义感”。其中前两个是群体性功能,后两个是个体性功能。这两种功能之间固然存在相互支撑的关系,但一旦两者发生抵触时,同样面临着是优先满足共同体成员的个体需求,还是优先满足共同体自身的群体需求的选择问题。

(三)共同体的规模与嵌套问题

当下人们在使用共同体概念时并不太关注其规模大小的问题,“共同体既包括小规模的社区自发组织,也可指更高层次上的政治组织,而且还可以指国家和民族这一最高层次的总体,即民族共同体或国家共同体。”④

---

① 俞可平:《当代西方社群主义及其公益政治学评析》,《中国社会科学》1998 年第 3 期。

② 李荣山:《共同体的命运——从赫尔德到当代的变局》,《社会学研究》2015 年第 1 期。

③ Amitai Etzioni, “The Responsive Community: A Communitarian Perspective”, *American Sociological Review*, Vol.61, No.1, 1996.

④ [英]齐格蒙特·鲍曼:《共同体》,欧阳景根译,江苏人民出版社 2003 年版,“序曲”第 1 页“译者注”。

然而,滕尼斯意义上建立在血缘、地缘和友缘等纽带基础上的原初共同体,通常具有人口规模有限的结构特征。“它是如此之小,以致在它的所有成员的眼中,它就是一切。”“小意味着:共同体内部人们的交流是全面的、经常的”。① 事实上,关于共同体特征、纽带、功能的很多论断,都是建立在共同体规模较小的假设之上。当共同体的概念与民族、国家等巨型规模群体相结合之时,就可能会遭遇理论上的挑战与实践中的困境。

本尼迪克特·安德森关于“想象的共同体”的研究,可谓为巨型民族共同体的构建提供了一套理论解释。安德森认为,民族是一种想象的政治共同体,“它是想象的,因为即使是最小的民族的成员,也不可能认识他们大多数的同胞,和他们相遇,或者甚至听说过他们,然而,他们相互连结的意象却活在每一位成员的心中。”②他援引了宗教共同体与王朝的式微,人类对时间理解的转变,资本主义、印刷科技和人类语言宿命的多样性三者的结合等诸多因素,论证了民族共同体如何通过想象生成。与小规模传统共同体自然而然的形成过程相比,这一烦琐的论证过程从侧面说明规模庞大的民族共同体形成的复杂性。值得注意的是,现代社会网络信息技术的飞速发展对于共同体规模限制具有极强的消解效应。一方面网络信息技术可以作为中介直接促成“想象”的顺利进行,另一方面即时联通又使得想象与现实得以贯通,从而有助于超大规模共同体的构建。中华民族人口众多、结构庞杂,这决定了其共同体建构过程的艰辛与曲折。在中华民族共同体构建过程中,现代网络信息技术必然是一个应该予以充分应用的支点。

---

① [英]齐格蒙特·鲍曼:《共同体》,欧阳景根译,江苏人民出版社 2003 年版,第 8—9 页。

② [美]本尼迪克特·安德森:《想象的共同体:民族主义的起源与散布》,吴叡人译,上海人民出版社 2003 年版,第 5—6 页。

与共同体规模相关的另一个问题就是共同体的嵌套问题。在规模有限的共同体中,共同体就是最基本的群体单位;随着共同体规模的扩大,大共同体内部就可能嵌套或包含着小型共同体。以中华民族共同体为例,其下还存在着56个次国家层次的民族共同体,因此它可以看作是一种“共同体的共同体”。对于具有嵌套关系的共同体而言,它既要处理个体成员与共同体之间的关系,还需要处理小共同体与大共同体之间的关系,因此其共同体建构过程也会相对困难。共同体理念本身被视作多元认同冲突的根本性消解机制,但由于共同体嵌套关系的存在,其认同冲突化解能力大为弱化。从这个角度来看,在中华民族共同体建设的过程中,依旧无法回避国族认同与民族认同之间的张力问题。

综上所述,基于以上研究价值上的认识,笔者结合哲学、社会学、政治学等学科的研究,对共同体研究的演进历程、理论脉络等问题进行了集中梳理,提炼出共同体由“共享价值、共通情感、共同利益、共有身份”四个联结纽带构筑而成,具备“彰显集体价值、塑造群体团结、获取安全感、提供意义感”四大基本功能的观点。从共同体基本意涵出发,中华民族共同体建设可以从价值共同体、情感共同体、利益共同体、身份共同体四个维度予以推进;从共同体内在张力出发,中华民族共同体建设需要克服归属与自由的价值冲突、集体与个体的关系平衡、规模与嵌套的结构复杂等问题。

如何认识中华民族共同体?如何建设中华民族共同体?从共同体的视域去审视中华民族共同体,无论是对于理论认识提升还是实践路径探索,都有着极强的现实意义。

首先,共同体概念自身具有极强的道德和情感号召力。《布莱克维尔政治学百科全书》在对共同体进行概念界定时认为,“使用这个术语通常意味着它所规定的社会关系中有某些积极和有价值的东西”。① 齐格

① [英]戴维·米勒、韦农·波格丹诺:《布莱克维尔政治学百科全书》,邓正来等译,中国政法大学出版社1992年版,第142页。

蒙特·鲍曼也说:“共同体给人的感觉总是不错的:无论这个词可能具有什么含义,‘有一个共同体’‘置身于共同体中’,这总是好事……我们认为,共同体总是好东西。”①从这些梳理中可以看出,共同体这一概念内在蕴含着诸多的积极情感和道义正当性。通过论证中华民族的共同体性质,无疑能够强化中华民族的感召力和凝聚力。

其次,共同体理念可以为中华民族共同体建设提供理论支撑。共同体理念自身具有很强的工具性效用,能促成集体优先、群体团结的实践导向。一旦共同体理念与中华民族观念成功结合,即可为中华民族共同体建设提供稳固的推动力量。

再次,共同体理念契合多民族国家建设的现实需要。中国是历史形成的统一的多民族国家,维护国家统一民族团结使命艰巨。在民族—国家时代,国族建构(nation building)与国家建设(state building)不可偏废,且前者更为微妙而艰深。共同体理论与国族建构的内在逻辑极为契合,一方面其对群体联结纽带的强调、对个体基本需求的满足可以直接应用于多民族国家的建设实践,另一方面其对情感、认同、凝聚、道德、伦理、规则、集体、秩序等要素的强调,对于传统的多民族国家建设理论也具有补充性意义。

最后,共同体以共同性为基础,正确处理共同性与差异性的关系是共同体建设的关键所在。无论是基于逻辑还是基于实践,没有共同性就没有共同体。要建设中华民族共同体,就必须坚持以增进共同性作为前进方向。与此同时我们也应该看到,共同体并非同质体,共同性并非同质性。将这二者混为一谈,既不符合共同体的理论意涵,也有悖于统一多民族国家的基本国情。2021 年中央民族工作会议提出:“要正确把握共同

① [英]齐格蒙特·鲍曼:《共同体》,欧阳景根译,江苏人民出版社 2003 年版,“序曲”第 1—2 页。

性和差异性的关系,增进共同性、尊重和包容差异性是民族工作的重要原则。”[1]这一政策原则与本文所呈现的共同体理论逻辑之间是完全契合的。

---

① 中共中央统一战线工作部、国家民族事务委员会编:《中央民族工作会议精神学习辅导读本》,民族出版社 2022 年版,第 67 页。

中华民族共同体建设的三个维度*

在中华民族多元一体基本架构之下，中华民族共同体应当从哪些维度进行构建？对这一问题的回答既关系到民族理论话语的完善，也关系到民族实践工作的推进。当前的学术研究对此有所关切，但涉入思路基本都忽视了共同体的视角。中华民族共同体作为共同体的一种特定类型，理当从共同体的相关研究中获取理论启示与实践线索。“在日常用语中，共同体指的是特定地区的人们的结合体，它可以是一个村庄、城镇、城市甚或一个国家。然而作为一种政治或社会原则，共同体一词表示的则是一个建立在友谊、忠诚和义务等联系基础上的具有很强的集体同一性的社会群体。”①通过对共同体演进历程、理论脉络的多学科梳理可以发现，共同体由共享价值、共通情感、公共利益、共同身份等联结纽带构筑而成，具备彰显集体价值、塑造群体团结、获取安全感、提供意义感等社会功能。概而言之，要素重叠、纽带联结、功能依存是共同体形成与维持的基础所在。在中华民族共同体建设的特定语境之中，这三者分别对应于中华民族共同性、中华民族互嵌性、中华民族共生性的构建问题。基于上

---

* 本文以“中华民族共同体建设的三个维度”为题发表于《西北民族研究》2021 年第 1 期，有删节改动。

① ［英］安德鲁·海伍德：《政治学核心概念》，吴勇译，天津人民出版社 2008 年版，第 151 页。

述认识,笔者尝试从这三个维度来阐述中华民族共同体的构建基础与构建方向问题。

一、要素重叠与中华民族共同性的构建

所谓要素重叠,指的是共同体各个组成部分在主客观构成要素上存在重合或同质的地方。要素重叠本质上表述的是共同体组成部分之间的共同性问题,它是任何共同体形成与维持的首要基础所在。毋容置疑,共同体与共同性有着深刻的内在关联。固然拥有共同性亦不一定能够形成共同体,但缺乏共同性则必然无法形成与维持共同体。齐格蒙特·鲍曼曾指出,共同体的一致性是由其同质性、共同性所构成的。[①] 共同体就是建基于共同性的社会群体,其在形成之后也需要不断巩固和强化自身的共同性。在这个意义上,中华民族共同性对于中华民族共同体而言无疑具有基础性的作用。

作为一个历史上形成的统一的多民族国家,中华民族多元一体格局是对中国内部民族结构的理论表述。然而一体意识在凝聚与维持多元结构的同时,两者的内在张力在理论和实践层面时有体现。每当中华民族步入历史关键时刻,都会围绕中华民族结构中“一”与“多”的关系问题展开大论战,周而复始。究其根源在于,中华民族共同性的问题未能彻底解决,影响到中华民族整体性的建构。中华民族共同性的建构既不可能自然而然,也不可能一蹴而就,这与中华民族自身特点息息相关。从内部结构上来看,中华民族存在复杂性动态性的一面。费孝通先生在《中华民族多元一体格局》一文中谈道,“在中华民族的统一体之中存在着多层次的多元格局。各个层次的多元关系又存在着分分合合的动态和分而未

---

① [英]齐格蒙特·鲍曼:《共同体》,欧阳景根译,江苏人民出版社2003年版,第9页。

裂、融而未合的多种情状。"[①]有学者进一步指出,"'多元'与'一体'在某种程度上的对立紧张,正体现出'中华民族'的结构性特征。"[②]从形成过程来看,中华民族在近代从自在向自觉的转化很大程度上是由外在因素所推动的。帝国主义列强入侵引发了民族生死存亡的危机,西方民族国家知识体系更新着国人传统的家国认知,这些因素共同催生了中华民族概念及自觉中华民族的形成。在此过程中,外在力量使得中华民族进一步凝聚并形成自我意识,但内在力量和凝聚因素并未随之全面系统地建立起来,这既是近现代以来中国边疆危机的内在根源,在某种意义上也是中华民族共同性生长迟滞的根源所在。[③]

中华民族共同体概念的提出本身就体现了对中华民族共同性的需求和强调。2014 年中央民族工作会议指出,我国的民族工作面临"五个并存"的阶段性特征,即改革开放和社会主义市场经济带来的机遇和挑战并存,民族地区经济加快发展势头和发展低水平并存,国家对民族地区支持力度持续加大和民族地区基本公共服务能力建设仍然薄弱并存,各民族交往交流交融趋势增强和涉及民族因素的矛盾纠纷上升并存,反对民族分裂、宗教极端、暴力恐怖斗争成效显著和地区暴力恐怖活动活跃多发并存。[④]"五个并存"事实上总结出了进入新世纪以来,随着全球化、信息化、城市化、市场化的不断深化,中国民族工作和民族团结大局所面临的新形势和新挑战。中华民族共同体意识提出的背景和初衷都与中华民族共同性问题息息相关,铸牢中华民族共同体意识正是为了回应中华民族

---

① 费孝通主编:《中华民族多元一体格局》,中央民族大学出版社 1999 年版,第 36 页。

② 关凯:《族群政治》,中央民族大学出版社 2007 年版,第 252 页。

③ 郝亚明:《论中华民族多元一体格局与中华民族共同体建设》,《湖北民族学院学报》2019 年第 1 期。

④ 国家民族事务委员会编:《中央民族工作会议精神学习辅导读本(增订本)》,民族出版社 2019 年版,第 46 页。

共同性的构建问题。随着铸牢中华民族共同体意识被写入党章并被确立为新时代党的民族工作的主线,中华民族共同性构建已经成为当下民族理论和民族实践工作的重心之一。

构建中华民族共同性的关键在于正确处理共同性与差异性的关系。正确认识共同性与差异性的关系是正确处理两者关系的前提,习近平总书记在2014年中央民族工作会上关于“一体”与“多元”关系的表述为此指明了方向。“我们讲中华民族多元一体格局,一体包含多元,多元组成一体,一体离不开多元,多元也离不开一体,一体是主线和方向,多元是要素和动力,两者辩证统一。”①我们应当在多元一体格局的历史遗产中认识和处理两者的关系,应当在整体性与多样性的现实框架中认识和处理两者的关系。首先,差异性是中华民族多元的体现。多元作为要素与动力,其在中华民族形成与发展过程中的意义和贡献是不容抹灭的。正是这种差异性的存在使得中华文明绚烂多彩,富有创造力和生命力,从而以独特的面貌屹立于世界民族之林。其次,共同性是中华民族一体的依托。中华民族如同一艘大船航行在历史的长河之中,历经风雨磨难而益发坚韧稳固,这本身就是中华民族共同性的集中体现。以一体作为主线和方向,要求中华民族共同性的不断提升;也只有共同性的不断凝练,才能维护中华民族一体的主线和方向。再次,一体与多元各自的定位要求我们在尊重和保护差异性的同时,更要注重对共同性的凸显与提炼。近年来,中央多次强调“正确处理共同性与差异性的关系”,正确认识和处理共同性与差异性的关系,必须坚持两个原则。一是平衡关系,既不以差异性遮蔽共同性,也不以共同性否认差异性;二是凸显主线,深刻认识共同性对于多民族国家长治久安的意义,积极推动中华民族共同体建设。

中华民族共同性的构建是一个系统性工程,需要从民族理论话语和

① 中共中央文献研究室编:《习近平关于社会主义政治建设论述摘编》,中央文献出版社2017年版,第150页。

民族工作实践两方面协同推进，首先是搞清楚中华民族共同性的意涵与边界所在。目前对这个问题最清晰的回答，是习近平总书记在2019年全国民族团结进步表彰大会讲话中关于“树立和突出各民族共享的中华文化符号和中华民族形象”的表述。中华文化符号与中华民族形象的意涵十分清晰，对其性质作出根本性规定的在于“各民族共享”。这里的“各民族共享”具有共同体中“要素重叠”的意味，指向的就是中华民族共同体的共同性。那么，何种程度的要素重叠才可以称之为“各民族共享”呢？第一种情况是相当明确且不存在争论的，即共同体全体成员在特定构成要素上呈现重叠，对于中华民族共同体而言就是所有民族共同享有；第二种情况是共同体部分成员在特定构成要素上的重叠，对于中华民族共同体而言就是部分民族共同享有。对于部分民族共享是否属于“各民族共享”，人们应当会存在不同的看法。考虑到部分民族共享要素在维护中华民族整体性上的独特意义，而且其在数量上要远高于所有民族共享要素，有必要将其认定为中华民族共同性的组成部分。一方面，所有民族共享要素通常也是从部分民族共享要素的基础上逐步扩展而形成的，部分民族共享要素是所有民族共享要素的强力支撑；另一方面，部分民族共享要素同样增进了中华民族共同性，使得这些民族不仅以个体形式关联于中华民族，还以群体或子集形式内嵌于中华民族。文化除了具有民族性外，还具有鲜明的地域性。在一些历史形成的多民族杂居区域，文化的地域性明显跨越民族界限，其间很多的文化要素由若干民族共同享有，体现出“部分民族共享”的中华民族共同性。在这个意义上，民族学、人类学和历史学极为关注的走廊研究、流域研究、通道研究等就具有中华民族共同性的知识生产功能。区域性的多元统一是中华民族多元一体形成的基础和前提，这与部分民族共享的文化要素发展成为所有民族共享文化要素是同一个道理。此外，中华民族共同性与各民族共有精神家园具有极强的关联性，两者均以中华民族文化作为形成土壤、以各民族共享作为基本特征。因此在未来的理论研究和实践工作中,可以将两者联结起来,互为依托、相互促进。

二、纽带联结与中华民族互嵌性的构建

所谓纽带联结,指的是共同体各个组成部分之间以各种社会纽带交织关联在一起,从而在整体上呈现相互嵌入的有机状态。如果说要素重叠描述的是共同体组成部分之间的共同性问题,那么纽带关联描述的就是共同体组成部分之间的关联性与互嵌性问题。对于共同体而言,共同性的基础作用固然不可否认。然而共同体毕竟不是单纯的同质体,不同性质共同体在内部要素所具备的共同性上也存在显著差异。共同体往往是一种同质与异质兼备的整体,将其凝聚在一起的除了上文强调的要素重叠与重合之外,还有要素之间的关联与互嵌。从共同体构成的有机性上来说,纽带关联对共同体的塑造和维持作用还要更甚于要素重叠。尤为值得注意的一点是,共同体的共同性往往是在要素关联互嵌的过程中逐步融汇而成的。

数千年中华文明史是中华民族互嵌性日益深化的过程,而中华民族互嵌性又成为中华文明绵延数千年的结构支撑。早在新石器时期,中华民族独特的生存空间里已经出现了多种原始文化之间的接触、竞争与借鉴现象。在中原农耕民族与北方游牧民族对峙的时代,尽管历史记载里征战与劫掠时有发生,但经常性相互依存的交流与贸易则更为频繁和重要。例如,北方游牧民族并不能完全依靠牧业生存,他们日常生活中所必需的粮食、纺织品、金属工具和茶酒饮料等主要来自于农业地区。一方面是官方渠道的馈赠与互市,另一方面就来自农业地区与牧业地区的民间贸易。①

① 费孝通主编:《中华民族多元一体格局》,中央民族大学出版社1999年版,第13页。

除了经济文化上的相互关联之外，民族血统上的混杂融合在历史上也极为常见，汉族之中融入了大量中原地区和北方少数民族人口，少数民族也吸纳了数量众多的汉族人口，少数民族之间在族源上的融合分化流动更不鲜见。

那么，构建中华民族互嵌性的联结纽带包括哪些内容呢？一方面，我们可以从共同体相关学术研究中获取一些启示。在一定的意义上，共同体指的就是以各种主客观共同特征为联结纽带而组成的人类群体。在哲学、社会学、政治学等学科文献中，涉及共同体联结纽带的有关表述大致有“共同地域、共享价值、共有文化、共同信仰、共同道德、共同信念、共同理解、共同情感、共同利益、共同目标、公共利益、共同的善、共有认同、共同归属、共同身份”等。这些繁杂且重叠的联结纽带，其中很多同样可以视作构建中华民族互嵌性的联结纽带。另一方面，党和国家关于民族问题的理论文本也可以提供一些线索。例如习近平总书记在2019年全国民族团结进步表彰大会讲话中提出了“四个共同”，即“我们辽阔的疆域是各民族共同开拓的”；“我们悠久的历史是各民族共同书写的”；“我们灿烂的文化是各民族共同创造的”；“我们伟大的精神是各民族共同培育的。”①共同开拓的疆域、共同书写的历史、共同创造的文化、共同培育的精神自然而然也是构建中华民族互嵌性的重要联结纽带。

进一步加强中华民族互嵌性构建，既是应对当前形势的客观需要，也是铸牢中华民族共同体意识的内在需求。就外部形势而言，一方面随着网络化信息化的普及，西方极端民族主义和民粹主义思潮对中国民族关系、民族团结大局形成的冲击益发猛烈；另一方面境外敌对势力为了阻碍中华民族复兴伟业，加大了对中国民族事务的干涉和操弄，力图破坏边疆民族地区的稳定局面。就内部形势而言，一是商品经济和市场经济带来

---

① 习近平：《在全国民族团结进步表彰大会上的讲话》，人民出版社2019年版，第4—6页。

了社会分层和社会分化,使得既有的民族社会结构面临调整;二是城市化带来了人口大规模多向度的流动,各族民众从“背靠背”时代走向“面对面”时代,也面临着族际关联性的重构。就本质而言,中华民族互嵌性指向的是多民族社会结构问题,而多民族社会结构是多民族国家建设的起点与基础。从社会结构的限定性上来说,民族政策乃至一切民族事务实践都必须依赖或在多民族社会框架内发挥作用。合理的社会结构可以增进族际互动与交融,使不同民族成为利益相关、感情相通、结构相连的共同体。① 铸牢中华民族共同体意识作为新时代党的民族工作的主线,无论是从共同体生成的内在逻辑出发,还是从社会结构的基础作用出发,都必须高度重视族际关联性互嵌性的构建问题。

加强各民族交往交流交融是构建中华民族互嵌性的根本举措。“各民族之所以团结融合,多元之所以聚为一体,源自各民族文化上的兼收并蓄、经济上的相互依存、情感上的相互亲近,源自中华民族追求团结统一的内生动力。”②2019 年中共中央办公厅、国务院办公厅印发的《关于全面深入持久开展民族团结进步创建工作铸牢中华民族共同体意识的意见》(以下简称《意见》)指出,“新时代民族团结进步创建工作要坚持以铸牢中华民族共同体意识为根本方向,坚持以加强各民族交往交流交融为根本途径。”《意见》要求“促进各民族交往交流交融。强调要推进建立相互嵌入式的社会结构和社区环境,积极营造各民族共居共学共事共乐的社会条件,开展各族群众交流、培养、融洽感情的工作,形成密不可分的共同体。”③由此可见,各民族交往交流交融被定位为“根本途径”,在铸

① 郝亚明:《民族互嵌式社会结构:现实背景、理论内涵及实践路径分析》,《西南民族大学学报》2015 年第 3 期。

② 习近平:《在全国民族团结进步表彰大会上的讲话》,人民出版社 2019 年版,第 7 页。

③ 《中办国办印发〈关于全面深入持久开展民族团结进步创建工作铸牢中华民族共同体意识的意见〉》,《人民日报》2019 年 10 月 24 日。

牢中华民族共同体意识的大业中承担着重要的角色与使命。事实上，仅从字面意思上来理解，“交”就是“相互”的意思，表达的是一种关联互嵌性的建立。加强各民族交往交流交融，就是要试图在社会层面、文化层面、结构层面、心理层面、情感层面构筑起一系列的纽带，使得各民族之间处于一种相互交织相互嵌入的状态，从而达成铸牢中华民族共同体意识的根本目标。

第一，以族际交往构筑各民族之间的社会纽带。在一个多民族社会中，族际之间的个体性及群体性社会交往极为重要，承担着构筑族际社会纽带的功能。族际交往不仅是民族关系和谐的保障，也是共同体意识形成的基础。可以想象，如果各个民族处于相对隔绝的平行状态，族际关系将会极为脆弱，共同体意识更是镜花水月。要促进族际交往，有两个问题非常关键，一个是交往场景的营造，一个是交往意愿的提升。在交往场景营造方面，中央已经提出构建各民族相互嵌入的社区环境，为新形势下族际交往创造更便利的居住环境。此外，如何创造促进族际互动的学习、工作、生活、娱乐、消费环境也值得考量。在族际交往意愿提升方面，既要对群际交往的心理机制和社会机制有全面的理论把握，也要对当前族际交往现状及障碍因素进行实事求是的实证调研，从而为相关政策的针对性与有效性提供保障。

第二，以族际交流构筑各民族之间的文化纽带。民族交流的本质是文化交流，它在中华民族共同体意识形成中起到纽带连接的作用。2014年中央民族工作会议强调，“加强中华民族大团结，长远和根本的是增强文化认同，建设各民族共有精神家园，积极培养中华民族共同体意识。”① 要强化各民族对中华民族文化的认同，除了要进一步挖掘各民族共享的中华文化符号和中华民族形象外，也需要提升各民族文化相互之间的包

① 《中央民族工作会议暨国务院第六次全国民族团结进步表彰大会在北京举行》，《人民日报》2014年9月30日。

容度和吸纳度，并通过族际文化关联的纽带将各民族文化有机嵌入中华民族文化中。各民族要相互了解、相互尊重、相互包容、相互欣赏、相互学习，以民族文化交流构筑各民族文化纽带，为铸牢中华民族共同体意识提供文化根脉上的助力。

第三，以族际交融构筑各民族之间的结构纽带。民族交融并非民族融合，更非民族同化，它强调的是不同民族的个体或群体在社会结构上的交叉互嵌。戈登在研究美国种族关系的时候指出，社会结构上的融合主要表现是进入社交小集团、组织、机构活动和一般的公民生活中，尤其强调不同群体之间在各种初级社会关系上的相互涉入。① 这种视角对于我们正确认识民族交融是具有启示意义的。中央推动建立各民族相互嵌入式社会结构，其目的就在于“打破民族结构与其他社会结构的重合，使不同民族成员掺杂或嵌入到其他社会结构中去，从而为消除民族隔阂、实现交融创造条件”。② 所谓民族互嵌型社会结构，就是各民族通过频繁而有序的交往交流交融，形成一个结构相连、利益相关、情感相通的共同体的社会形态。从这个意义上来说，民族交融的过程就是建立各民族相互嵌入式社会结构的过程，从而为铸牢中华民族共同体意识提供社会结构层面的支撑。

三、功能依存与中华民族共生性的构建

所谓功能依存，指的是共同体各个组成部分通过相互支撑相互协作来实现共同体的社会功能，从而满足自身的特定需求。功能依存描述的是共同体的共生性问题，强调共同体各个组成部分在功能实现与需求满

---

① ［美］米尔顿·戈登：《在美国的同化：理论与现实》，载马戎编：《西方民族社会学的理论与方法》，天津人民出版社 1997 年版，第 71 页。

② 王希恩：《民族的融合、交融及互嵌》，《学术界》2016 年第 4 期。

足上存在一荣俱荣一损俱损的关系。共同体之所以重要,与其所具备的强大社会功能息息相关。几个世纪以来,人们持续赋予共同体以积极或褒义的情感评价,并将其作为一种崇高的社会理想进行追求,某种意义上都可以从共同体的基本功能上得到解释。对于群体而言,共同体意味着集体价值的彰显与群体团结的塑造,其功能在于维系群体延续;对于个体而言,共同体意味着安全感的获取与意义感的供给,其功能在于满足个体需求。简而言之,共同体满足了群体延续和个体生存的特定需要。

中华民族共生性的构建是铸牢中华民族共同体意识的重要维度。对于共同体而言,要素上的共同性和结构上的互嵌性固然重要,功能上的共生性也在其形成与维持中有着不可替代的作用。从结构功能主义的视角来分析,功能实现与需求满足是促使各个组成部分留在共同体内部的终极动力。一旦共同体不复存在,其组成部分就会面临功能或需求上的危机。由此共生性成为了共同体稳定性的重要来源,共生性强弱程度对共同体凝聚力高低有着决定性的影响。中华民族共同体作为一个特定类型的共同体,以功能依存为基础的共生性同样是其凝聚力的重要来源之一。中央提出的“三个离不开”,即“汉族离不开少数民族,少数民族离不开汉族,少数民族之间也相互离不开”,就非常鲜明地表述了中国各民族之间休戚相关、命运与共的共生关系。2014 年中央民族工作会议上更是以大家庭与家庭成员的关系来形象描述中华民族共同体与其构成部分之间共生共存的关系。“中华民族和各民族的关系,是一个大家庭和家庭成员的关系,各民族的关系,是一个大家庭里不同成员的关系。”①更进一步来说,中华民族共生性还可以区分为两个层次,一个是各民族相互之间的需求共生关系,另一个是各民族对中华民族共同体的功能依存关系。在新时代的民族团结进步教育工作中,尤其需要强化各个民族与中华民族共

① 《中央民族工作会议暨国务院第六次全国民族团结进步表彰大会在北京举行》,《人民日报》2014 年 9 月 30 日。

同体之间存在共生关系的认识。

构筑中华民族共生性要注重对各民族基本需求的满足。社会成员以一定的共同性为基础,逐步形成具有互嵌性的共同体,实现特定社会功能以满足共同体成员的基本需求。社会成员以持续稳定的参与来滋养共同体,共同体则以功能实现需求满足来回馈社会成员,这是共同体共生性的基本逻辑。一旦出现需求反馈长期失效或失灵,共同体就可能面临解体危机。除了通常所强调的利益需求之外,中华民族共同体还应该积极有效地满足各民族以下两方面需求。首先是安全感的需求。共同体历来都被视作是安全感的象征,能够为其成员提供安全庇护。中华民族共同体必须对外构筑强大的政治屋顶,对内营造温馨的幸福家园,成为各民族安全感的来源。其次是意义感的需求。人们选择成为一个共同体的成员,不只是要从中获取物质利益或安全保障,也在于这个共同体能够给予他们意义感。“共同体不仅表明了他们作为其成员拥有什么,而且也表明了他们是什么;不仅表明了他们所选择的关系,而且也表明了他们所发现的联系;不仅表明了他们的身份的性质,而且也表明了他们的身份的构成因素。”①因此,在铸牢中华民族共同体意识的过程中必须高度注重意义建构问题,中华民族共同体越能赋予各民族以意义感,就越能在他们的认同体系之中居于中心位置。

中华民族共生性在浅层意义上指向中华民族利益共同体,在深层意义上指向中华民族命运共同体。利益攸关、命运与共将整个中华民族的历史、现实、未来关联起来,成为中华民族共同体建设的坚强依托。回望过往,中华各民族携手共辟山河、共铸文明、共担风雨,在西方列强坚船利炮轰开国门之际共抗外侮奋力维持国家统一,在抵御日本帝国主义入侵之际各族儿女以血肉之躯共筑中华万里长城,这些都已经成为铸牢中华

---

① Michael Sandel, *Liberalism and the Limit of Justice*, Cambridge, UK: Cambridge University Press, 1982, p.150.

民族共同体意识的宝贵历史遗产。审视现实，中国共产党秉持各民族共同繁荣发展的理念，以一系列的举措让各族民众共享改革开放发展成果，确保少数民族和民族地区同全国一道实现全面小康和现代化。这些事实既是中华民族共生性的具体体现，也是中华民族共同体意识的不竭源泉。展望未来，全球化与逆全球化角力将会持续一段时间，种族主义、民族主义、仇外主义、保守主义潮流冲击着世界格局。中华民族作为中国各民族的政治屋顶，将继续承担着为各族人民遮风挡雨、提供“安全”“福利”的重任。一方面，中国要高举人类命运共同体的大旗，“在追求本国利益时兼顾他国合理关切，在谋求本国发展中促进各国共同发展”；另一方面，中国还必须做好自己的事，铸牢中华民族共同体意识，完成中华民族复兴的伟业。中华民族共同体强，则中国各民族利益与命运都能有所依托；中华民族共同体弱，则中国各民族的利益与命运则势必处于风雨飘摇之中。中华民族共同体不仅利益相关，而且命运相连。

综上所述，铸牢中华民族共同体意识是党的民族理论与时俱进的创新发展，是马克思主义民族理论中国化的最新成果。自 2014 年中央提出铸牢中华民族共同体意识以来，学界围绕其理论内涵和实践路径两个层面展开探究，形成了一个热度仍在持续上升的研究高潮。整体而言，中华民族共同体实践路径方面的研究工作任重道远。个中缘由部分在于，中华民族共同体作为全新理论命题，理论内涵探讨是实践路径研究的基础与先导所在。一个好的实践路径研究必须与理论内涵紧密贴合同时又对实践工作具有指导意义。从这个角度来说，中华民族共同体实践路径研究同样需要具备宽广的理论视野。

构建中华民族共同体的实践路径，理论上存在三个层面的研究思路。第一个可以称之为“政治层面”，着眼于从宏观政治原则来阐述中华民族共同体的实践路径问题，其依据主要是党和国家的政策法律文本。第二个可以称之为“政策层面”，着眼于从微观政策需求来构思中华民族共同体的实践路径问题,其依据主要是民族工作现实需要或经验总结。第三个可以称之为"理论层面",着眼于从中华民族共同体的理论脉络之中抽取核心要素来推动实践进程,其依据主要是中华民族共同体的理论架构。从研究现状来看,"政治层面"研究是当前的主流,相关成果极为丰富。典型的如以 2014 年中央民族工作会议精神、十九大报告、习近平总书记在 2019 年全国民族团结进步表彰大会上的讲话等为依据,提炼出"坚持中国共产党的领导""坚持各民族共同繁荣共同发展""建设各民族共有精神家园""加强各民族交往交流交融""依法治理民族事务""反对两种民族主义"等诸多实践路径。相较之下,"政策层面"和"理论层面"的研究成果较少,应该是未来相关领域研究的重点发展方向。就这二者而言,前者实务性强适合由民族工作实务部门来承担,而后者理论性强则可望成为学界一个新的学术生长点。本文从共同体相关理论出发,从中抽取要素重叠、纽带联结、功能依存三种元素,来论证铸牢中华民族共同体意识应当从构建共同性、互嵌性、共生性三个维度入手,正是此种研究理路的一种尝试。

中华民族共同体建设的五大基础路径*

2019年，在中华人民共和国七十华诞前夕，中央隆重召开了全国民族团结进步表彰大会。选择这一时机召开会议，不仅意在总结新中国成立七十年来民族工作成功经验，更昭示和重申了“中华人民共和国是全国各族人民共同缔造的统一的多民族国家”这一宪法理念。习近平总书记在大会讲话中总结了代表中国共产党民族工作成功经验的“九个坚持”，阐述了作为中华民族共同体历史与现实基础的“四个共同”，提出了关于如何建设中华民族命运共同体的“五大路径”。尤为值得注意的是，习近平总书记在此次讲话中两次直接提及“以铸牢中华民族共同体意识为主线”，这是中央层面首次正式确认铸牢中华民族共同体意识在新时代党的民族工作中的主线地位。在这一政策定位之下，如何“推动中华民族走向包容性更强、凝聚力更大的命运共同体”就成为亟待回答的实践问题。

一、党的领导是中华民族命运共同体建设的政治基础

党的领导是中华民族命运共同体建设的政治基础，中华民族命运共

* 本文以“论中华民族命运共同体建设的五大基础路径”为题发表于《西南民族大学学报》2020年第5期，有删节改动。

同体建设需要党的领导作为政治保障，这是由中国共产党的执政地位、中国的社会主义道路以及中华民族共同体自身本质属性共同决定的。

中国共产党是中华人民共和国的缔造者，是现有民族政策体系的设计者，是中国特色解决民族问题正确道路的践行者。中国共产党从成立之初就高度重视中国的民族问题，将其视作中国现代国家建设中的重要环节。在国民革命、抗日战争、解放战争的历史进程中，日益成熟的中国共产党逐步形成了建立单一制国家、用民族区域自治制度解决国内民族问题的基本思路。1949 年通过的《中华人民共和国政治协商会议共同纲领》和 1954 年通过的中华人民共和国第一部宪法——“五四宪法”均对这一政治架构予以了确认。习近平总书记在 2019 年全国民族团结进步表彰大会的讲话中概要性地总结中国共产党在中国民族工作中的创举和贡献。“我们党创造性地把马克思主义民族理论同中国民族问题具体实际相结合，走出一条中国特色解决民族问题的正确道路，确立了党的民族理论和民族政策，把民族平等作为立国的根本原则之一，确立了民族区域自治制度，各族人民在历史上第一次真正获得了平等的政治权利、共同当家做了主人，终结了旧中国民族压迫、纷争的痛苦历史，开辟了发展各民族平等团结互助和谐关系的新纪元。”①民族区域自治制度的确立、将民族平等确立为立国根本原则、发展平等团结互助和谐的社会主义民族关系，这些都是中华民族命运共同体得以建设的制度基础。中国共产党领导下的中国特色解决民族问题的道路就是中华民族命运共同体建设的道路，两者是一个相向而行的过程。

将民族平等视作立国之本、努力缔造中华民族大家庭，这一价值理念深深植根于中国共产党领导下的社会主义制度之中，也构成了中华民族命运共同体建设的理念基础。中国民族政策从体系设计到具体实践都体

---

① 习近平：《在全国民族团结进步表彰大会上的讲话》，人民出版社 2019 年版，第 1—2 页。

现出深深的社会主义烙印。“民族区域自治制度、少数民族优惠政策等从制度设置的价值渊源、制度创建和发展过程中所贯彻的基本理念角度来讲，还是要归结到‘社会主义’这个中华人民共和国的根本制度。”“也只有社会主义，才可以以全国统一的社会主义经济体制，从财政、金融、税收贸易基建等多个方面，对国家经济资源配置进行整体性部署安排，以帮助和支持民族地区的经济社会发展。”①正是这种社会主义烙印维护着中华民族大家庭的基本格局，创造着建设中华民族命运共同体的现实基础。只有中国共产党领导的社会主义制度，才可能以缔造中华民族大家庭为价值导向；只有缔造中华民族大家庭的价值导向，才能为中华民族命运共同体建设提供相匹配的价值理念支撑。

坚持中国共产党的领导，还与中华民族共同体的本质性质有关。从本质属性上来看，中华民族作为中国的国族。因此，中华民族共同体不只是一个历史文化共同体，它同时还必然是一个政治法律共同体。再进一步说，中华民族共同体是一个以历史文化为内核，以政治法律为边界的共同体。历史文化共同体是一个柔性共同体，提供内聚力；缺乏历史文化的内核，中华民族共同体将缺乏凝聚性。政治法律共同体是一个刚性共同体，提供强制力；缺乏政治法律的边界，中华民族共同体将缺乏强制力。两者的结合，才确保了中华民族共同体成为不可分割的整体。在很多时候，人们通常片面将中华民族共同体视作一个历史文化共同体，而忽视了其作为政治法律共同体的面相，这是极其危险的一种倾向，有可能威胁到共同体的形成与巩固进程。习近平总书记在讲话中提出，坚持党的领导，团结带领各族人民坚定走中国特色社会主义道路，实质上就是在强调中华民族命运共同体建设的政治保障问题。中华民族共同体的形成与维持需要政治力量的领导与参与，中国共产党承担了这一重大历史使命。我

① 常安：《理解民族区域自治法：社会主义的视角》，《中央社会主义学院学报》2019年第4期。

们可以看到,增加“对中国共产党的认同”这一表述,将“四个认同”调整为“五个认同”,就具有强调和强化中国共产党在中华民族命运共同体建设中政治领导的功用。

二、各民族共同繁荣发展是中华民族命运共同体建设的经济基础

历史唯物主义认为:经济基础决定上层建筑。铸牢中华民族共同体意识绝对不只是精神、思想、意识层面的问题,它同样需要与之相适应的经济基础。对于中华民族命运共同体建设而言,其经济基础就是各民族共同繁荣发展。中国共产党很早就提出了“民族平等、民族团结、各民族共同繁荣”的三条解决民族问题的基本原则,其中各民族共同繁荣既是民族团结、民族平等的根本归依,也是民族平等、民族团结的物质保证。进入21世纪以后,党中央提出的“两个共同”——各民族共同团结奋斗,共同繁荣发展——同样体现出对我国民族工作经济基础的强调。2014年中央民族工作会议指出,只有从物质方面和精神方面同时着手,才能解决好民族问题。“历史和现实都告诉我们,要解决好民族问题,物质方面的问题要解决好,精神方面的问题也要解决好,哪一方面的问题解决不好都会出更多的问题。还要认识到,物质力量和精神力量各有各的作用,在很大程度上是不可互相代替的,物质层面的问题要靠增强物质力量来解决,精神层面的问题要靠增强精神力量来解决。”①这提醒我们,在民族团结、民族关系等偏重于思想意识建设性质的民族工作中,一定不能忽视经济基础的作用和影响。

党的十九大报告提出:“中国特色社会主义进入新时代,我国社会主

① 国家民族事务委员会编:《中央民族工作会议精神学习辅导读本(增订本)》,民族出版社2019年版,第194页。

要矛盾已经转化为人民日益增长的美好生活需要和不平衡不充分的发展之间的矛盾。”①相对而言，发展的不平衡不充分在少数民族和民族地区更为凸显，也需要我们花费更多的人力财力物力去应对相关问题。2014年中央民族工作会议指出，在发展社会主义市场经济和实行对外开放的历史条件下，我国的民族工作面临“五个并存”的阶段性特征，即改革开放和社会主义市场经济带来的机遇和挑战并存，民族地区经济加快发展势头和发展低水平并存，国家对民族地区支持力度持续加大和民族地区基本公共服务能力建设仍然薄弱并存，各民族交往交流交融趋势增强和涉及民族因素的矛盾纠纷上升并存，反对民族分裂、宗教极端、暴力恐怖斗争成效显著和局部地区暴力恐怖活动活跃多发并存。② 至少前三个并存中都从各个不同角度指出了当前民族地区、部分民族所面临的发展问题，因此我们看到，作为习近平总书记关于民族工作重要论述集中体现的中央民族工作会议精神，有大量的内容集中于少数民族及民族地区经济社会发展这一主题。

中国当前的民族发展差距客观存在，大致由两部分构成。第一是历史上各民族发展基础发展水平差距问题。新中国成立之前，我国绝大多数少数民族社会经济基础都极端薄弱，普遍存在经济结构单一、生产力低下、生产方式落后的问题，在云南、西藏、海南等省、自治区的一些少数民族地区甚至还保留着刀耕火种的原始生产方式。1949 年，少数民族地区平均粮食亩产只有 75 公斤，工农业总产值仅为 36. 6 亿元，只占全国总量的 3. 8%。③ 少数民族群众的生活十分困苦，特别是广大山区和荒漠地区的少数民族，普遍缺吃少穿，几乎年年都有几个月断粮，吃野果充饥，披蓑

① 习近平：《决胜全面建成小康社会　夺取新时代中国特色社会主义伟大胜利——在中国共产党第十九次全国代表大会上的报告》，人民出版社 2017 年版，第 11 页。

② 国家民族事务委员会编：《中央民族工作会议精神学习辅导读本（增订本）》，民族出版社 2019 年版，第 46 页。

③ 杨寿川：《我国民族经济政策与实践》，《思想战线》2000 年第 4 期。

衣御寒。① 少数民族发展受到严重阻碍,有的民族甚至濒临灭绝,其生存权受到了严重的威胁。第二则是市场经济、商品经济之下民族与地区之间发展不平衡问题。从计划经济向市场经济转型过程中,各民族之间呈现一定程度的发展不平衡现象。这个一方面从个体性普查统计资料中可以看出,在教育水平、产业分布、职业分布和城市化水平等指标上,存在一定程度的族际社会分层现象;②还有学者通过统计指标的计算指出,我国的 5 个民族自治区和其他几个多民族省份在区域经济发展水平、区域社会发展水平、区域教育能力、区域科技能力、区域管理能力等方面,还需要进一步加快发展步伐。③

中国共产党视“坚持加快少数民族和民族地区发展,不断满足各族群众对美好生活的向往”为民族工作成功经验之一。在 2014 年中央民族工作会议上,习近平总书记在讲话中用大量的篇幅来论述民族地区经济发展问题,将其视作中华民族命运共同体建设的两大支柱之一。讲话提出要发挥中央、发达地区和民族地区三者的积极性,优化转移支付和对口支援体制机制,把政策动力和内生潜力有机结合起来要紧扣民生抓发展,重点抓好就业和教育;发挥资源优势,重点抓好惠及当地和保护生态;搞好扶贫开发,重点抓好特困地区和特困群体脱贫;加强边疆建设,重点抓好基础设施和对外开放等。④ 除上述这些顶层政策设计之外,中央政府也实施了一大批实践项目,如兴边富民、精准扶贫、集中连片地区扶贫开发、针对人口较少民族的扶持政策等,都极大地推动了少数民族和民族地

---

① 中华人民共和国国务院新闻办公室:《中国的民族政策与各民族共同繁荣发展》,人民出版社 2009 年版,第 24 页。

② 马戎:《中国各族群之间的结构性差异》,《社会科学战线》2003 年第 4 期。

③ 中国科学院可持续发展战略研究组:《2004 中国可持续发展战略研究报告》,科学出版社 2004 年版,第 410—425 页。

④ 《中央民族工作会议暨国务院第六次全国民族团结进步表彰大会在北京举行》,《人民日报》2014 年 9 月 30 日。

区的经济社会发展，推动了各民族共同繁荣发展的进程，为中华民族命运共同体建设打下了良好的经济基础。

三、各民族共有精神家园是中华民族命运共同体建设的文化基础

中华民族命运共同体建设为何要强调文化基础？这要从文化与民族的深度关联谈起，因为传统意义上的民族指称的就是具有独特历史文化特征的人群共同体。只要我们强调某个群体是民族群体，那么就必须探寻这个群体背后共同历史文化基础的存在。尽管在民族—国家时代，民族已经被赋予越来越多的政治属性，但文化基础依旧是民族的根基与底蕴所在。对中华民族命运共同体性质的全面分析，一定不能遗漏其作为历史文化共同体的面相，这一特性为中华民族共同体的维持与延续提供了无穷无尽的内聚力。正是在这个意义上，习近平总书记强调指出，“文化是一个民族的魂魄，文化认同是民族团结的根脉”。① 我们可以尝试比较一下“中国国民共同体”与“中华民族共同体”这两个概念。在认定两者涵盖范围大致相近、意涵颇为类似的基础上，前者的优势在于其与国家关联因而群体边界极为清晰，而后者的优势就在于其对历史基础与文化内核的强调，更为契合共同体的基本意涵，因而成为这一领域的通用话语。从这个角度，可以解释历史文化基础对于中华民族共同体建设的重要意义。

中华民族命运共同体作为一个历史文化共同体，无论是其共同体意识的铸牢过程，还是其共同体实体的建设过程，都必须构筑与之相匹配的文化基础，而各民族共有精神家园就是中华民族命运共同体在精神文化

① 习近平：《在全国民族团结进步表彰大会上的讲话》，人民出版社 2019 年版，第 9 页。

层面的体现与支撑。那么,各民族共有精神家园为何能够成为中华民族命运共同体建设的文化基础呢?其一,各民族共有精神家园契合了中华民族命运共同体的历史文化属性。很多学者认为民族精神家园指的就是民族文化,如“反映了一个民族经过漫长历史所形成并传承下来的特有的精神气质、价值取向、传统习惯和心理情感等,是这个民族文化的集中体现。”①中华民族共有精神家园是建立在中华文化的基础之上,且是中华文化优秀精神文化的升华和重新建构。② 中华民族共有精神家园的建设实质上就是文化建设,是对中华民族优秀文化传统、符合社会主义核心价值体系的文化的一种强化与升华,以期为全体中国人提供一种认同的力量和文化支撑。③ 其二,各民族共有精神家园最能体现和支撑中华民族命运共同体的共同性。中华民族命运共同体的“共”和“同”体现在哪里?铸牢中华民族共同体意识的客观基础何在?习近平总书记在2019年全国民族团结进步表彰大会上的讲话中总结了“四个共同”④,这是截至目前对中华民族命运共同体最好的注脚。这“四个共同”的阐述恰好从历史、文化的层面揭示和论证了中华民族共同体的客观性。所谓中华民族共同体意识,就是全国各族人民对历史文化共同性深度领会与认同基础上,所形成的现实利益共同体和未来命运共同体的意识。恰是此种建基于历史文化共同性基础上的现实与未来共同体感知,才使得铸牢中华民族共同体意识不至于成为空中楼阁。

各民族共有精神家园要成为中华民族命运共同体建设的文化基础,

---

① 邵和平:《论炎黄文化与建设中华民族共有精神家园的关系》,《学习与实践》2008年第3期。

② 周伟洲:《中华文化与中华民族共有精神家园的建设》,《民族研究》2008年第4期。

③ 郝亚明:《少数民族文化与中华民族共有精神家园建设》,《广西民族研究》2009年第1期。

④ 习近平:《在全国民族团结进步表彰大会上的讲话》,人民出版社2019年版,第4—6页。

还必须具备两个条件。一个是各民族文化均对共有精神家园作出独特的贡献,并因此建立与中华民族共同体的文化关联;另一个是各民族实现对自身文化的超越,从而形成并认同共同体的共有精神家园。在共有精神家园提出之初,使用的是"中华民族共有精神家园"的表述,之后在特定场合亦使用"各民族共有精神家园"的表述。对比而言,这两种表述可谓各有所长,前者的优势在于凸显了整个中华民族共有的性质,后者的优势在于凸显了各民族的主体性。值得我们注意的是,习近平总书记在2019年全国民族团结进步表彰大会讲话中同时使用了这两个提法。一方面,强调中华文化是各民族文化的集大成,对各民族的贡献予以详细列举;另一方面,又强调以社会主义核心价值观为引领来形成正确的祖国观、历史观、文化观、民族观,"树立和突出各民族共享的中华文化符号和中华民族形象""全面加强国家通用语言文字教育",这些内容又具有超越各民族文化进而形成中华民族共同体精神文化基础的意涵。这两方面内容的结合,既强调了从各民族共有精神家园走向中华民族共有精神家园之意,也彰显了各民族共同参与共同建构共同拥有中华民族共有精神家园之意。

四、各民族交往交流交融是中华民族命运共同体建设的社会基础

马克思主义基本原理告诉我们,社会存在决定社会意识。由此亦可推出,只有群际交往互动才有可能催生跨群体的共同体意识。试想,在一个多民族社会中,如果没有各民族之间深入、全面、持续的交往交流交融,期望形成共同体意识无疑是镜花水月般的虚妄幻想。原因在于,在缺乏族际交往交流交融的多民族社会中,既不能形成支撑共同体意识的社会氛围,也不能形成支撑共同体意识的社会结构。从这个角度而言,各民族

交往交流交融就是中华民族命运共同体建设的社会基础所在。

各民族交往交流交融是锻造民族团结的基本路径,可以为中华民族命运共同体建设提供相适应的社会氛围。历史经验告诉我们,平等、团结、互助、和谐的社会主义民族关系在中国的确立,就是各民族之间长期社会交往、文化交流、结构交融的结果。一旦各民族之间交往交流交融的势头不能得到维持,这种良好的民族关系和民族团结局面就有可能发生转向。群际接触相关理论指出,民族关系的紧张和恶化,很多时候并非是来自直接的利益冲突乃至观念的对立,而是因为偏见、歧视、刻板印象等社会心理因素的存在。而这些对其他民族错误认知的形成及负面交往情绪的产生,很大程度上是因为族际交往互动的不足,导致对彼此的信息错误或信息不足。心理学家布拉姆菲尔德(Bramfield T.)就此认为,“如果来自不同种族和文化的人们能够自由而真诚地交往,那些紧张与困难、偏见与困惑,都会消失;如果人们不能彼此交往而是相互隔离,那么偏见和冲突就会像疾病一样疯狂生长。”①很多理论与实证研究证明,民族之间交往交流交融的充分开展,可以增进不同民族彼此间的深度了解、缓解异文化接触的紧张焦虑、催生族际相互理解的共情能力。② 民族交往交流交融表述的就是从民族之间的交往接触到民族之间的理解接受再到民族之间的团结互信的过程,从而为铸牢中华民族共同体意识提供了关键性的支撑。

各民族交往交流交融致力于推动建立“互嵌社会”,可以为中华民族命运共同体建设提供相匹配的社会结构。在社会结构与共同体意识的相互作用方面,西方国家有过惨痛的经验教训。由于历史遗留因素以及全球化背景下的人口流动,一些传统意义上民族结构较为简单的西方国家

---

① Bramfield T., *Minority Problems in the Public Schools*, New York: Harper & Brothers, 1946, p.245.

② 郝亚明:《西方群际接触理论研究及启示》,《民族研究》2015 年第 3 期。

出现了种族、民族、宗教、文化构成日益多元的情形。偏见、歧视、区隔的客观存在,再加之公共政策干预的不足,部分国家在衣食住行等社会生活场景中逐步形成族际隔离现象,此种现象甚至还向教育场所、工作场所蔓延。西方学者提出“平行社会”这个概念,用来描述这种多民族社会里不同种族、民族、宗教信仰、文化背景的群体之间互不交往的情形。① 长此以往,少数群体对主流社会的疏离感日益强化,不同社会群体之间陌生且排斥,各种妖魔化、刻板化的印象日益固化,不仅不可能形成所谓的共同体意识,而且还会导致群体冲突乃至社会分裂。正是认识到这种社会形态对共同体意识的撕裂性影响,中央提出了“推动建立各民族相互嵌入式社区结构和社会环境”的倡议,试图建立一种与之相对立的“互嵌社会”。所谓民族互嵌型社会结构,就是各民族通过频繁而有序的交往交流交融,形成一个结构相连、利益相关、情感相通的共同体的社会形态,并进而为中华民族命运共同体建设提供结构支撑。

新时代的民族工作面临着新形势,必须结合新形势来理解各民族交往交流交融在中华民族命运共同体建设中的意义。市场化与城市化依然是我们理解当前中国民族工作的大背景,这一点在习近平总书记“五个并存”阶段性特征总结中有明晰的体现。在此进程中,民族地区与非民族地区呈现人口双向流动态势,全国各族人民日益从“背靠背”走向“面对面”,“大流动、大融居”新特征基本形成。如果不能在此种新旧格局转换之时充分推动民族交往交流交融,就极易形成涉及民族因素矛盾纠纷上升的局面,进而有损平等、团结、互助、和谐的社会主义民族关系。此外,我们还应该注意到,中华民族命运共同体并非一个超然的实体,它植根于社会生活和社会结构之中。中华民族命运共同体建设永远是一个动态、发展的过程,即便共同体已经形成,但它依然是需要在日常生活的过

① Mueller C. “Integrating Turkish Communities: A German Dilemma”, *Population Research and Policy Review*, Vol.25, No.5, 2006.

程中不断去维护、去修葺的工程。这种维护与修葺的过程并不能依靠其他强制力量,更需要依靠在日常社会生活过程中不断地通过民族之间的交往交流交融去完成。这也是一个绵绵用力、久久为功的过程。

五、依法治理民族事务是中华民族命运共同体建设的法律基础

中国作为多民族国家,依法治理民族事务是全面依法治国的重要环节。党的十八大以来,在推进全面依法治国的浪潮中,党和政府民族工作政策文件中一个突出特点就是不断强调法治的引领与规范作用。2014年5月,第二次中央新疆工作座谈会提出“依法治疆”。2014年9月,第四次中央民族工作会议提出“把宪法和民族区域自治法的规定落实好;用法律来保障民族团结,增强各族群众法律意识;注重保障各民族合法权益;引导流入城市的少数民族群众自觉遵守国家法律和城市管理规定;把推进民族事务治理法治化做深做实”。[①] 2014年12月,中共中央、国务院印发《关于加强和改进新形势下民族工作的意见》,提出要“提高依法管理民族事务能力”。2015年8月,第六次中央西藏工作座谈会提出“依法治藏”。2017年初,中共中央、国务院办公厅印发了《关于依法治理民族事务促进民族团结的意见》,要求在民族工作领域要更好地运用法制思维、法治理念和法制方式调处民族事务。这一系列政策文件的出台,既体现了党中央贯彻依法治理民族事务的决心,同时也为依法治理民族事务的实践工作提供了政策基础。

中华民族共同体具有法律共同体的属性,[②]依法治理民族事务是这

① 《中央民族工作会议暨国务院第六次全国民族团结进步表彰大会在北京举行》,《人民日报》2014年9月30日。

② 许章润:《论现代民族国家是一个法律共同体》,《政法论坛》2008年第3期。

一属性的内在要求。之所以说中华民族共同体是法律共同体,一定程度上因为中华民族共同体的边界是由法律来确定的。“中华民族共同体的成员,一般都拥有与中华人民共和国国家主权或者国籍关联在一起的国民公民身份。”①中华民族命运共同体涵盖的对象是全体中华人民共和国公民,而公民就是一个法律概念。任何公民享有宪法和法律规定的权利,同时必须履行宪法和法律规定的义务。中华民族共同体的成员除了各自的民族身份之外,还有着共同的公民身份。依照公民身份所应服膺的法律体系来处理民族事务,可以确保多民族国家中各民族公民既能保护其合法权益,也防止各种有损共同体利益行为的发生。此外,法律的实践过程本身也具有凝聚共同体的意义。法律是国家权威和国家意志的象征,一国公民受同一法律保护且受同一法律规制的过程也是全体公民共同体意识的塑造与维系过程。法治强调凝聚共识并以法律这一国家意志的形式载明这种共识,塑造、维系与巩固共同体成员对于其共同体成员身份的信仰与自豪感,从而以法律共同体的形式,实现政治共同体的整合与凝聚。②

依法治理民族事务是民族平等的根本体现,从而为中华民族共同体建设奠定理念基础。对于一个共同体而言,其核心基础在于成员之间的平等,只有在此种平等基础上才能生成共同体意识。正是由于中国将民族平等视作多民族国家的立国之基,我们才要去构建中华民族共同体;也正是中国将民族平等视作多民族国家的立国之基,我们才能去建构中华民族共同体。依法治理民族事务的精髓在于“各民族在法律面前一律平等,各族公民在法律面前人人平等”。因此,习近平总书记才在讲话中强

---

① 王延中:《铸牢中华民族共同体意识建设中华民族共同体》,《民族研究》2018 年第 1 期。

② 常安:《习近平中华民族共同体建设思想研究》,《马克思主义研究》2018 年第 1 期。

调“要坚持一视同仁、一断于法，依法妥善处理涉民族因素的案事件，保证各族公民平等享有权利、平等履行义务，确保民族事务治理在法治轨道上运行。”①从这个意义上来说，依法治理民族事务的司法实践活动将是中华民族共同体建设的推动力量之一。

依法治理民族事务是民族团结的重要保障。民族团结，既是中华民族共同体建设的基础，也是中华民族共同体建设的目标。然而，用人治的方式来处理民族问题，可以保得一时的民族团结，却保不了一世的民族团结。要让民族关系安定有序、民族团结持续巩固，就必须拿出法律的手段。第一，是用法律来保护各民族的合法权益。无论是作为个体聚合而成的民族群体，还是作为具有民族身份的公民个体，由宪法和其他法律载明的各项政治权利、公民权利、经济社会文化权利都应当且必须得到平等切实有效的保护。第二，是用法律来公平处理涉及民族因素的案件事件。“要坚持严格执法、公正司法，是什么问题就按什么问题处理，依法妥善处理涉及民族因素的问题。”“要坚持在法律范围内、法治轨道上处理涉及民族因素的问题，不能把涉及少数民族全体的民事和刑事问题归结为民族问题，不能把发生在民族地区的一般矛盾纠纷简单归结为民族问题。”②第三，用法律手段严厉打击以三股势力为首的严重损害中华民族共同体利益的犯罪活动。例如各种渗透颠覆破坏活动、暴力恐怖活动、民族分裂活动、宗教极端活动等，此类犯罪活动意图分裂国家、制造动乱，破坏民族团结的大局，实乃中华民族共同体建设的死敌。

---

① 习近平：《在全国民族团结进步表彰大会上的讲话》，人民出版社 2019 年版，第 11 页。

② 国家民族事务委员会编：《中央民族工作会议精神学习辅导读本（增订本）》，民族出版社 2019 年版，第 96 页。

社会认同视域下的中华民族共同体意识[*]

尽管中华民族共同体意识的具体内涵与构建路径等问题尚处于学术讨论之中，但学界在“中华民族共同体意识的核心就是认同问题”这一本质论断上有着较高的共识。[①] 哈正利等直接提出，“中华民族共同体意识是中国各民族在不断交往交流交融的历史进程中，在历史、心理、社会、制度、政治、文化等层面取得一致性或共识性的集体身份认同。”[②]郎维伟等对中华民族共同体意识与“五个认同”的关系进行了全面系统的论述，并认为后者是前者的核心内容，是“凝聚共同体意识的最大公约数和统领性要素”。[③] 一些学者还自发使用“中华民族共同体认同”的概念，并将其视作中华民族共同体意识的核心部分乃至替代术语进行使用。然而当前的相关研究中很少有真正透过认同视角去审视中华民族共同体意识问题。这是因为在中国关于国家认同、民族认同的研究传统中，往往注重从

---

* 本文以“社会认同视域下的中华民族共同体意识探析”为题发表于《西北民族研究》2020 年第 1 期，有删节改动。

① 王文光、徐媛媛：《中华民族共同体意识形成与发展的历史过程研究论纲》，《思想战线》2018 年第 2 期。

② 哈正利、杨胜才：《中华民族共同体意识基本内涵探析》，《中国民族报》2017 年 2 月 24 日。

③ 郎维伟、陈瑛、张宁：《中华民族共同体意识与“五个认同”关系研究》，《北方民族大学学报》2018 年第 3 期。

认同客体的角度展开分析,而忽视了认同在本质上是心理现象这一客观事实。① 也就是说,关于中华民族共同体意识(认同)的研究,不仅要紧紧把握中华民族共同体的自身特性,也要紧紧把握心理认同现象的客观规律。系统运用心理学尤其是社会认同领域的理论框架和研究模型来深化对中华民族共同体意识的认识,无疑具有重要的理论与现实意义。基于上述理解,笔者尝试引入共同内群体认同模型(common ingroup identity model)与相互群际差异模型(mutual intergroup differentiation model)这两个与社会认同关联紧密的心理学模型,试图对"为何要铸牢中华民族共同体意识"以及"如何铸牢中华民族共同体意识"等问题作一简要解析。

一、共同内群体认同模型:对铸牢中华民族共同体意识理论体系的支撑

尽管在新时代平等团结互助和谐的社会主义民族关系已经基本确立,但中国的民族工作依然面临着各种固有的或新生的挑战。对于当前民族工作所面临的挑战、成因及其应对,学界提供了多维度的理论视角。有学者从政治设计层面予以解释,主张以文化化导的方式来应对与次国家民族相关的各类问题;有学者从政策导向的层面予以解释,认为应该强化中华民族的身份意识与身份认同,倡导向促进全国各民族交融一体的第二代民族政策转型;有学者从经济发展与民族分层的角度予以解释,认为中国民族问题归根结底是发展问题,需要积极推动民族地区经济发展来消弭各民族在经济社会水平上的差距;有学者从社会经济转型的角度来论述,认为中国从计划经济向市场经济转型过程中,政府手中可掌控资

① 郝亚明:《心理学视角下的国家认同与族群认同关系探究》,《南开学报》2019年第1期。

源的减少影响了民族政策贯彻落实的力度和效果；有学者从社会交往与民族意识生成的角度予以解释，各族民众在从“背靠背”走向“面对面”的过程中伴随的文化震撼会刺激民族意识的上升，深化民族交往交流交融才能有效化解其对民族关系的负面冲击；有学者从民族身份工具化角度予以解释，认为民族身份除了与传统的政策优惠相关联以外，还被引入多民族社会中参与利益分配与利益竞争，频繁调用民族身份客观上强化了民族区隔。

综观上述理论视角不难看出，民族意识在这些论述中扮演着关键性要素的角色，或者作为直接原因，或者作为中介因素。从逻辑上来说，民族意识的强化既可能是当前民族关系波动的原因，也可能是民族关系波动的结果。这就说明当前中国民族工作所面临的挑战很大程度上都是围绕着民族意识问题而展开的，如何合理有效地调节民族意识已经成为事关中国民族关系和民族团结大局的重要议题。民族意识是一个民族社会存在的自我反映，因而有其必然性与必要性。然而在一个多民族社会中，如果民族意识超越了一定的界限，就有可能对整体社会的均衡和稳定造成不利影响。有学者曾就此指出，中国各族民众内心不断强化的民族意识，必然会削弱和淡化其对中华民族、对国家的整体认同。① 正是由于在理论上认识到民族意识调节在中国民族工作中的关键性地位，也正是在现实中认识到当前中国民族关系面临着民族意识高涨带来的挑战，党中央才逐步提出并完善了“铸牢中华民族共同体意识”的相关论述。事实上，我国宪法里已经有“中国是多民族国家”的政治表述，学界也有“中华民族多元一体格局”的学理总结，但这些总体性的概念并没有办法专门为民族意识调控提供一套恰切的理论话语和实践方案。而提出铸牢中华民族共同体意识正是意在承担这一历史使命，从这个意义上来说其兼具

① 郝时远、张海洋、马戎：《构建新型民族关系》，《西北民族研究》2014 年第 1 期。

理论创新性与现实指导性。

威尔·金里卡在分析多民族国家中的认同政治时曾指出这样一种现象,即使在那些试图对所有内部民族的认同给予公开平等承认的国家,也不得不采取一种新的策略作为这种策略的补充,即努力建构并推进一种新的超越现有民族认同的超民族认同或泛国家认同。因为推行多元民族认同的核心在于确认业已存在的各民族认同,但它自身不足以成为一种处理多元认同之间关系的方法。“一个承认自己拥有不同民族群体的多民族国家,只有同时培育一种各民族群体的成员都拥护并且认同的超民族认同时,它才可能是稳定的。”①金里卡的分析无疑是从认同政治的角度为铸牢中华民族共同体意识提供了必要性的论证,但其内部推理逻辑尚需进一步补充或澄清。即为什么次国家民族意识过强会影响到多民族国家的民族关系?为什么培育一种涵盖多民族的共同体意识可以有效巩固民族团结?对这些内在机理的阐明需要回到认同现象本身,而共同内群体认同模型恰好为此提供了一种心理学上的解释路径。

所谓社会认同,指的就是“个体意识到自己属于某个特定的社会群体,并感知到这种群体成员身份带给自己的情感与价值体验”。② 通常认为,社会认同由社会分类、社会比较和积极区分三个基本心理历程组成。③ 在社会分类阶段,个体将人们区分成内群体(in-group)与外群体(out-group),并建立起自己与所属群体的关联。在共同内群体认同模型中,扮演基础性角色的正是“内群体”与“外群体”这两个概念。通俗而言,内群体就是个体认为自己所从属的那个群体,外群体就是个体认为与

---

① 参见[加]威尔·金里卡:《多民族国家中的认同政治》,刘曙辉译,《马克思主义与现实》2010年第2期。

② Tajfel, H., & Turner, J. (1979), An Integrative Theory of Intergroup Conflict, *Social Psychology of Intergroup Relations*, 33, 94-109.

③ Tajfel H., Social Psychology of Intergroup Relations, *Annual Review of Psychology*, 1982, 33(1): 1-39.

自己无关的群体。我们知道，社会认同的背后是群体成员身份，而每个个体都是多个社会群体的成员，这些群体成员身份之间甚至会存在涵盖性的关系。所以社会认同是多层次的，内群体与外群体是在一定社会分类下的相对概念。① 也就是说，个体凸显何种社会认同、如何进行内外群体的划分，受具体时空情境的影响，具有可变动性与可选择性。在随后进行的社会比较和积极区分这两个心理进程中，以内外群体划分所形成的边界为限，在增强自尊与降低主观不确定性双重心理动机的作用下，内群体偏好（in-group favoritism）与外群体歧视（out-group derogation）的客观社会心理效应逐渐呈现。从内外群体区分的角度来分析，社会认同的过程在本质上也是一种社会认异的过程。“个体过分热衷于自己的群体，认为自己的群体比其他群体好，并在寻求积极的社会认同和自尊中体会团体间差异，就容易引起群体间偏见、冲突和敌意。”②

那么，如何应对这种群体认同对群际关系所造成的负面影响呢？在将社会认同与群际接触研究相结合的基础上，格特纳等人（Gaertner S.L.，Dovidio J.F.，Anastasio P.A.）提出了共同内群体认同模型。该模型认为，促进群际关系的最好方式是鼓励次群体成员（如族裔成员）将自己归类到一个更高层级的上位群体（如国家公民）中，即将群体成员身份由“我们”和“他们”转变为一个更具包容性的“我们”时，对内群体成员的积极情感也能够延伸至先前的外群体成员，从而减少群体之间的偏见和歧视。③ 通过重新进行社会分类，将一个人从原本的外群体成员划分成内群体成员，将会产生更为积极的评价、感知到更多共同的信念、增强对其

---

① 周天爽：《共同内群体认同下城市儿童群际帮助意愿的影响路径》，华东师范大学 2017 年硕士学位论文，第 3 页。

② 张莹瑞、佐斌：《社会认同理论及其发展》，《心理科学进展》2006 年第 3 期。

③ Gaertner S. L., Dovidio J. F., Anastasio P. A., et al., The Common Ingroup Identity Model: Recategorization and the Reduction of Intergroup Bias, European Review of Social Psychology, 1993, 4(1): 1-26.

积极信息的记忆效果、影响对行为和结果的归因、减少负性结果中对其的责备等正向效果，①其背后的根本原因就在于彼此之间已经建立了共同内群体认同。根据这一模型，改善群际关系无需刻意打破群体边界，更有效且无形的方式是尽可能地凸显一种具有包容性、统摄性的上位认同。通过强化业已存在的上位认同或引入共同命运、终极目标等能够强化上位群体实体存在性的特定因素，是达成共同内群体认同的有效路径。②国内外一系列实证研究较为一致地证明，共同内群体认同模型在群际关系改善方面具有较强的解释效力。

从上文的理论分析中不难看出，共同内群体认同模型与铸牢中华民族共同体意识两者之间在内在逻辑上是极为契合的，前者为后者提供了必要性与可行性上的依托。首先，从必要性上来分析。中国是一个历史形成的多民族国家，民族关系的大局具有稳固的支撑。但随着西方极端民族主义及民粹主义思潮的广泛传播，也随着国内市场经济和商品经济的纵深发展，各民族的民族意识呈现有所上涨的势头。如果放任民族意识肆意增长，沿着民族边界划分的内群体与外群体界限将更为分明与固化，这对于一个多民族国家将是极其危险的。从这个角度而言，以铸牢中华民族共同体意识作为突破口进行民族意识的整体调控是极为必要的。其次，从可行性上来分析。民族意识是一个民族存续的标志和产物，有其存在的必然性和合理性。社会认同的相关理论告诉我们，民族意识的调控既不可能通过压制民族意识自身来达成，也不可能通过消除民族边界来实现。依据共同内群体认同模型，通过凸显民族意识的上位群体意识

① 参见周天爽：《共同内群体认同下城市儿童群际帮助意愿的影响路径》，华东师范大学 2017 年硕士学位论文，第 4 页。

② Gaertner, S. L., Dovidio, J. F., & Bachman, B. A. (1996), Revisiting the Contact Hypothesis: The Induction of a Common Ingroup Identity, International Journal of Intercultural Relations, 20, 271-290.

可以消解民族意识过于强烈对民族关系的冲击。中华民族是一个涵盖全体中国人的概念,相对于56个民族而言是一个上位群体;共同体除了具有大家共同的群体归属之外,还指出了利益相关、血脉相连、命运与共的深层内涵。中华民族共同体意识相对于56个民族的民族意识而言,正是一种具有历史基础和现实依托的上位共同体认同意识。以中华民族共同体的概念将全国各族人民凝聚起来,培养一种更广泛的“我们”感,无疑对于民族关系和民族团结具有基石功用。

二、相互群际差异模型:对铸牢中华民族共同体意识实践路径的启示

当前铸牢中华民族共同体意识的相关研究主要沿着两个维度展开,一个是理论支撑的构建,另一个则是实践路径的探索。很多学者都在如何铸牢中华民族共同体意识的问题上提出了自己的见解。如王延中认为,铸牢中华民族共同体意识需要形成中华民族共同体理论自觉、大力推动“五个认同”教育、切实改革民族工作方式方法、适时完善民族宗教政策、妥善处理多元与一体之间的关系、坚决反对两种民族主义。① 沈桂萍认为,要从坚持和完善民族区域自治制度、加快民族地区发展、建设各民族共有精神家园、构建各民族互相嵌入式社会结构和社区环境、依法处理民族事务、深化民族团结进步教育这六个方面入手,铸牢中华民族共同体意识的政治基础、经济基础、思想基础、社会基础、法治基础和舆论基础。② 严庆认为,加强中华民族共同体建设要关注短板、提升政治认同、

① 王延中:《铸牢中华民族共同体意识建设中华民族共同体》,《民族研究》2018年第1期。

② 沈桂萍:《从六方面着力,铸牢中华民族共同体意识》,《中国民族报》2017年11月3日。

规范民族理论传播、坚持正确道路、发挥好制度功效等。① 朱碧波认为，中华民族共同体建构需要不断推进民族事务治理体系和治理能力现代化，强化中华民族共有的历史记忆，提升各民族的政治认同，建设中华民族共有精神家园，加深各民族的相互依存，促进各民族的社会融合，进一步巩固中华民族大家庭的多维纽带。② 综合分析这些代表性论述不难看出，这些实践路径的探讨普遍具有宏观性、整体性的特征，为铸牢中华民族共同体意识的实际工作提供了全方位的着力点。本文不致力于进行一般意义上的实践路径探讨，而是依托中华民族共同体意识本质上是认同意识的判断，尝试从心理学关于社会认同的相关理论出发，为铸牢中华民族共同体意识探寻一些具有启发性的实践方向。

理解中国民族问题的常规依据有两个，一个是“历史形成的统一的多民族国家”的政治表述，一个是“中华民族多元一体格局”的学理表述。在 2014 年中央提出中华民族共同体的新论述之后，学界围绕其与中华民族多元一体格局的关系问题展开了讨论，在此过程中大致形成了如下三种论点。第一种可称之为“深化论”，认为中华民族共同体是对中华民族多元一体格局理论的坚持与深化；第二种可称之为“侧重论”，认为中华民族共同体强调在中华民族多元一体格局中应侧重和加强“一体”的建构；第三种可称之为“超越论”，认为中华民族共同体是在确认中华民族多元一体格局的基础上，试图“明确中华民族整体性、一致性”，“强化中华民族整体利益和共同利益”。③ 这提示我们如何处理多元与一体之间的关系始终是中华民族共同体建设中的核心问题。在铸牢中华民族共同体

① 严庆：《本体与意识视角的中华民族共同体建设》，《西南民族大学学报》2017 年第 3 期。

② 朱碧波：《论中华民族共同体的多维构建》，《青海民族研究》2016 年第 1 期。

③ 参见郝亚明：《论中华民族多元一体格局与中华民族共同体建设》，《湖北民族学院学报》2019 年第 1 期。

意识的实践进程中,其与56个民族意义上的民族意识之间的关系就成为了重中之重。在如何处理上位认同与次级群体认同之间关系的问题上,社会心理学中的相互群际差异模型可以提供一些极为独到的理论启示。

如果说共同内群体认同模型的核心概念是“内外群体”,那么相互群际差异模型的核心概念就是“认同威胁”(identity threat)。社会认同和群际接触的相关研究证明,在群际互动的过程中,维持群体独特性的需求对于群际关系和谐而言具有基础性的作用。当这种群体独特性被来自内部或外来的力量所破坏时,认同威胁就产生了。此时,感受到认同威胁的群体会采取偏见、歧视、排斥乃至攻击性行动来重新确认其群体独特性。认同威胁会强化次群体认同并激发群体冲突,很多群际冲突的发生事实上正是因为特定群体认同受到威胁的结果。相互群际差异模型指出,由于历史和社会因素的影响,在一个多群体社会中要求人们放弃先前高度珍视的社会分类是不可能的。这方面的任何尝试都将被视作是对其群体认同的威胁,可能催生防御性反应并导致群际冲突。① 尽管相互群际差异模型强调维持次群体认同及最小化对群体独特性的威胁,但它并不否认需要处理次群体认同与上位群体认同之间的关系。其基本主张是,群际关系和谐的最佳路径是维持而不是削弱次群体认同,同时应努力促进次群体认同与更大范围社会认同之间形成嵌套关系。② 一些围绕该模型进行的经验研究甚至证明,承认次群体认同具有群际团结的功效,并间接强化对国家整体的认同。③ 综上所述,这一模型所提供的理论洞见可以通

---

① Hewstone, M., & Brown, R.(1986), Contact is not Enough: An Intergroup Perspective. In M.Hewstone & R.Brown(Eds.), Contact and Conflict in Intergroup Encounters(pp.1-44). Oxford, England: Blackwell.

② Hornsey M. J., Hogg M. A., Assimilation and Diversity: An Integrative Model of Subgroup Relations, Personality and Social Psychology Review, 2000, 4(2): 143-156.

③ Huo, Y.J., & Molina, L.E.(2006), Subgroup Respect, *Group Processes & Intergroup Relations*, 9(3), 359-376.

俗地概括为三点:次群体认同具有基础性地位;压制次群体认同会危及上位认同;将次群体认同嵌入上位认同是更有效的做法。

再回到中华民族共同体意识建设本身。中华民族是中国56个民族的上位群体,中华民族共同体意识相对于56个民族层面的民族意识而言是上位认同意识。相互群际差异模型最大的启示莫过于,在铸牢中华民族共同体意识的实践过程要尽可能避免造成上位群体意识与下位群体意识之间的紧张冲突关系,要努力将次国家民族意识嵌入中华民族共同体意识之中。从实践的角度来讲,问题的关键在于如何实现两者之间嵌套关系的构建?这无疑是一个挑战,除了要应对不同层次认同意识之间客观存在的张力之外,还需要摒弃传统的理论路径依赖。因为传统思路更多强调的是认同整合,而认同整合的过程难免会存在从强力打破到重新融合的倾向。

从相互群际差异模型看来,认同嵌套的过程则必然是一个尊重、包容、互嵌的过程。只有承认各个民族在中华民族形成历史过程中的独特贡献,只有承认各个民族文化在中华民族整体文化中的平等价值,只有承认各个民族的民族意识自身的正当性与必然性,才能在这种尊重的基础上达成包容性的共识,并最终使得全国各族人民认同中华民族,真正铸牢中华民族共同体意识。还有一点需要指出的,在次国家民族意识与中华民族共同体意识嵌套关系的构建过程中,并非只是每个民族意识独立与中华民族共同体意识两两互动的过程,而是同时伴随着56个民族的民族意识之间彼此互动的过程。也就是说,这种嵌套关系不仅是单个民族分别嵌入中华民族中的问题,而是各个民族之间本身有一种相互嵌入的关系,再在这种相互嵌入的基础上嵌套到中华民族共同体意识这个整体的框架之中。只有各个次国家民族意识之中都包含着对他者的尊重、包容、互嵌,才有可能在此基础上形成稳定而有序的认同嵌套关系,为铸牢中华民族共同体意识提供结构性支持。

尽管通过构建认同嵌套体系以铸牢中华民族共同体意识存在挑战,但并非是毫无基础的。近年来在我国民族事务工作中强调较多的如中华民族共有精神家园、各民族交往交流交融、各民族相互嵌入的社会结构和社区环境等,都蕴含着构建嵌套关系的因子在内。在推进这些实务性工作之时,我们应该具有一种明确的理念,即避免造成不同层次民族意识的冲突,努力营造中华民族共同体意识对次国家民族意识的涵盖性嵌套关系。

总之,中华民族共同体意识在本质上体现为一种群体认同意识,因此从心理学中社会认同的视角去审视铸牢中华民族共同体意识问题具有极为重要的意义。从社会认同的角度来看,铸牢中华民族共同体意识的核心问题还在于处理其与 56 个民族层次的民族意识的关系问题。作为一种尝试性工作,文章并未全面运用社会认同相关理论,而只是引入了共同内群体认同模型与相互群际差异模型这两个涉及认同关系处理的心理学模型。在一个多民族社会中,民族意识会催生内外群体的划分及民族边界的凸显。如果民族意识超越了一定限度,就会对民族关系和民族团结造成负面冲击。共同内群体认同模型基于这一认识,强调应在内部结构复杂的群体中培育一种涵盖所有次群体在内的上位认同,从而在必要性和可行性两个方面为铸牢中华民族共同体意识提供了理论支撑。而相互群际差异模型则从认同威胁的角度指出,民族意识具有维持民族群体独特性的基础功能,试图压制民族意识的努力不仅会恶化族际关系,还会引发对上位认同的排斥。在铸牢中华民族共同体意识的政策实践中,应该在尊重次国家民族意识的基础上努力将其嵌入中华民族共同体意识之中。

共同内群体认同模型与相互群际差异模型都设定了多群体共同生活的现实场景,并且都是社会认同理论与群际接触研究相结合的产物。尽管二者在初始设定和立场取向上貌似有所冲突,如前者偏向于上位认同而后者偏向于次群体认同,但事实上双方却从不同的角度为铸牢中华民族共同体意识提供了理论支撑与实践启示。

第五篇

结 构 支 撑

中华民族共同体意识视域下的民族交往交流交融*

自2010年1月中央第五次西藏工作座谈会上首次提出“民族交往交流交融”以来,这一方针事实上已经成为我国民族工作的指导性原则之一。在此后多次民族工作重要会议中,民族交往交流交融无一例外地得到了再三强调。2014年中央民族工作会议对其进行了扩展性论述:“加强各民族交往交流交融,尊重差异、包容多样,让各民族在中华民族大家庭中手足相亲、守望相助”①。而党的十九大报告对“加强各民族交往交流交融”的重申,则标志着这一方针在中国特色社会主义新时代的民族工作中依然具有方向性、指导性意义。

无论是从其政策重要性出发,还是从其现实意义考量,围绕各民族交往交流交融构建一套完备的理论话语体系是极为必要的。鉴于民族交往交流交融作为一种政策指向,对其进行独立解读时难免出现价值导向与功能定位方面的模糊性,因此引入共识性、基础性的核心概念,在彼此逻辑关系的锚定过程中建构民族交往交流交融的理论体系成为必然的选

---

* 本文以“中华民族共同体意识视角下的民族交往交流交融研究”为题发表于《西南民族大学学报》2019年第3期,有删节改动。

① 《中央民族工作会议暨国务院第六次全国民族团结进步表彰大会在北京举行》,《人民日报》2014年9月30日。

择。选择从中华民族共同体意识的角度来建构民族交往交流交融的理论体系有以下两方面的考虑。其一是中华民族共同体与中华民族多元一体格局紧密关联,其与中国多民族国家的基本国情和现实需要紧密契合;其二是中华民族共同体意识在习近平总书记关于民族工作重要论述中的创新性与基础性地位,其立意与民族交往交流交融的主旨紧密契合。① 基于此,笔者试图从铸牢中华民族共同体意识的角度回答三个问题:在多民族国家建设中为何要促进民族交往交流交融?在理论上应如何理解民族交往交流交融?在实践中应如何推进民族交往交流交融?

一、铸牢中华民族共同体意识作为民族交往交流交融的根本目标

党的十九大报告指出,“全面贯彻党的民族政策,深化民族团结进步教育,铸牢中华民族共同体意识,加强各民族交往交流交融,促进各民族像石榴籽一样紧紧抱在一起,共同团结奋斗、共同繁荣发展。”②作为新时代党的民族工作的指导思想,党的十九大报告的相关论述为我们解答这一问题提供了明确的指向。这段论述有三个关键词,分别是“民族团结”“铸牢中华民族共同体意识”“各民族交往交流交融”,它们基本上锚定了未来很长一段时间内中国民族工作的主体内容。从本质上来看,民族交往交流交融是一种行动导向,民族团结是一种社会状态,中华民族共同体意识则是一种心理认同。尽管这三者各有侧重,但它们之间并非是彼此独立的政策目标,而是有着紧密逻辑关联的理论体系。如果将民族交往

① 郝亚明:《论中华民族多元一体格局与中华民族共同体建设》,《湖北民族大学学报》2019 年第 1 期。

② 习近平:《决胜全面建成小康社会 夺取新时代中国特色社会主义伟大胜利——在中国共产党第十九次全国代表大会上的报告》,人民出版社 2017 年版,第 40 页。

交流交融视作一种政策导向的话,民族团结就是这种政策导向的直接目标,而铸牢中华民族共同体意识就是这种政策导向的根本目标。就民族团结与中华民族共同体意识的关系而言,前者是后者的一种外在状态,而后者则是前者的内在支撑。在整个逻辑链条中,民族交往交流交融是起点,铸牢中华民族共同体意识是终点。

铸牢中华民族共同体意识之所以能够被视作民族交往交流交融的根本目标,一方面是因其在新时代中国民族理论体系中所居的核心地位,另一方面还在于其反映了中国多民族国家建设的现实需要,契合了当前中华民族多元一体格局发展与延续的基本需求。具体而言,这一根本目标的确立具有如下意义。

其一,将铸牢中华民族共同体意识确立为根本目标,表明了民族交往交流交融对多元一体民族格局的尊重与遵循。中华民族共同体与中华民族多元一体格局有着紧密的理论与现实渊源,两者同样深刻地反映了中国多民族国家的基本国情。中华民族共同体作为多民族国家建设的核心内容,必然无法超越或无视中华民族多元一体格局这一结构性基础去推进。从这个意义上来说,将铸牢中华民族共同体意识确立为民族交往交流交融的根本目标,表明我们对中国多民族国家基本国情的认识未曾改变,表明我们在尊重多元基础上凝聚一体的总体目标未曾改变。将铸牢中华民族共同体意识确立为根本目标,使得民族交往交流交融的政策目标和功能定位更加清晰。同时,鉴于中华民族共同体与中华民族多元一体格局之间一脉相承的理论关联,也可以看出“民族交往交流交融方针提出标志着中国民族政策转型”的论断是缺乏学理依据的。民族交往交流交融并非要人为改变中国多元民族结构的现实,而是在尊重这一现实的基础上进行多民族国家建设的必要举措。

其二,将铸牢中华民族共同体意识确立为根本目标,彰显了民族交往交流交融着眼于强化中华民族整体性的功能定位。在中华民族多元一体格局形成与发展的过程中，一体意识一直起着凝聚与维持多元结构的作用。如果说中华民族共同体对中华民族多元一体格局有所深化，那就是中华民族共同体的表述中存在对中华民族一体性与整体性的强调。① 将铸牢中华民族共同体意识确立为民族交往交流交融的根本目标，一方面明确了通过族际交往互动、相互学习借鉴、空间与结构上的相互嵌入等过程来构建民族交融团结的社会状态，另一方面也驳斥了片面强调“分”而排斥“合”、强调多元而否定一体的保守主义、地方民族主义心态。

其三，将铸牢中华民族共同体意识确立为根本目标，设定了以民族交往交流交融来促进中国多民族国家建设的路径选择。在漫长历史进程中，国人很早就认识到了族际交往对于民族关系的积极意义，但极少将其上升到多民族国家建设的层面。在各民族人口频繁流动的“面对面”时代，民族交往交流交融的意义远超各民族“背靠背”的年代，其影响已经超越了一般的社会生活领域，进入到国家和政治的视域之中。中华民族共同体意识并非只是传统意义上的文化认同，在本质上更是带有政治意义的民族—国家认同。通过广泛而充分的民族交往交流交融来形成中华民族共同体意识，是中国多民族国家建设的必然路径选择。

二、围绕铸牢中华民族共同体意识构建民族交往交流交融的理论体系

进行民族交往交流交融的理论构建，除了要回答“政策目标何在”之外，还要回答“目标如何实现”的问题。将铸牢中华民族共同体意识确立为根本目标，解决了民族交往交流交融的功能定位问题。此时，讨论如何通过民族交往交流交融的手段达到铸牢中华民族共同体意识的目标

---

① 王延中：《铸牢中华民族共同体意识建设中华民族共同体》，《民族研究》2018 年第 1 期。

就成为理论建构的重心所在。这项工作既是民族交往交流交融理论体系不可或缺的组成部分，同时也是对在实践中不注重加强民族交往交流交融的一种回应。尽管民族交往交流交融是一个不可分割的有机整体，但从逻辑上将其拆分成民族交往、民族交流、民族交融三部分，分析各自在铸牢中华民族共同体意识中的功能发挥，对于其理论建构是极有帮助的。

民族交往的本质是社会交往，它在中华民族共同体意识形成中起到基础前提的作用。持续而紧密的社会交往本身既是一个共同体存在的核心标志，同时也是共同体意识形成与维持的核心要素。马克思指出："社会——不管其形式如何——究竟是什么呢？是人们交互活动的产物。"① 也就是说，没有人与人之间的交往，社会这种人类共同体就不会形成。在民族结构多元的情境中，没有不同民族个体之间、不同民族群体之间持续的社会交往，多民族社会将无以为继，更不可能在此基础上形成共同体意识。所谓民族交往就是族际之间的接触与互动，其对于共同体意识形成的基础性作用有着坚实而广泛的理论和实证基础。例如，群际接触理论（intergroup contact theory）指出，族际交往能够增进彼此之间的了解、缓解接触过程中的焦虑、产生共情等积极情感。同时族际交往的这些积极效应还可以通过接触效果的泛化与接触方式的拓展而得到超乎想象的放大，整体性地作用于民族关系和民族团结的大局。② 概而言之，民族交往是构建平等、团结、互助、和谐社会主义民族关系的必由之路，并最终为铸牢中华民族共同体意识奠定坚实的基础。

民族交流的本质是文化交流，它在中华民族共同体意识形成中起到纽带连接的作用。这里的文化是广义的，其内涵涵盖了生产生活方式、风俗习惯、生活习性、宗教信仰、社会心理等广泛的内容。传统视角下民族

① 《马克思恩格斯选集》第4卷，人民出版社2012年版，第408页。

② 郝亚明：《西方群际接触理论研究及启示》，《民族研究》2015年第3期。

就是共享文化特性的人群共同体,中华民族作为56个民族的复合体也具有文化共同体的意涵。中国地域辽阔、人口众多、生态多样,各个民族在长期的生产生活中形成了多姿多彩的文化形态,并共同构成了内涵丰富的中华民族文化。不同民族的文化既有共性的一面,也有个性的一面。无论是对于共同体的正常运转,还是对于共同体意识的培育,不同民族文化之间的交流都是不可或缺的。无论是第二次新疆工作座谈会上讲话中的"各民族要相互了解、相互尊重、相互包容、相互欣赏、相互学习",还是2014年中央民族工作会议讲话中的"尊重差异,包容多样",其所指主要是针对中国56个民族多元且差异性的文化。这些讲话既强调了民族文化交流的重要性,也表明了当前民族文化交流上的不足。从这个意义上来说,作为各个民族精神文化聚合物的各民族共有精神家园就具有极其重要的意义。中华民族共同体的建设除了需要统一的物质基础之外,也必然需要共同的精神文化基础。各民族共有精神家园必然是在各民族文化进行广泛的交流互动,相互吸收吸纳的基础上,形成一个共性的文化基础,从而成为中华民族共同体意识的纽带与连接。通过加强民族交流,建设各民族共有精神家园既是铸牢中华民族共同体意识的应有之义,也是建设中华民族共同体的精神保障。

民族交融的本质是结构交融,它在中华民族共同体意识形成中起到结构支撑的作用。有别于将其与民族融合关联起来的错误理解方式,民族交融应该从结构交融的角度进行理解,强调的是不同民族的个体、群体在社会结构上的相互渗入和彼此关联。社会结构指的是一个社会中社会成员的组成方式及其相互关系的稳定模式,而民族社会结构正是其中的一个重要维度。在多民族社会中,民族关系的稳定及共同体意识的形成有赖于不同民族之间在社会结构上的相互交融。而平行社会的出现是多民族社会结构断裂的重要标志,此时族际关联隔绝、社会凝聚缺乏、民族关系脆弱,是一种典型的与共同体或共同体意识背道而驰的社会状态。

如果说平行社会表述的是多民族社会结构上的恶性状态,那么各民族相互嵌入式社会结构则表述的是一种理想状态。所谓民族互嵌型社会结构,就是各民族通过频繁而有序的交往交流交融,形成一个结构相连、利益相关、情感相通的共同体的社会形态。中国当前的多民族社会结构远未达到这一理想状态。中央推动建立各民族相互嵌入式社会结构,其目的就在于“打破民族结构与其他社会结构的重合,使不同民族成员掺杂或嵌入到其他社会结构中去,从而为消除民族隔阂、实现交融创造条件”。① 以其消解多元社会张力和构筑族际整合基础的基本功能,为多民族国家建设提供相应的社会基础和社会动力。② 从这个意义上来说,民族交融的过程就是建立各民族相互嵌入式社会结构的过程。通过加强民族交融来建立各民族相互嵌入式社会结构,为铸牢中华民族共同体意识提供社会结构层面的支撑。

综合而言,民族交往交流交融有助于构建平等、团结、互助、和谐的社会主义民族关系,有助于建设各民族共有精神家园,有助于建立各民族相互嵌入式社会结构,从而达成铸牢中华民族共同体意识的根本目标。

三、铸牢中华民族共同体意识作为民族交往交流交融的实践指引

作为根本目标的铸牢中华民族共同体意识,不仅是民族交往交流交融理论构建的中心,也是民族交往交流交融实践工作的指引。如前文所言,民族交往交流交融作为政策原则具有行动指导性强而目标指向性弱

① 王希恩:《民族的融合、交融及互嵌》,《学术界》2016 年第 4 期。

② 郝亚明:《民族互嵌式社会结构:现实背景、理论内涵及实践路径分析》,《西南民族大学学报》2015 年第 4 期。

的特点,以促进民族交往交流交融为目标的实践工作可能无法达成预期效果。因此,在加强民族交往交流交融的实践工作中坚持以铸牢中华民族共同体意识作为指引是极为必要的。

首先,在推进民族交往交流交融的实践工作中,要避免本末倒置,造成对铸牢中华民族共同体意识实质性的负面影响。就政策设计和学理逻辑而言,在民族交往交流交融与铸牢中华民族共同体意识两者之间,前者是手段,后者是目标;前者是形式,后者是内容。然而,与铸牢中华民族共同体意识作为高层次目标所具有的抽象性相比,民族交往交流交融与社会现实生活结合更为紧密,因而在实践工作中通常得到更多的强调,并成为大多数政策实践的抓手。这就容易导致对两者关系的认识出现偏差,使民族交往交流交融独立于铸牢中华民族共同体意识,成为其自身的实践目标。这种手段代替目标的认识偏差在实践工作中表现为,为了推动民族交往交流交融而推动民族交往交流交融,在加强族际交往、文化交流、结构交融的实践中遗忘或忽略了铸牢中华民族共同体意识的中心地位。可以想象,那些不顾条件、不顾基础、一刀切的政策行动,表面上加强了民族交往交流交融,却可能在实质上有损于中华民族共同体意识的形成与巩固。

其次,在推进民族交往交流交融的实践工作中,要消除片面认识,正确理解其对于铸牢中华民族共同体意识的积极意义。这些片面认识主要表现为怀疑民族交往交流交融对于中华民族共同体意识的构筑作用,担心民族交往交流交融会导致多元民族文化的消逝与民族同化的产生。前者可能会导致民族交往交流交融实践工作中的消极、怀疑态度,后者可能会导致民族交往交流交融实践工作中的保守、排斥心理。费孝通先生整合大量的考古发现、史料记载、语言学成果、人类学研究,对中华民族的多元起源、凝聚核心的形成与发展、地区性多元统一基础上大一统局面、民族间的大混杂大融合大流动等问题进行了理论阐述,清晰完整地展现了中华民族多元一体格局逐步形成的历史进程。① 其中一个根本性的结论是，民族交往交流交融是中华民族多元一体格局形成发展的核心推动力量。同时我们还应该看到，民族交往交流交融的直接目标并非是追求民族之间共性的增加，而是民族之间纽带的增强。事实上，将铸牢中华民族共同体意识确立为民族交往交流交融的根本目标，一定程度上正是试图将其与民族同化进行彻底的切割和区分。民族交往交流交融是铸牢中华民族共同体意识的重要路径，铸牢中华民族共同体意识是民族交往交流交融的根本目标。澄清这一领域内的片面乃至错误认识，才能以一种不急躁、不冒进、不消极、不抵触的态度推动民族交往交流交融实践工作。

再次，在推进民族交往交流交融的实践工作中，要尊重客观规律，确保族际互动精准助力铸牢中华民族共同体意识。这里的客观规律，一方面是指民族交往交流交融自身的规律。民族交往交流交融涉及复杂的人际群际互动、多元文化碰撞、社会结构重组等问题，在每一个方面都有自身的运行规律存在，它们既是民族交往交流交融的现实基础，也是其必须遵循的客观制约。例如，族际互动受互动场景中各种因素和条件的影响，既可能发展成积极接触以改善民族关系，也可能发展成消极接触并恶化民族关系；②文化交流在起始阶段会引发文化震撼，在整个过程中都潜藏着文化冲突的可能；结构交融与群体排斥相伴相随，往往难以突破初级群体圈子的势力范围。诸如此类客观规律都有较多的理论和实证研究作为支撑，在推进民族交往交流交融的实践工作对此有所认识、有所准备，围绕铸牢中华民族共同体意识这一目标坚定、灵活、妥善地予以应对。另一方面的客观规律是指民族工作自身的规律。做好新形势下的民族工作需要绵绵用力、久久为功。无论是作为手段的民族交往交流交融，还是作为目标的铸牢中华民族共同体意识，其自身都是一个多元复杂因素交织的

---

① 参见费孝通主编：《中华民族多元一体格局》，中央民族大学出版社 1999 年版。

② 郝亚明：《西方群际接触理论研究及启示》，《民族研究》2015 年第 3 期。

体系。这就要求我们在以民族交往交流交融来铸牢中华民族共同体意识的实践工作中,需要系统地规划、稳步地推行、广泛地实践、长期地积累,避免急功近利的做法与毕其功于一役的冒进思想。

最后,在推进民族交往交流交融的实践工作中,要树立目标观念,以是否有利于铸牢中华民族共同体意识作为评判准绳。基于中华民族多元一体格局,通过加强民族交往交流交融,达到铸牢中华民族共同体意识的根本目标。这既是民族交往交流交融的整体理论框架,也是民族交往交流交融的实践评价标准。2014 年中央民族工作会议指出,要加强各民族交往交流交融,要推动建立相互嵌入式的社会结构和社区环境,从居住生活、工作学习、文化娱乐等日常环节入手,创造各族群众共居、共学、共事、共乐的社会条件。① 在推行诸如此类旨在加强民族交往交流交融的实践工作时,要坚决摒弃从数量、形式、速度等方面来评价政策效果的错误做法。评价民族交往交流交融实践工作成败优劣的标准就在于,是否有利于中华民族共同体意识的形成与巩固。以中央和地方的一些政策实践为例,如国家民族事务委员会组织少数民族参观团到全国各地进行参观学习,如新疆维吾尔自治区持续推行的“民族团结一家亲”活动等,之所以将这些政策实践视为成功范例,就在于其通过民族交往交流交融的方式强化了中华民族共同体意识。

① 国家民委政策研究室:《中央民族工作会议创新观点面对面》,民族出版社 2015 年版,第 73 页。

民族互嵌与民族交往交流交融的内在逻辑*

“各民族相互嵌入的社会结构和社区环境”的提法始于2014年中共中央政治局“进一步推进新疆社会稳定和长治久安工作”会议①,并在随后召开的第二次中央新疆工作座谈会和2014年中央民族工作会议上得到重申。在这三次会议的相关理论表述中,民族互嵌与民族交往交流交融的内容相互交织,体现了两者之间在理论和逻辑上的密切关联。深刻认识民族互嵌与民族交往交流交融之间的这种紧密关系,有着重要的理论和实践价值。对于民族交往交流交融而言,这一指导性原则在2010年被提出后长期停留在理论探讨和政策设计阶段,而各民族相互嵌入的社会结构和社区环境的提出使其具备了可操作性的实践抓手。对于民族互嵌而言,当前的相关研究中呈现出其内涵或外延被随意拓展的迹象,混淆了这一政策表述的理论定位与实践意图。各民族相互嵌入的社会结构和社区环境明确强调的是结构互嵌与空间互嵌,它们在民族交往交流交融的理论体系与实践工作中有着清晰的功能定位。

民族互嵌与民族交往交流交融两者之间到底应该是何种关系?当前

---

* 本文以“民族互嵌与民族交往交流交融的内在逻辑”为题发表于《中南民族大学学报》2019年第3期,有删节改动。

① 《中共中央政治局召开会议研究进一步推进新疆社会稳定和长治久安工作》,《人民日报》2014年5月27日。

学界的主流认识是，前者是实践形式，后者是理论原则。代表观点如“建立民族互嵌式社会结构和社区环境的提法是民族交往交流交融向实践层面延伸的标志，也是在民族工作实践中促进各民族交往交流交融的具体思路和举措”。① 换一种说法就是，建立各民族相互嵌入的社会结构和社区环境的过程，就是民族交往交流交融的实践过程。毫无疑问，这种认识把握了两者关系的本质，富含真知灼见。然而在此基础上，我们还有必要对两者关系进一步细化和深化，原因有以下三点。其一，现有研究欠缺对两者逻辑关系的全面厘定。在内容与形式的关系判定之外，民族互嵌与民族交往交流交融之间是否存在因果或递进关系？在相关理论体系的构建中，该问题具有核心地位。其二，现有研究欠缺对两者功能性关系的分析。民族互嵌在民族交往交流交融中发挥何种作用？民族交往交流交融在民族互嵌中发挥何种作用？两者之间是否存在手段与目标之间的关系？这些问题的厘清，对于民族交往交流交融的理论构建与实践推行都有着极为重要的意义。其三，有必要将各民族相互嵌入的社会结构与各民族相互嵌入的社区环境两者区分开来探讨其与民族交往交流交融之间的关系。当前研究中存在一个误区，即民族互嵌式社会结构与民族互嵌式社区环境两者的夹杂不清。② 正如有学者所指出，“现在无论是学术讨论还是实际工作，许多人都把互嵌问题集中在‘社区环境’或居住问题了，或者虽讲‘社会结构’实际仍讲‘社区环境’，而最后都把‘互嵌’理解成民族之间的居住问题，或直接理解成‘民族混居’了”。③ 事实上，两者各有特定所指，分别探讨其与民族交往交流交融的关系，才能准确建构理论体系并指导具体实践工作。基于以上分析，本文尝试从逻辑和功能相

---

① 杨须爱：《马克思主义民族融合理论在新中国的发展及“民族交往交流交融”提出的思想轨迹》，《民族研究》2016 年第 1 期。

② 杨鹍飞：《居住空间与民族关系再造：民族互嵌型社区的文献述评与研究展望》，《新疆师范大学学报》2019 年第 2 期。

③ 王希恩：《民族的融合、交融及互嵌》，《学术界》2016 年第 4 期。

结合的角度,对民族互嵌与民族交往交流交融的关系进行系统思考和理论建构。

一、民族互嵌式社区环境是民族交往交流交融的空间基础

民族交往交流交融是民族团结的基础和前提。群际接触理论认为,族际接触互动能通过增进了解、缓解焦虑、产生共情等机制来改善和提高民族关系。① 在缺乏足够族际交往、文化交流、结构交融的情况下,多民族社会很难维持团结和谐,多民族国家很难维持长治久安。回顾中国历史,中华民族多元一体格局形成的过程,就是各民族之间交往交流交融不断频繁和深化的过程。中华人民共和国成立以来,在民族交往交流交融方面大致可以划分成两个阶段。在各民族尚处于“背靠背”状态的第一阶段,传统而稳定的人口地理分布、大杂居小聚居的居住格局、计划经济的生产组织方式,使得民族交往交流交融维持在一个稳定的相对较低的水平。此时,政治性的制度安排承担着民族关系调节与民族团结维护的重大使命。在各民族逐步进入“面对面”状态的第二阶段,市场经济、商品经济、城市化、现代化等诸多力量引发人口剧烈流动,各民族生产生活的时空重叠性明显增加。此时,各种非制度性的因素在民族关系调节中发挥的作用越来越大,民族交往交流交融已经成为多民族社会良性运转的纽带力量。沿袭这一发展趋势,在努力铸牢中华民族共同体意识的新时代,对民族交往交流交融的现实需求更将远高于历史上任何时期。

民族交往交流交融的进行需要一定的空间基础。传统意义上的空间

① 郝亚明:《西方群际接触理论研究及启示》,《民族研究》2015 年第 3 期。

通常被视作纯粹的物理概念,随着社会科学如社会学、政治学、人类学、心理学等学科对空间范畴研究的不断深入,空间的社会属性、社会形态、社会意义得到了越来越广泛的关注,空间因素与行为、社会、文化、心理等方面的关系得到了越来越多的强调。德国著名社会学家西美尔(Simmel G.)曾指出,空间的社会形态远比空间的物理形态具有实质性意义。他将空间的社会属性归结成五个方面,即排他性、分割性、对社会关系的固化效应、空间接触对行动者之间关系性质的改变、行动者空间流动与社会分化程度相关。① 空间社会学的相关研究证明,缺乏一定空间基础的支撑,诸多社会行动必然都无法开展。对于民族交往交流交融而言,不同的空间条件影响乃至决定着族际之间接触互动的频度、深度、持久度、稳定度。共同的生产生活空间催生了族际交往互动的必要,也创造了族际交往互动的可能。因此在民族交往交流交融的一系列条件中,空间基础某种意义上是最基本的前提。2014 年中央民族工作会议指出,要加强各民族交往交流交融,要推动建立相互嵌入式的社会结构和社区环境,从居住生活、工作学习、文化娱乐等日常环节入手,创造各族群众共居、共学、共事、共乐的社会条件。这一论述也表明了中央试图通过创造广泛的空间基础,促进民族交往交流交融的政策思路。

居住空间对于民族交往交流交融而言有着极为特殊的地位。居住空间、学习空间、工作空间、娱乐空间等都是民族交往交流交融的重要场所,但居住空间在其中的地位尤为重要。居住空间是人们成长与生活的主要场所,是个体社会交往和家庭社会互动发生的主要场域,它通过各种邻里效应对个体和群体的生活产生影响,因而在多种社会空间中居于核心地位。“社会性地建构起来的邻里(neighborhood)和社区(community)等居住空间被视作首要的情景变量,它们足以对社会或经济过程本身产生举

① 盖奥尔格·西美尔:《社会学——关于社会化形式的研究》,林荣远译,华夏出版社 2002 年版,第 459—483 页。

足轻重的影响。”①有学者提出，当前学界存在将各民族相互嵌入的社会结构与各民族相互嵌入的社区环境都解读成民族混居的倾向。② 这一方面反映了研究过程中理论误区的存在，另一方面则从侧面反映了居住空间在民族互嵌理论体系中的重要地位。换一个角度，我们也可以从族际居住隔离这种极端负面的居住空间安排形式中，看出居住空间对民族交往交流交融的巨大影响。所谓族际居住隔离是一种在特定居住空间内，呈现出族内聚集、族外隔离的居住模式。学者们使用诸如分裂城市（divided cities）、分离世界（worldsapart）、二元城市（dual cities）之类极具震撼力的术语，来描述这种非正常的族际居住空间安排。大量的实证研究证明，由于居住空间隔离对民族交往交流交融的阻断作用，族际居住隔离不仅对少数族群的社会经济地位和群体发展造成不利影响，还会对宏观的种族/族群关系、社会凝聚力乃至国家认同形成威胁。③ 因此，在民族交往交流交融的政策设计过程中必须高度重视居住空间的作用。

各民族相互嵌入的社区环境可以为民族交往交流交融提供空间基础。各民族相互嵌入的社区环境可以拆分成“各民族”“相互嵌入”与“社区环境”三个部分。“各民族”强调的是族际、跨民族的意涵；“相互嵌入”既可以指民族交往交流交融的过程，也可以指民族交往交流交融的结果；“社区环境”不同于社区自身，更强调的是以社区为基础的空间环境的构建。在这里有必要对一般意义上的民族混居型社区与民族互嵌式社区环境做一个清晰的区分。民族混居型社区是将不同民族的居民纳入同一个居住空间之中，为其族际交往互动提供有利的空间环境；民族互嵌式社区

---

① Nick Buck, “Identifying Neighborhood Effects on Social Exclusion”, *Urban Studies*, Vol.38, No.12, 2001, p.2251.

② 王希恩：《民族的融合、交融及互嵌》，《学术界》2016 年第 4 期。

③ 郝亚明：《城市与移民：西方族际居住隔离研究述论》，《民族研究》2012 年第 6 期。

环境的主要特征是各民族人口在特定空间中混杂居住,并在族际交往交流的过程中形成交融共生的社会关系。与民族混居型社区相比,民族互嵌式社区环境则在两个方面有显著不同。一是“互嵌”表达了在促进民族交往交流交融上的目的性与主动性,二是“社区环境”在强调社区空间意涵基础上更强调了社区的人文意涵。罗伯特·帕克指出社区包含三个基本要素:按区域组织起来的一定数量人口;这些人口程度不同地深深扎根在他们所生息的那块土地上;社区中每一个人都生活在相互依赖的关系中。① 可见社区并非只是居住性空间概念,情感性和凝聚性等人文意涵更加体现社区的本质特征。不仅是社区的空间邻近性促进了民族交往交流交融,社区空间中蕴含的情感性与凝聚性更是为民族交往交流交融提供了保障。从这个意义上来理解,推动建立各民族相互嵌入的社区环境,其目的不只是在于直接推动民族交往交流交融,更重要的是要创造一个可以促进、推动、保障各民族交往交流交融的空间基础。有学者提出,各民族相互嵌入式社区是指针对多民族、多元文化共同生存发展的居住格局,这种居住格局很大程度上决定着多民族之间的交融程度。② 一些实证研究为此提供了客观依据③,推动民族互嵌式社区环境的建设,不仅是民族交往交流交融的实践形式,也是民族交往交流交融不可或缺的前提条件。

二、民族互嵌式社会结构是民族交往交流交融的客观结果

各民族相互嵌入的社会结构对于多民族国家建设而言有着极为基础

① R.Park,Human Ecology,*American Journal of Sociology*,1936,42(1).pp.1-15.

② 新华网:《依法治疆团结稳疆长期建疆——第二次中央新疆工作座谈会要点解读》,2014 年 5 月 30 日,http://news.xinhuanet.com/fortune/2014-05/30/c_1110944183.htm。

③ Deutsch,M.,& Collins,M.E.(1951),*Interracial Housing:A Psychological Evaluation of a Social Experiment*,Minneapolis,MN:University of Minnesota Press.

性的地位。民族结构是社会结构的重要维度,它与阶层结构一样制约着多民族国家建设的整体进程和路径选择。多民族社会结构合理与否直接决定着这个国家的民族关系,合理的多民族社会结构自身就是民族团结的天然纽带,不合理的多民族社会结构则经常成为民族矛盾的潜在源头。一些多民族国家由于历史包袱或政策因素,导致不同民族——尤其是主体民族与非主体民族——之间在社会结构上呈现出近乎断裂的“平行社会”状态。这种极端的多民族社会结构形态严重危及民族关系和社会凝聚,并使得民族因素极易演变成为其国家建设中的危机爆发点。作为多民族国家理想的民族结构类型,民族互嵌式社会结构就是各民族通过稳定、频繁、有序的交往交流交融,形成一个结构相连、利益相关、情感相通的共同体的社会形态。民族互嵌式社会结构的成功构建,可以为多民族国家的民族团结、社会和谐、长治久安提供结构性的保障与基础。

尽管“各民族相互嵌入的社会结构”与“各民族相互嵌入的社区环境”在中央文件中是一并提出的,但两者在目标所指与功能设定上存在明显区分。与各民族相互嵌入的社区环境相比,各民族相互嵌入的社会结构是一个范围更为广泛、目标更为宏大、层次更为深刻的政策表述。从范围上来看,民族互嵌式社区环境主要聚焦于居住空间、居住格局问题,而民族互嵌式社会结构则涉及多民族社会成员的组成方式及相互关系等系列议题;从目标上来看,民族互嵌式社区环境强调多民族混杂居住空间环境的形成,而民族互嵌式社会结构则强调交融稳定的多民族社会形态的形成;从层次上来看,民族互嵌式社区环境是一种微观的、外在的、空间基础的构建,而民族互嵌式社会结构则是一种宏观的、内在的、结构体系的搭建。正是由于民族互嵌式社会结构所具有的这些独特性质,使其与民族交往交流交融之间呈现不同的关系模式。固然各民族相互嵌入式社会结构可以促进民族交往交流交融,从这个角度来说前者是后者的基础和条件;但是如果没有民族交往交流交融的长期存在,就不可能有各民族相互嵌入式社会结构的形成。民族互嵌式社会结构远非只是民族交往交流交融的实践形式或实践条件这么简单,它一定意义上是民族交往交流交融的直接目标和客观后果。从逻辑和功能的角度综合分析,民族互嵌式社会结构首先是民族交往交流交融的结果,其次才是民族交往交流交融的条件。

各民族相互嵌入式的社会结构是民族交往交流交融的客观结果。一方面,民族互嵌式社会结构不会自动生成,其形成有着极为复杂的过程。社会结构泛指社会构成要素及其组合方式,因而民族互嵌式社会结构的涵盖范围也必然极其宽泛。由于复杂程度和涵盖层次的不同,民族互嵌式社区环境的建设可以通过政策设计进行人为调节,而民族互嵌式社会结构的生成则需要各种力量通力合作长期经营。例如,米尔顿·戈登在探究美国多元种族社会结构时曾提出结构同化(structural assimilation)这一概念,主要是指进入社交小集团、组织、机构活动和一般的公民生活中,尤其强调不同群体之间在各种初级社会关系上的相互涉入。① 作为民族互嵌式社会结构的核心构成部分,这种具有私密性、情感性、个体化的社会关联在跨越民族边界时面临着巨大挑战,甚至时常是以失败而告终。另一方面,加强民族交往交流交融是建立民族互嵌式社会结构的根本路径。作为整体表述的民族交往交流交融事实上可以拆分成民族交往、民族交流、民族交融三部分,分别指代族际交往、文化交流、结构交融。其中,民族交融指的就是社会结构交融,强调的是不同民族的个体、群体在社会结构上的相互渗入和彼此关联。从逻辑上来看,这三者之间并非同时发生,而是存在着时序排列的:先有族际交往,再有文化交流,最后才能达成结构交融。民族交往交流交融的推进发展过程,就是民族互嵌式社会结构的构建形成过程。在工程学上,"互嵌"指的是不同部件之间相互

① [美]米尔顿·戈登:《在美国的同化:理论与现实》,载马戎编:《西方民族社会学的理论与方法》,天津人民出版社 1997 年版,第 71 页。

咬合、相互依赖的关系或结构。各民族在社会结构上相互嵌入的渐进过程就是各民族交往交流交融不断深化的过程，民族互嵌式社会结构形容的是不同民族之间在社会结构上形成交融依赖的关系或结构。

民族互嵌式社会结构可以为民族交往交流交融提供结构性保障。尽管从因果链条上看，民族交往交流交融是因，民族互嵌式社会结构是果。但民族互嵌式社会结构生成后，其与民族交往交流交融之间的关系就一定程度上类似于结构与行动之间的关系——行动作用于结构，结构又反作用于行动。民族交往交流交融的程度决定着多民族社会结构的类型，而一定的多民族社会结构又会对民族交往交流交融形成制约作用。族际隔离式的社会结构是民族交往交流交融不畅的产物，而这种非正常的社会结构形成后会反过来阻碍民族交往交流交融的进行。同理，民族交往交流交融催生民族互嵌式社会结构，这种良性社会结构形成后也将反过来为民族交往交流交融提供动力。如果说民族互嵌式社区环境是民族交往交流交融的空间基础的话，那么民族互嵌式社会结构就是民族交往交流交融的结构基础。一旦不同民族之间形成了相互嵌入的社会结构，各民族建立起了相互依赖、相互渗入的社会关联，就能为民族交往交流交融提供持续的稳定的结构性基础。各民族相互嵌入的社会结构将成为一种系统性、制度性、结构性的力量，维持并推动着族际交往交流交融的稳步进行。

三、铸牢中华民族共同体意识视角下的关系判定与功能定位

在对各民族相互嵌入的社会结构和社区环境与民族交往交流交融关系进行探究的过程中，我们必须认识到这两者在中国民族政策体系中的功能定位主要是作为手段或条件。同时鉴于民族互嵌与民族交往交流交

融这两种政策手段在逻辑上的紧密关联，其背后应该有着共同政策目标的存在。明确共同的政策目标，并在“手段—目标”的因果链条中深入理解它们的关系是极为必要的。那么，民族互嵌与民族交往交流交融的共同目标是什么呢？党的十九大报告将新时代中国民族工作的指导方针概括为：“全面贯彻党的民族政策，深化民族团结进步教育，铸牢中华民族共同体意识，加强各民族交往交流交融，促进各民族像石榴籽一样紧紧抱在一起，共同团结奋斗、共同繁荣发展。”①铸牢中华民族共同体意识既契合了中华民族多元一体格局的现实背景，也契合了多民族国家建设的现实需求，成为新时代中国民族工作的总体目标。基于这种理解，民族互嵌与民族交往交流交融也必然应以铸牢中华民族共同体意识为根本目标。

从铸牢中华民族共同体意识的视角来审视民族互嵌与民族交往交流交融之间的关系，事实上可以转化为在民族交往交流交融与铸牢中华民族共同体意识的因果链条中来分析民族互嵌的功能与作用。三者之间的关系大致可以理解为：各民族相互嵌入的社会结构与社区环境作为条件，民族交往交流交融作为手段，铸牢中华民族共同体意识作为目标。其中，民族交往交流交融与铸牢中华民族共同体意识之间的因果关系是较为清晰的，前者是手段，后者是目标。民族交往交流交融有助于构建平等、团结、互助、和谐的社会主义民族关系，有助于建设各民族共有精神家园，有助于建立各民族相互嵌入式社会结构，从而达成铸牢中华民族共同体意识的根本目标。② 在通过民族交往交流交融来铸牢中华民族共同体意识的过程中，各民族相互嵌入的社会结构与社区环境到底能够发挥何种作用？依据学界不同认识，大致可以概括整合为如下三种不同的论点。

---

① 习近平：《决胜全面建成小康社会　夺取新时代中国特色社会主义伟大胜利——在中国共产党第十九次全国代表大会上的报告》，人民出版社 2017 年版，第 40 页。

② 郝亚明：《中华民族共同体意识视角下的民族交往交流交融研究》，《西南民族大学学报》2019 年第 3 期。

第一种关系判定可以称之为“形式论”，代表了将民族互嵌式社会结构与社区环境视作民族交往交流交融实践形式的观点。民族交往交流交融是理论层面的表述，民族互嵌式社会结构与社区环境是实践层面的形式。借用统计学术语来理解，民族交往交流交融是不可观测的潜变量，而民族互嵌式社会结构与民族互嵌式社区环境这两个可观测的显变量则是其指标。由于民族交往交流交融与民族互嵌在本质上的同一性，前者与铸牢中华民族共同体意识之间的因果关系也可以推广到后者之上(如图1所示)。

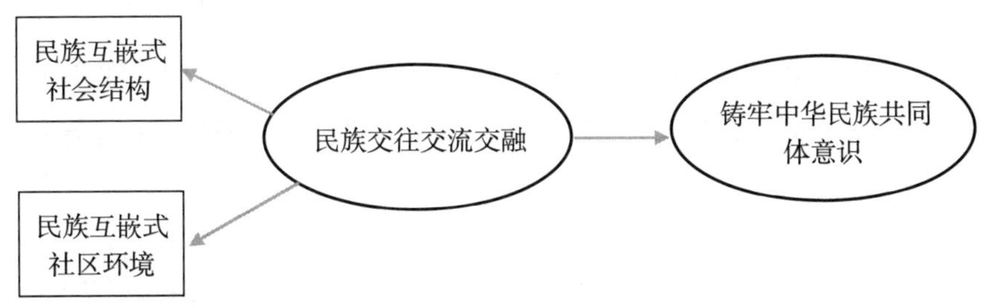

图1 “形式论”图示

第二种关系判定可以称之为“条件论”，代表了将民族互嵌式社会结构与社区环境视作民族交往交流交融实践条件的观点。民族互嵌式社会结构和社区环境的建立，推动了各民族交往交流交融，进而推动了铸牢中华民族共同体意识的进程。在民族交往交流交融与铸牢中华民族共同体意识的因果链条中，民族互嵌成为了前提和基础，发挥着间接推动作用(如图2所示)。

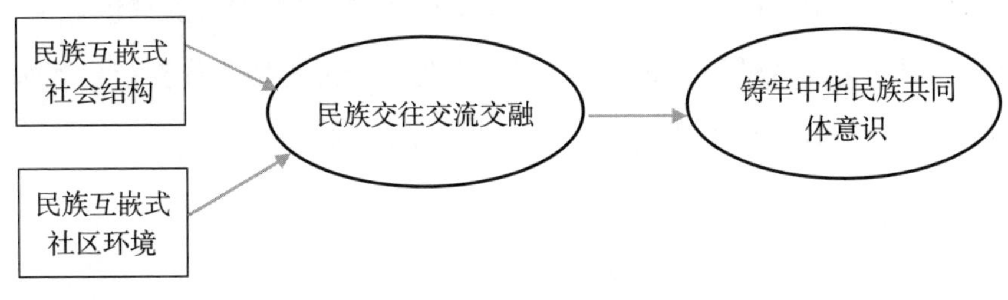

图2 “条件论”图示

第三种关系可以称之为“功能论”,代表了对各民族相互嵌入的社会结构和社区环境与民族交往交流交融关系的一种新认识。与前两种关系判断显著不同的是,这种认识首先将民族互嵌式社会结构与社区环境两者区分开来,主张两者在民族交往交流交融和铸牢中华民族共同体意识的因果链条中有着不同的功能定位。民族互嵌式社区环境是民族交往交流交融的条件,民族互嵌式社会结构则是民族交往交流交融的结果,两者在民族交往交流交融与铸牢中华民族共同体意识的因果链条中分别承担了条件变量与中介变量的功能。民族互嵌一方面提供前提条件,一方面提供中介环节,使得民族交往交流交融与铸牢中华民族共同体意识的因果链条获得了更完备的理论解释,也为相关实践工作提供了方向与路径指引(如图 3 所示)。

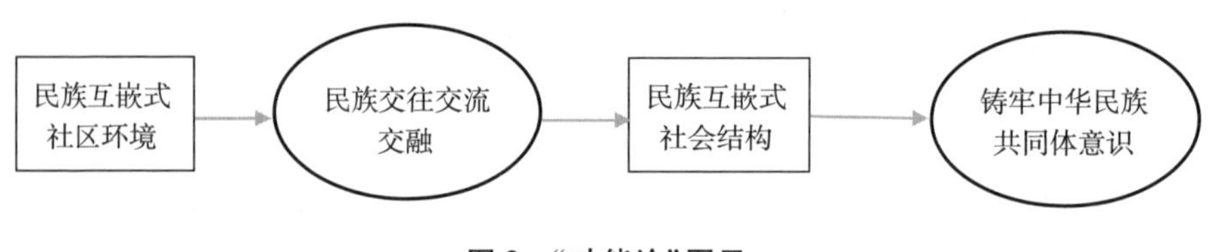

图 3 “功能论”图示

“形式论”将民族互嵌视作民族交往交流交融的实践形式,“条件论”将民族互嵌视作民族交往交流交融的推进条件,“功能论”认为民族互嵌在民族交往交流交融与铸牢中华民族共同体意识的因果链条中承担了条件变量和中介变量的功能。以上三种关于民族互嵌与民族交往交流交融关系的论点,尽管在视角和结论上存在明显差异,但其中无疑都包含了合理的认识。将这些理论认识结合起来,将逻辑分析与功能分析结合起来,将能获得对两者关系更清晰、更客观、更全面的判定。

民族互嵌式社会结构：现实背景、理论内涵及实践路径*

2014年5月26日，中共中央政治局召开会议研究进一步推进新疆社会稳定和长治久安工作，会议明确提出“推动建立各民族相互嵌入的社会结构和社区环境，促进各民族交往交流交融，巩固平等团结互助和谐的社会主义民族关系。”①在随后召开的第二次中央新疆工作座谈会上，习近平总书记再次强调要“推动建立各民族相互嵌入式的社会结构和社区环境”。②“民族互嵌式社会结构”是一个极具创新性和实践性的概念，有鉴于此，笔者尝试从现实背景、理论内涵及实践路径三方面对此予以初步探讨，以增进学界对这一问题的理解与重视。

一、民族互嵌式社会结构的现实背景

社会结构作为社会学的核心概念，指的是一个社会中社会成员的组

---

* 本文以“民族互嵌式社会结构：现实背景、理论内涵及实践路径分析”为题发表于《西南民族大学学报》2015年第3期，有删节改动。

① 《中共中央政治局召开会议研究进一步推进新疆社会稳定和长治久安工作》，《人民日报》2014年5月27日。

② 《习近平在第二次中央新疆工作座谈会上强调 坚持依法治疆团结稳疆长期建疆团结各族人民建设社会主义新疆》，《人民日报》2014年5月30日。

成方式及其相互关系的稳定模式。社会结构在社会科学研究中应用极其广泛,这是由其基础性和限定性两大分析功能决定的。基础性强调的是社会结构对社会运行状态具有先决性的影响:社会结构失衡是造成众多社会问题、社会矛盾的基础性原因,而社会稳定和社会发展则源于社会结构的稳定、协调和整合。① “社会结构紧张(structural strain),是指由于社会结构的不协调,而使得社会群体之间的关系处在一种对立的、矛盾的或冲突的状态下,或者说,社会关系处于一种很强的张力之中。”②限定性强调的是各种社会行为都是在社会结构的框架内发挥作用。在著名的结构—能动二元对立理论(structure-agency dualism)中,社会结构被视作是对社会行动和个体能动性具有限定作用的外部整体环境。社会唯实论者普遍认为,社会结构是一种不以人们的意志为转移的客观实在,它超越个体和群体之上并制约着他们的行为,决定着他们的命运。

社会结构是一个内涵丰富且难以界定的术语,③依据不同的角度与标准可以将其区分成城乡结构、区域结构、人口结构、家庭结构、民族种族结构、阶级阶层结构等多个层面。其中,社会阶层结构通常被视作社会结构的核心。在谈论社会结构的时候人们更多侧重于社会阶层结构,如强调橄榄型社会结构在社会稳定性方面要强于金字塔型社会,因为前者具有庞大的中产阶级可以成为社会张力的缓冲和平衡力量。有学者通过统计数据得出中国社会呈现出丁字型社会结构,并认为这种社会结构紧张导致了社会群体之间需求差异扩大,社会交换难以进行,社会价值观念断裂。④ 还有学者将中国社会结构变迁概括为“断裂社会”“中产化现代社会”“结构化社会”和“碎片化社会”四种主要理论模式,并以此为基础

---

① 郑杭生、李路路:《社会结构与社会和谐》,《中国人民大学学报》2005 年第 2 期。

② 李强:《“丁字型”社会结构与“结构紧张”》,《社会学研究》2005 年第 2 期。

③ William H.Sewell,Jr.,“A Theory of Structure:Duality,Agency,and Transformation”,*American Journal of Sociology*,Vol.98,No.1,1992.

④ 李强:《“丁字型”社会结构与“结构紧张”》,《社会学研究》2005 年第 2 期。

来分析中国社会现实与社会发展。①

相对于社会阶层结构广受关注的现实,多民族社会结构问题则经常被忽视。人们并没有认识到,在民族构成复杂的多民族国家中,社会结构的民族层面在重要性上并不亚于社会结构的阶层层面。在现代社会中,阶层身份的流动性与自致性使得阶层冲突通常具有很强的弹性和有效的协调机制,而民族身份的稳定性与先赋性则使得族际冲突在大多情况下缺乏弹性与有效的协调机制。当今世界民族国家体系之中,民族与民族主义是对多民族国家合法性形成挑战的最大内部张力,在这种背景之下,民族关系时常成为诸多社会矛盾的爆发点和断裂带。以单一民族国家社会结构的思维去应对多民族国家社会结构的现实会带来诸多的问题,失衡的民族结构与脆弱的民族关系成为最有可能撕裂国家统一和社会和谐的主要力量,政治、经济、文化乃至社会事务方面的群体分歧经常被有意无意地导向民族层面,并最终以民族矛盾或民族冲突的形式爆发出来。以苏联为例,尽管学者们在民族问题是否是这个联邦制国家解体的主要原因上存在争议,但基本共识是导致苏联解体的历史与现实、内政与外交、经济与社会等多重因素最终聚合在民族层面爆发,将强大而统一的联邦共同体裂化成 15 个民族国家。② 多民族国家没有合理的多民族社会结构作为支撑,最终难逃分崩离析的命运。

中国学者在总结西方多民族国家建设经验的时候,引述最多的莫过于文化上的多元主义与政治上的族际整合,③然而却很少有人关注到相

---

① 李春玲:《断裂与碎片:当代中国社会阶层分化实证分析》,社会科学文献出版社 2005 年版。

② 潘广辉、吴婧:《民族问题与苏联解体——欧、美学界的研究》,《世界民族》2006 年第 1 期。

③ 人们经常将民族视作文化共同体或政治共同体,这种习惯性思维与“文化民族”和“政治民族”的二分法相关。囿于这种观念,人们通常从文化或政治角度去观察、思考、处理民族问题。

关国家在塑造社会结构上的努力。事实上,多民族国家建设必须有与其目标相匹配的社会结构作为支撑,只重视民族政策本身而忽视政策运行的社会结构将往往导致事倍功半或事与愿违。遗憾的是,中国政府和学者长期囿于政治、文化、经济的框架来思考民族事务,对于民族问题发生、发展的社会结构和社会基础则未给予足够的重视,缺乏整体思维的民族政治、民族经济、民族文化实践过程不断挤压和撕裂着社会结构。近年来民族问题的现实使越来越多的人认识到,濒临断裂的多民族社会结构已经成为制约中国多民族国家建设的关键因素。在评价中国民族政策成败得失的时候,在分析中国民族关系影响因素的时候,在规划中国多民族国家建设进程的时候,我们都无法绕过对多民族社会结构的理解与重视。在这种背景之下,中央提出建立民族互嵌式社会结构更是显示出非凡的理论和实践价值,它在某种意义上是对中国多民族国家建设过程中长期忽视社会结构基础性作用的一种纠偏。民族互嵌式社会结构试图修复多民族社会结构的碎裂化状态,以其消解多元社会张力和构筑族际整合基础的基本功能,为多民族国家建设提供相应的社会基础和社会动力。

二、民族互嵌式社会结构的理论内涵

对于中国多民族国家建设而言,民族互嵌式社会结构具有路径创新的意义,因而势必会对未来民族问题的理论与实践产生重大影响。作为一个全新的概念体系,民族互嵌式社会结构在提出后迅速得到了新闻媒体的广泛关注报道,但目前学界尚未对其理论内涵进行全面的阐释与挖掘。深入挖掘探讨民族互嵌式社会结构的理论内涵,是将其从理念与目标阶段推进到政策与实践阶段的唯一路径。文章尝试在中央相关论述的文本框架下,结合中国多民族国家建设的现实,将民族互嵌式社会结构的理论内涵归结为如下几个方面。

(一)多民族社会结构是多民族国家建设的基础

多民族社会结构是多民族国家建设的起点与基础。从社会结构的基础性上来看,一个国家中民族关系的大体格局取决于这个国家的民族社会结构。合理的多民族社会结构是民族和谐和民族团结的基础,不合理的多民族社会结构自身就是民族冲突和民族矛盾的源泉。多民族国家中消解民族问题根本性的路径在于形成良好的多民族社会结构,良好的多民族社会结构是化解民族矛盾及群体张力的先天性机制。从社会结构的限定性上来说,民族政策乃至一切民族事务实践都必须依赖或在多民族社会框架内发挥作用。多民族国家建设需要相配套的社会结构作支撑,缺乏良好民族社会结构为支持的民族团结局面往往难以为继。没有良好的社会结构作为支撑,再好的民族政策也难以取得如期的效果,经常与政策设计大相径庭乃至背道而驰;在某一个国家取得良好实践效果的民族政策,由于所面对的社会结构差异,可能在另外一个国家难以取得相应的效果。

在多民族国家建设过程中,构建合理的民族社会结构不仅是一种手段,更应该视作是一种基本目标。良好的社会结构可以增进不同民族之间的互动与交融,使不同民族成为利益相关、感情相通、结构相连的共同体。很多多民族国家都存在一个误区,即仅仅将民族问题视作一个治理策略问题,着重从制定一系列民族政策的角度去解决民族问题;而没有将民族问题视作一个结构性问题,通过调整民族社会结构来确保民族关系的和谐。忽视了民族问题自身结构性的一面,试图单方面依赖民族政策来调节民族矛盾和冲突,显然不足以化解多民族国家中来源多样的内部张力。民族政策的一个重要目标应该是促进多民族国家中合理社会结构的形成。事实上,合理的多民族社会结构本身就是最好的民族政策,它自身具备调节民族关系的天然功能。充分认识到社会结构的民族层面对多民族国家民族关系的基础性与限定性作用,并提出建立民族互嵌式社会结构的建设目标,标志着中国共产党在民族理论方面的进步。

(二)“嵌入”是一种新型的多民族社会结构建构模式

多民族社会结构中最核心的两个要素是族际结构关联程度与族际关系平等程度。前者在分隔与融合两种状态之间变动,后者在等级与平等两种关系之间变动。将两个要素组合起来可以形成“分隔且平等”(多元文化主义)、“分隔且等级”(种族隔离主义)、“融合且平等”(熔炉主义)及“融合且等级”(同化主义)这四种理想类型,据此我们可以大致判定一个国家的民族社会结构。事实上,族际结构关联程度与族际关系平等程度两者之间并非是独立发挥作用,而是存在着紧密的关联。一方面,民族分隔不可能达到真正的民族平等,多民族国家中各民族之间必须有一定程度的社会结构关联,缺乏结构关联容易导致族际关系失衡。美国是一个最为极端的例子,南北战争之后立法机构和司法机构在“分隔但平等”(separate but equal)的政策原则下,以法律条文的形式将不同种族在物理空间和社会设施使用方面的隔离予以合法化和制度化。这种结构上的分隔使得黑人社会资源分享和社会参与受到严重剥夺,使得不同种族之间在经济生活、文化品位、价值规范等方面都存在严重差异,其中种族居住隔离更是不同种族之间社会结构断裂在物理空间上的集中体现。个体生活机遇(life chance)的剥夺,群体社会融合的不畅,进而造成了严重的群体对立、社会紧张乃至种族矛盾。① 欧洲国家的多元文化主义实践也说明了这一点,一些国家试图形成一种不同族群之间结构上分隔但地位上平等的社会模式,以所谓的结构分隔来保存文化的多元,同时又能确保各族群众平等分享社会资源。但事实证明,缺乏结构的融合使得少数族群

① 郝亚明:《美国的种族居住隔离:理论与现实》,《世界民族》2013 年第 1 期。

无法融入主流社会并汲取必要社会资源，使得他们成为社会的外在者，从而引发一系列反社会活动。2005 年法国巴黎郊区青少年骚乱随后蔓延至全国，并波及德国和比利时；英国 2001 年和 2011 年发生两次大规模的种族骚乱。有学者指出，社会结构的断裂导致社会疏离感和异化，引起少数族群和年轻移民对主流社会的反叛。① 系列族群冲突也导致了欧洲社会对多元文化主义的反思，甚至一些学者和政客认为多元文化主义在欧洲已经彻底失败。② 另一方面，尽管社会结构融合是促成民族之间平等关系的捷径，但是对多民族社会结构融合的强调又会导致民族同化的担忧。少数族群对熔炉主义或同化主义的反感和担心，使得他们对民族之间社会结构融合持谨慎怀疑的态度。以追求民族平等的目标（抑或是借口）而推行的民族结构融合政策，经常容易激起相关民族的反弹，反而会最终影响到民族关系的大局。

在民族平等关系之外，构建合理的多民族社会结构面临的最大挑战是确定民族之间的结构关联程度。过分的分隔或过分的融合都会有损于多民族国家的民族关系，如何在群体分隔与群体融合之间寻求必要的均衡是亟须思考的问题。“嵌入”跳出了“分隔”与“融合”的二元对立，强调的是对融合和分隔的一种均衡，从而形成了一种新的多民族社会结构构建思路。一方面它强调不同民族之间在社会结构上建立勾连关系，另一方面它又强调不同民族之间的结构关联只是一种纽带关系而不是覆盖关系。嵌入式民族结构不追求民族结构同化，而试图建立一种民族间的内在关联，以一种形散神不散的意蕴来确保民族关系的平等与和谐。

---

① David Varady, “Muslim Residential Clustering and Political Radicalism”, *Housing Studies*, Vol.23, No.1, 2008.

② 张金岭：《欧洲文化多元主义：理念与反思》，《欧洲研究》2012 年第 4 期。

(三)“相互”体现了嵌入式社会结构的多向性、主体性与平等性

“各民族要相互了解、相互尊重、相互包容、相互欣赏、相互学习、相互帮助,像石榴籽那样紧紧抱在一起。”中央会议文件使用了一系列的“相互”来表述“各民族相互嵌入式的社会结构”,明确地表明了这种社会结构的若干基本特性。首先,“相互”表明了建构过程的多向性。嵌入式社会结构的建构过程不以任何民族为主体,没有特定的嵌入方向,并非单纯强调少数民族嵌入到多数民族之中,也包括多数民族嵌入到少数民族之中,以及各少数民族之间的相互嵌入,最终形成一个结构相融、利益相连、情感相通的多民族共同体。其次,“相互”强调了建构力量的主体性。嵌入式社会结构的建构以各民族的主体意识为基础,强调各民族的主动性与能动性,任何民族主体都不应该处于一种被动嵌入的状态。只有各民族积极主动参与构建的社会结构才能具有深厚的群众基础与心理基础,才能为民族团结和民族关系提供力量。最后,“相互”一词体现了建构结果的平等性。民族互嵌式社会结构不以任何民族为主体的多向构建模式,在构建过程中积极发挥各民族的主动性、充分尊重各民族的主体意志,背后体现的是民族平等的基本意涵。

(四)民族互嵌式社会结构的目标是构建一种有机的民族团结

任何社会的存在都以一定程度的社会团结为基本前提,失去了社会团结也就失去了社会稳定的可能。在多民族国家中,民族团结既是社会团结的重要组成部分,也是社会团结的重要基础。社会团结的诞生与社会结构紧密相关,不从社会结构上入手无法理解也无法达成社会团结。从中央会议的相关决议来看,推动建立各民族相互嵌入的社会结构被纳入民族团结和民族关系的部分予以重点阐释,这充分反映了中央通过改善社会结构来促进民族团结的基本思路。多民族国家如何营造以民族团

结为基础的社会团结?在这个问题上存在着不同选择。迪尔凯姆认为,社会结构是社会团结的基础,不同的社会结构对应着不同的社会团结模式。① 据此,社会团结可以区分为机械团结与有机团结两种不同形式。前者是建立在社会中个体之间同质性基础上的一种社会联系,以强烈集体意识为纽带结成的社会关系整合形式;后者则是建立在社会分工和群体相互依赖性基础上的团结模式,是一种嵌入式的社会结构模式。这也就是说,民族团结乃至社会团结的基础只有两种,要么是建立在个体之间或群体之间相似性的基础上,要么是建立在个体之间或群体之间相互依赖关系的基础上。

沿袭以上思路,在多民族社会中营造民族团结通常有两种理路,一种是追求同质性并在此基础上产生机械团结,一种是承认异质性并在此基础上寻求相互关联合作的有机团结。一方面,人们已经认识到机械团结是一种适应于分工不发达的传统农业社会的社会团结模式,现代社会的团结模式基本上都属于有机团结的类型;另一方面,人们还固守着传统认识,个体之间的社会团结模式可以是现代的有机团结,群体之间的民族团结则必然是传统的机械团结。机械团结要求社会成员有着相同的信仰、情感和价值观,有着大致相同的生活方式。在现代多民族社会中机械团结显然无法自然实现,这种社会团结模式所需要的群体共性往往只能通过外力同化才能取得。在现代多民族国家中,差异性与多元性是社会的基本特征。机械团结对群体共性的过度追求不仅不能促进民族团结,其所遵循的同化模式还必然导致民族群体之间关系的紧张。这种固执与偏狭的思维,试图以一种一劳永逸的方式解决民族团结问题,事实上却会激化民族之间的冲突防范心理,从而在根本上危及民族团结的大局。各民族相互嵌入式的社会结构就是试图摆脱通过结构同化来追求民族团结的

---

① 转引自[法]埃米尔·涂尔干:《社会分工论》,渠东译,生活·读书·新知三联书店 2000 年版,第 33—92 页。

思路,嵌入描述的是各民族之间共生共荣、相互依赖的关系及在此过程中所形成的共同情感关联。民族互嵌式社会结构的意图在于创建民族团结,而这种团结不是一种机械团结,而是一种有机团结。民族互嵌式社会结构最大的功能就是在于营造一定的可以维持社会团结的社会结构关联,并通过结构关联、利益关联、社会参与关联将不同民族群体结合起来,形成一种有机团结的局面。同化形成机械团结,互嵌形成有机团结,后者无疑正是多民族国家社会团结的最优模式。

三、民族互嵌式社会结构的实践路径

民族互嵌式社会结构的提出解决了理论与认识上的问题,然而如何从实践上达成这种社会结构的探索才刚刚开始。从西方国家的实践来看,积极促进社会融合是重构多民族国家社会结构最为普遍而有效的经验,这对于中国民族互嵌式社会结构建设有着重要的启示意义。“多数社会由于其多元性质,有时会产生不同群体无法实现和维持和谐与合作并平等取得社会一切资源的困难。在法治的框架内充分承认每个个人的权利并非永远都有完全的保证。”①因而,社会融合对于多民族国家建设的独特意义就体现为,在“平等”“法治”等基本价值体系失灵之际,促成一种对民族、种族、宗教、文化多样性具有弥合作用的社会结构。联合国在《社会发展问题世界首脑会议行动纲领》文件中将“社会融合”界定为“人们在充分尊重每个人的尊严、共同利益、多元主义和多样性、非暴力和团结的情况下一起生活的能力以及参与社会、文化、经济和政治生活的能力。”②社

① 联合国:《社会发展问题世界首脑会议的报告》(A/CONF.166/9),1995 年 3 月 6—12 日,哥本哈根。

② 联合国:《社会发展问题世界首脑会议的报告》(A/CONF.166/9),1995 年 3 月 6—12 日,哥本哈根。

会融合的目的是创造一个融合型社会,因而在本质上就是一种社会结构的改良或再造工程。“一个融合程度较高的社会的行动者会很好地结合在一起,所有的行动者都享有平等机会、权利及共同的价值,社会行动者会对集体项目和社会福利作出贡献,各个社会组织和各种社会目标之间的冲突不存在或者最小化。”①从这个意义上来说,社会融合的目标和民族互嵌式社会结构是一致的。基于社会融合是民族互嵌式社会结构重要实践路径这一认识,通过中西文献对比分析,可以将社会融合的概念体系归纳成消除社会结构分割(social integration)、消除社会资源排斥(social inclusion)、消除社会心理疏离(social cohesion)的三重意涵②。社会融合的三重意涵不仅体现了民族互嵌式社会结构的建设目标,也提供了民族互嵌式社会结构的建构途径。

(一)社会融合:消除社会结构分割

社会融合的第一重意涵是消除社会结构分隔,此时它对应于英文文献中的“social integration”。这个术语也可以翻译成“社会整合”或“社会一体化”,在本义上是指将社会中不同的部分或因素整合成结构关联的统一整体。社会融合表征的是个体对某个群体的参与程度及群体成员间相互依赖的程度,强调社会成员参与到社会结构之中并与社会整体产生关联。③ 社会结构意义上的社会融合研究肇始于法国著名社会学家迪尔凯姆,他首先提出这个核心概念并将其应用于对自杀现象的实证研究之

---

① 悦中山等:《当代西方社会融合研究的概念、理论及应用》,《公共管理学报》2009年第2期。

② 国内学者在使用社会融合这一概念时通常将其对应于这三重意涵,并依据应用场景及学科偏好选择其中一种作为论证角度。作者认为这三重意涵均反映了社会融合的应有之义,且都有其独特的社会功能,故选择将三者结合起来综合理解社会融合。

③ Schwarzweller H.K.,“Parental Family Ties and Social Integration of Rural to Urban Migrants”,*Journal of Marriage and the Family* ,Vol.26,No.4,1964.

中。他认为社会融合创造了群体互动和共融的机会,使人们对所在的社会或群体产生了紧密的依赖关系,从而为个体提供生命的意义和目标,为社会稳定提供结构性基础。① 在这种意义上,所谓社会融合就是个体或集体行动者融入特定社会结构之中的过程,而社会结构的融入程度又将会对社会成员或群体产生深刻的影响。作为一种积极的公共政策,社会融合所针对的负面状态是社会分割(social segment),后者主要表征社会成员之间在社会结构上的断裂状态。社会融合的功能就是消除社会结构上的碎片化,促进群体间相互嵌入型社会结构的形成。

语言、宗教、文化、心理和认同上的差异影响到个体或群体的社会互动,使得多民族社会极易出现社会分割的局面,这也是多民族国家积极强调社会融合的重要原因。社会结构上的分割使得社会充满张力,在特定场景下统一的社会可能沿着社会结构的裂痕分化成若干对立的社会群体,进而危及国家的统一和社会的安定。西方学者提出了“平行社会”(parallel society)的概念②,非常形象生动地描述了一些多民族国家中少数族群与主流社会之间在社会结构上严重断裂甚至互不相交的场景;中国学者马戎认为中国社会许多领域中存在汉族与少数民族之间的系统性的制度化区隔,并称之为“中国社会的另一类二元结构”。③ 毫无疑问,社会结构上的断裂与嵌入型社会结构的目标之间是相互背离的。积极推动社会融合,打破民族社会界限,无疑正是建立这种各民族相互嵌入社会结构的重要途径。

社会融合的目的就是要创造一种群体之间相互关联、相互参与的社会结构。那么如何来建构这种相互嵌入的多民族社会结构呢?斯梅尔瑟

---

① 参见[法]埃米尔·迪尔凯姆:《自杀论》,冯韵文译,商务印书馆 1996 年版。

② Mueller C.,“Integrating Turkish Communities: A German Dilemma”, *Population Research and Policy Review*, Vol.25, No.5, 2006.

③ 马戎:《中国社会的另一类“二元结构”》,《北京大学学报(哲学社会科学版)》2010 年第 3 期。

等人将社会融合界定为个体或集体行动者在社会中的社会参与和社会互动,表现为他们社会联系和互动的范围、频率和效果等问题。① 也就是说,增进不同民族群体之间的社会互动和社会参与是通过社会融合来构建各民族相互嵌入式社会结构的具体策略;反之,这种相互嵌入式的社会结构也必然能够增进和巩固不同民族群体之间的交流与合作。这与中央会议中一再强调各民族交往交流交融的思路不谋而合。相互嵌入的社会结构是一个相对宏观的目标,这一目标的实现有赖于相互嵌入的社区环境中微观目标的实现。此外,戈登在研究美国种族关系的时候指出,社会结构同化(structural assimilation)的主要表现是进入社交小集团、组织、机构活动和一般的公民生活中,尤其强调不同群体之间在各种初级社会关系上的相互涉入。② 这也提醒我们,在通过社会融合消解社会结构分隔之时,应注意从社会互动和初级群体圈入手来建构各民族结构上的相互嵌入。

(二)社会融合:消除社会资源排斥

社会资源意涵上的社会融合对应于英文术语"social inclusion",可以翻译为"社会吸纳"。当我们在这个意义上使用社会融合一词时,其针对的负面社会状态是社会排斥(social exclusion)。社会融合作为一个社会政策概念,正是起源于学者们对社会排斥的研究。社会排斥是一个复杂且多层次的过程,涉及资源、权利、物质和服务的缺失或拒斥,部分社会成员因而无法参与社会主流群体正常的经济、社会、政治及文化活动。③ 社

① Smelser N.J. & Baltes P.B., *International Encyclopedia of the Social and Behavioral Sciences*, Oxford: Elsevier, Oxford Science Ltd, 2001.

② [美]米尔顿·戈登:《在美国的同化:理论与现实》,载马戎编:《西方民族社会学的理论与方法》,天津人民出版社 1997 年版,第 71 页。

③ Ruth Levitas, etc., The Multi-dimensional Analysis of Social Exclusion, Bristol: Department of Sociology and School for Social Policy, University of Bristol, January 2007, pp.18-25.

会融合不畅与社会排斥之间是相互强化的关系,诺贝尔经济学奖获得者阿玛蒂亚·森曾指出社会排斥是一种社会参与资源缺失的结果,而这些资源恰恰是社会融合活动所必需的。① 沿袭这种思路,欧盟委员会将社会融合界定为一个过程,“它确保那些处于贫困和社会排斥风险中的人们获得必需的资源和机会,使其充分参与经济、社会、文化生活,并得以享受他们所在社会正常的生活标准和社会福利。”②

在社会资源意涵上,社会融合强调的是社会成员平等共享社会资源和生活机会。然而在多民族国家中,由于一些制度性或非制度性因素、历史因素与文化因素、客观因素与主观因素的存在,不同民族群体可能在社会资源和社会机会分享上存在显著差异,严重情况下甚至会形成民族社会分层,体现为不同民族群体在收入水平、教育水平、职业结构等方面形成层级结构。

社会资源嵌入在社会结构之中。只有建立一种各民族相互嵌入的社会结构,才能使得社会资源在各个民族之间流动与配置,才能确保各民族共享社会发展的成果和机会。促进社会融合,建立各民族相互嵌入的社会结构,是确保全体人民平等共享社会资源和发展机会的基本路径。只有转变思路,各民族积极主动参与到整体社会结构之中,才能共享资源和机会。积极推动社会融合,平等分享社会资源,这也是吸引少数民族群体积极参与建构各民族相互嵌入型社会结构的动力所在。中央政府对中国民族问题的认识已经从单纯的政治文化视角过渡到对经济民生的重视,近年来在民族地区开发开放过程中又提出了参与式发展的理念。参与式发展要求各民族群众积极参与到社会结构之中,从而将各种社会资源、生

---

① Amartya Sen, *Development as Freedom*, New York: Anchor Books, 2000.

② European Commission: *Joint Report on Social Inclusion* 2004, Brussels, 2004, p.10. http://ec.europa.eu/employment_social/social_inclusion/docs/final_joint_inclusion_report_2003_en.pdf.

活机会、发展机会让各民族人民共享,这也正是通过社会融合消除社会资源排斥的应有之义。

促进各民族共同繁荣、实现各民族事实上的平等是中国政府在民族发展问题上的一贯目标。为了达成这一目标,中国政府长期以来坚持以各项民族优惠政策来消弭民族间的发展差距,以政府主导的资源倾斜的方式来消除可能针对少数民族群体的资源排斥,取得了良好的实践效果。随着计划经济向市场经济的转型,各级政府手中掌控资源总量呈现下降趋势,国营经济和集体经济比重迅速下降。在市场对资源起基础性配置作用的今天,一方面,应当坚持必要的民族优惠政策,在特定领域和特定群体中实行倾斜照顾;另一方面,更要坚定地鼓励和促进少数民族的社会融合,这才是消除族群差距的最终手段。

(三)社会融合:消除社会心理疏离

社会心理意涵上的社会融合对应着英文术语“social cohesion”,可以直译为“社会凝聚”,通常指在文化多样性的社会背景中,将生活在同一社会中的人们团结起来,避免自我边缘化效应的出现。社会融合所针对的负面社会状态是社会疏离(social alienation),也即个体或群体对社会缺乏心理归属感。事实上,社会融合并不能直接消除社会心理疏离,而是通过将疏离于社会的人们重新带回到社会结构之中,在社会参与中逐步产生社会认同,从而消解社会心理疏离。社会融合的功能就体现为对社会成员或社会群体心理疏离的调节,通过对社会结构的参与形成社会归属感,并最终达成社会认同的稳定心理状态。这个意义上的社会融合主要致力于如何构建和巩固社会结构的问题,强调的是各社会群体之间存在着相互吸引的力量,正是这种抽象力量支撑起了整个社会结构。

社会融合在心理层面的作用主要体现为社会融合能够催生社会认同,而社会认同是一种重要的心理基础和情感关联。社会融合自身并不能消解社会心理疏离,它的这一功能是通过社会认同来实现的。通过社会融合产生的社会认同对于多民族国家建设而言具有非常重要的作用。建立各民族相互嵌入的社会结构面临着参与主体众多、内部张力巨大的挑战,通过促进社会融合形成跨越民族的统一社会认同,为这种社会结构提供社会心理支撑就显得尤为必要。实践证明,多民族国家中和谐民族关系的基础除了结构相融和利益相连之外,还必须强调情感相通。多民族国家文化、宗教、习俗、语言差异,加之社会竞争容易导致不同群体之间的心理疏离。在某种意义上来说,营造民族之间的共同情感在难度上要远大于建立结构和利益的勾连,这使得和谐民族关系的心理基础时常成为难题。通常人们认为,不同民族群体之间的情感关联路径是唯一的,即只能通过民族个体或群体之间的交往互动,在增进彼此认识、理解及合作的基础上形成。在这种视角之下,不同民族群体之间的身份区隔以及宗教、文化、语言等方面的差异就往往成为难以跨越的障碍。从社会融合的视角来思考,则可以为民族关系的心理基础提供一个全新的视角。不同民族的成员都具有一个共同的身份——生活在同一个社会中的社会成员,通过促进不同民族群体和个体的社会融合,使得他们进入到社会结构之中,成为依赖于社会结构而生存的一部分。这个共同的社会身份能够成为塑造不同民族群体共同心理的基础所在。相对而言,前者是一个“存异”的过程,通过对异质性的宽容理解来建立情感关联;后者则是一个“求同”的过程,通过寻求异质群体之间的共性而达到情感关联。此外,民族认同与国家认同之间的张力问题历来是多民族国家建设的理论难点,很多学者寄望于通过政治、经济、文化、法律手段实现认同整合,却往往在实践中难以突破族裔身份与公民身份的对垒。促进社会融合,建构社会认同,并将社会认同作为民族认同与国家认同的沟通桥梁,这种认同沟通模式将不失为多民族国家建设的一种有益尝试。

构建各民族相互嵌入式社区环境的中国探索*

各民族相互嵌入式社区环境被视作促进各民族交往交流交融的基础条件,因此这一政策表述在提出后迅速得到了理论界和学术界的高度关注。习近平总书记在 2021 年中央民族工作会议上强调:“要充分考虑不同民族、不同地区的实际,统筹城乡建设布局规划和公共服务资源配置,完善政策举措,营造环境氛围,逐步实现各民族在空间、文化、经济、社会、心理等方面的全方位嵌入。”①对于推动各民族全方位嵌入而言,构建各民族相互嵌入式社区环境既是题中之义,也是实践基础所在。各民族相互嵌入式社区环境表面看来是空间营造议题,本质上却关涉族际居住格局问题。族际居住格局指的是多民族社会中各民族在居住空间上的分布组合状况,通常可以从社区、地区以及国家三个层面予以衡量。在多民族国家中,族际居住格局备受人们关注,因为特定的族际居住格局既能反映族际关系的现状也能形塑族际关系的未来。作为历史形成的统一的多民族国家,中国各民族人口现有的宏观分布格局和微观居住格局都有其内在逻辑与外在特征。客观审视中国各民族人口居住格局问题,并在此基

---

* 本文以“族际居住格局调整的西方实践和中国探索——兼论如何建立各民族相互嵌入式社区环境”为题发表于《民族研究》2016 年第 1 期,有删节改动。

① 《习近平谈治国理政》第四卷,外文出版社 2022 年版,第 247 页。

础上思考如何构建各民族相互嵌入式社会结构和社区环境,对于铸牢中华民族共同体意识、推动中华民族共同体建设具有极为重要的现实意义。

一、中国族际居住格局的研究现状

关于中国的族际居住格局,国人乃至学界的认识至今仍停留在“大杂居、小聚居”的基本概括上。与边疆—内地、民族地区—非民族地区类似,这类宏观表述已经不足以支撑政策实践的现实需要。相对于西方国家在族际居住格局方面系统而深入的研究,中国的族际居住格局研究长期停滞在初步阶段。从国内已有成果来看,比较重要的如马戎等在早期对内蒙古和西藏地区族际居住格局的研究,①近期的如李晓霞对新疆地区汉族和维吾尔族族际居住格局问题的详细调研。② 此外,马宗宝等对宁夏银川回汉民族居住格局的研究,③王俊敏对内蒙古自治区呼和浩特民族居住格局的研究,④梁茂春对广西壮族自治区南宁市族际居住格局的研究,⑤王建基对新疆维吾尔自治区乌鲁木齐市民族居住格局的研究等,⑥也具有一定的学术影响力。总结而言,中国当前的族际居住格局研究存在如下问题:理论与实证研究均数量不多;质性认识缺乏量化支撑;

① 马戎、潘乃谷:《居住形式、社会交往与蒙汉民族关系——从赤峰调查看影响民族关系的因素》,《中国社会科学》1989 年第 3 期;马戎:《拉萨市区藏汉民族之间社会交往的条件》,《社会学研究》1990 年第 3 期。

② 李晓霞:《聚居还是混居——新疆南部汉族农民的居住格局与维汉关系》,《新疆大学学报》2011 年第 3 期;李晓霞:《新疆快速城市化过程与民族居住格局变迁》,载《2012年中国社会学年会西部民族地区社会建设理论创新与政策设计论文集》。

③ 马宗保、金英花:《银川市区回汉民族居住格局变迁及其对民族间社会交往的影响》,《回族研究》1997 年第 2 期。

④ 王俊敏:《呼和浩特市区的民族迁移与居住格局》,《西北民族研究》1997 年第 2 期。

⑤ 梁茂春:《南宁市区汉壮民族的居住格局》,《广西民族学院学报》2001 年第 5 期。

⑥ 王建基:《乌鲁木齐市民族居住格局与民族关系》,《西北民族研究》2000 年第 1 期。

区域差异或族际差异未被细化；政策评估和现实指导意义较弱；以族际居住格局作因变量的研究，未能解释相关领域的一些新变化；以族际居住格局作自变量的研究，未能全面挖掘其社会后果。

二、中国族际居住格局的现实挑战

前文在分析时曾指出，西方国家普遍将少数族群族内聚集而族际隔离的居住格局视作社会问题，应对社会问题的现实需要成为其相关研究勃兴的根本动力。从相反的角度，这种解释思路恰好可以解释中国相关研究不充分的原因：我国的族际居住格局长期以来未被视作社会问题，学界缺乏对其重点关注的动因。与西方国家族际居住格局问题的外生性不同，中国的族际居住格局问题具有明显的内生性。中国作为一个历史悠久的多民族国家，各民族既有自己传统的生息繁衍之地，同时也在长期的历史交往过程中不断迁徙和相互融入，自然而然地形成了今天的族际居住格局。尽管存在一些城市化过程中形成的民族聚落所带来的治安问题，但由于影响范围有限且并非普遍存在，政府和学界也未将其上升到社会问题的高度，通常以加强社区管理予以应对。

在 2014 年中央召开的系列民族事务工作会议上，①“建立各民族相互嵌入式的社会结构和社区环境”被再三强调，其中民族互嵌式社区结构被理解为尝试对现有族际居住格局进行调整。毋庸讳言，这一政策表述一改中国共产党长期以来对既有族际居住格局不予干预的总体态度。此种政策话语的转变在某种程度上反映了当前中国在族际居住格局上面临着现实挑战，对此我们可以从以下几个方面予以阐述。

首先，广泛而快速的人口流动对原有的族际居住格局形成了巨大的

① 2014 年的三次中央会议分别是：中共中央政治局“进一步推进新疆社会稳定和长治久安工作会议”；第二次中央新疆工作座谈会；中央民族工作会议。

冲击。随着市场经济的发展、城市化浪潮以及西部大开发的推进,城市地区涌入了大量的少数民族人口,而历史上一些传统的少数民族聚居区域也不断涌入其他民族人口。短期内大规模的人口流动冲击了既有的族际居住模式,并催生了很多新的民族聚居社区和多民族杂居社区。在此背景之下,中央寄望将族际居住格局从无序变动转化为有序变动,将族际居住格局变动对族际关系和社会秩序的影响置于可控范围之内。

其次,在人口流动频繁、族际接触增多、社会分化明显、意识形态多元、利益分配纠葛的形势下继续加强和巩固民族团结,已经成为民族政策实践中不可回避的现实话题。民族互嵌式社区结构的提出,可以视作是中央从基层社区层面尝试解决中国民族关系和民族团结问题的一种政策构想。

最后,我国传统的族际居住格局中存在不利于民族交往交流交融的因素,这也是促使中央提出建立各民族相互嵌入式社区环境的现实背景之一。中国作为历史悠久的多民族国家,在长期的民族互动过程中形成了"大杂居、小聚居"的居住格局。这种在各民族"背靠背"的时代所形成的族际居住模式是否适应如今各民族"面对面"的形势需要?这是一个值得考量的问题。

三、对"建立各民族相互嵌入式社区环境"的理论思考

"建立各民族相互嵌入式社区环境"这一政策表述表明了中央对族际居住格局的高度关注,明确提出对族际居住格局进行调整引导。这种思路对于促进民族交往交流交融具有重要的意义,对于巩固民族团结和提升民族关系也具有积极作用。在政策转型的过程中,既要避免不能充分认识新政策积极意义的保守心态,也要避免新政策推行中的急躁冒进

行为。结合西方在族际居住格局调整方面的研究,考虑中国民族关系和社会现实,我们有必要对这种族际居住格局调整的思路进行理论思考。

第一,建立各民族相互嵌入式社区环境不能盲目,要做好一系列基础性调查研究工作。例如,不同地区、不同民族的族际居住格局现状如何?其共同点和差异性是什么?族际居住格局形成的决定性因素有哪些?现有族际居住格局对族际互动和民族关系的具体影响如何?政府推动民族互嵌式社区环境建设,少数族群的民众是否愿意接受?主流社会和主体族群的民众是否配合?当前中国族际居住格局的基础性研究,尚不足以为民族互嵌式社区环境的政策实践提供足够的理论和实证支撑。

第二,建立各民族相互嵌入式社区环境不能一刀切,要根据实际情况有所区分。我国不同地区、不同民族的族际居住模式存在明显差异,这要求我们在理论层面必须充分认识理解现有居住格局背后的社会与文化意涵,在政策层面应该充分契合特定地区特定民族的历史文化与现实需求。在传统民族聚居区域,不宜强制推行民族互嵌,但应该为民族交往互动创造有利的制度条件和社会氛围;在城市新兴社区,则可以加强引导发展多民族混居杂居社区,通过民族互嵌巩固民族团结。

第三,建立各民族相互嵌入式社区环境,只能作为政策手段,而不能视作政策目标。在政策定位上,民族互嵌式社区环境只是促进民族交往交流交融、巩固民族关系和加强民族团结的手段。在推动民族互嵌式社区的建设过程中,必须因地制宜、因时制宜,不能机械地将互嵌程度作为政策评估的核心指标。从西方国家的实践来看,族际居住格局调整政策的实施过程与实施后果都具有相当的复杂性。机械地推动民族互嵌,结果可能是有害于民族关系和民族团结的大局。

第四,建立各民族相互嵌入式社区环境,要注重对社会融合的促进作用。族际居住格局调整的毕竟只能创造外部条件,它在民族关系的一些核心问题解决上直接作用有限。将族际居住格局的调整作为促进社会融合的一个契机,则具有更为重要的实践意义。西方国家的政策实践证明,相对于单纯的居住空间干预,将族际居住格局调整与社会融合相结合能取得更好的政策效果。在中国学界,通常被学者翻译成社会融合的有三个英文词汇,分别是意指消除社会结构分割的 social integration、消除社会资源排斥的 social inclusion、消除社会心理疏离的 social cohesion。[①] 当族际居住格局调整能够兼具消除社会结构分割、社会资源排斥和社会心理疏离的功能之时,这种族际居住格局调整才更有成功的可能。

第五,建立各民族相互嵌入式社区环境,现阶段应以城市少数民族流动人口安置为工作重点。改革开放以来,少数民族流动人口陆续流入城市地区。当前,中央又提出扩大少数民族群众到内地接受教育、就业和居住的规模,在未来一段时期内城市少数民族流动人口数量将呈稳定增长态势。大量调查研究发现,少数民族流动人口普遍面临不同程度的社会融合危机,对其自身发展和社会稳定都带来不利影响。2014 年中央民族工作会议和 2016 年全国城市民族工作会议相继强调建立相互嵌入的社会结构和社区环境,“让城市更好接纳少数民族群众、让少数民族群众更好融入城市”。无论从必要性还是从可行性来看,以城市少数民族流动人口安置作为建立各民族互嵌式社区环境的入手点和突破点,都不失为最合理的选择。

---

① 郝亚明:《民族互嵌式社会结构:现实背景、理论内涵及实践路径分析》,《西南民族大学学报》2015 年第 3 期。

参考文献

一、中文著作

《习近平谈治国理政》第一卷,外文出版社 2018 年版。

《习近平谈治国理政》第三卷,外文出版社 2020 年版。

《习近平谈治国理政》第四卷,外文出版社 2022 年版。

习近平:《高举中国特色社会主义伟大旗帜　为全面建设社会主义现代化国家而团结奋斗——在中国共产党第二十次全国代表大会上的报告》,人民出版社 2022 年版。

习近平:《决胜全面建成小康社会　夺取新时代中国特色社会主义伟大胜利——在中国共产党第十九次全国代表大会上的报告》,人民出版社 2017 年版。

《习近平外交演讲集》第一卷,中央文献出版社 2022 年版。

习近平:《在"不忘初心、牢记使命"主题教育总结大会上的讲话》,人民出版社 2020 年版。

习近平:《在全国民族团结进步表彰大会上的讲话》,人民出版社 2019 年版。

习近平:《在纪念孔子诞辰 2565 周年国际学术研讨会暨国际儒学联合会第五届会员大会开幕会上的讲话》,人民出版社 2014 年版。

《习近平著作选读》第二卷,人民出版社 2023 年版。

中共中央统一战线工作部、国家民族事务委员会编:《中央民族工作会议精神学习辅导读本》,民族出版社 2022 年版。

中共中央宣传部编:《习近平新时代中国特色社会主义思想学习纲要(2023 年版)》,学习出版社、人民出版社 2023 年版,第 178 页。

中共中央文献研究室编:《习近平关于社会主义政治建设论述摘编》,中央文献出版社 2017 年版。

中共中央宣传部编:《习近平总书记系列重要讲话读本(2016 年版)》,人民出版社 2016 年版。

国家民委政策研究室:《中央民族工作会议创新观点面对面》,民族出版社 2015 年版。

国家民族事务委员会编:《中央民族工作会议精神学习辅导读本(增订本)》,民族出版社 2019 年版。

中华人民共和国国务院新闻办公室:《中国的民族政策与各民族共同繁荣发展》,人民出版社 2009 年版。

包亚明主编:《现代性与空间的生产》,上海教育出版社 2003 年版。

费孝通主编:《中华民族多元一体格局》,中央民族大学出版社 1999 年版。

关凯:《族群政治》,中央民族大学出版社 2007 年版。

黄兴涛:《重塑中华:近代中国的中华民族观念研究》,北京师范大学出版社 2017 年版。

李春玲:《断裂与碎片:当代中国社会阶层分化实证分析》,社会科学文献出版社 2005 年版。

梁启超:《饮冰室文集点校》,云南教育出版社 2011 年版。

刘诚:《卢梭的两个世界——对卢梭的国家观与社会观的一个初步解读》,载邓正来主编:《中国书评(第二辑)》,广西师范大学出版社 2005 年版。

马戎:《"中华民族是一个":围绕 1939 年这一议题的大讨论》,社会科学文献出版社 2016 年版。

马戎:《民族社会学——社会学的族群关系研究》,北京大学出版社 2004 年版。

马戎编:《西方民族社会学的理论与方法》,天津人民出版社 1997 年版。

宁骚:《民族与国家——民族关系与民族政策的国际比较》,北京大学出版社 1995 年版。

孙军:《马克思主义民族理论中国化早期进程研究(1921—1938)》,中央民族大学出版社 2018 年版。

王建民、张海洋、胡鸿保:《中国民族学史》(下),云南教育出版社 1998 年版。

刘建军、陈超群主编:《执政的逻辑:政党、国家与社会(复旦政治学评论第三辑)》,上海辞书出版社 2005 年版。

俞可平等:《全球化与国家主权》,社会科学文献出版社 2004 年版。

中国科学院可持续发展战略研究组:《2004 中国可持续发展战略研究报告》,科学出版社 2004 年版。

二、中文译作

《马克思恩格斯选集》第 4 卷,人民出版社 2012 年版。

[德]斐迪南·滕尼斯:《共同体与社会》,林荣远译,商务印书馆 1999 年版。

[德]盖奥尔格·西美尔:《社会学——关于社会化形式的研究》,林荣远译,华夏出版社 2002 年版。

[德]李峻石:《何故为敌:族群与宗教冲突论纲》,吴秀杰译,社会科学文献出版社 2017 年版。

[法]埃米尔·迪尔凯姆:《自杀论》,冯韵文译,商务印书馆 1996 年版。

[法]埃米尔·涂尔干:《社会分工论》,渠东译,生活·读书·新知三联书店 2000 年版。

[法]德拉诺瓦:《民族与民族主义》,郑文彬、洪晖译,生活·读书·新知三联书店 2005 年版。

[古希腊]亚里士多德:《政治学》,颜一等译,中国人民大学出版社 2003 年版。

[美]本尼迪克特·安德森:《想象的共同体:民族主义的起源与散布》,吴叡人译,上海人民出版社 2003 年版。

[美]加布里埃尔·A.阿尔蒙德、小 G.宾厄姆·鲍威尔:《比较政治学:体系、过程和政策》,曹沛霖等译,上海译文出版社 1987 年版。

[美]鲁恂·W.派伊:《政治发展面面观》,任晓、王元译,天津人民出版社 2009 年版。

[美]迈克·沃尔泽:《正义诸领域:为多元主义与平等一辩》,褚松燕译,译

林出版社 2002 年版。

[美]迈克尔 · J.桑德尔:《自由主义与正义的局限》,万俊人译,译林出版社 2011 年版。

[美]米尔顿 · M.戈登:《美国生活中的同化》,马戎译,译林出版社 2015 年版。

[美]乔治 · 莱考夫、马克 · 约翰逊:《我们赖以生存的隐喻》,何文忠译,浙江大学出版社 2015 年版。

[美]塞缪尔 · 亨廷顿:《文明的冲突与世界秩序的重建》,周琪等译,新华出版社 2010 年版。

[美]塞缪尔 · 亨廷顿:《我们是谁? ——美国国家特性面临的挑战》,程克雄译,新华出版社 2005 年版。

[美]斯蒂文 · 郝瑞:《田野中的族群关系与民族认同》,巴莫阿依、曲木铁西译,广西人民出版社 2000 年版。

[英]C.W.沃特森:《多元文化主义》,叶兴艺译,吉林人民出版社 2005 年版。

[英]埃里克 · 霍布斯鲍姆:《民族与民族主义》,李金梅译,上海世纪出版集团 2006 年版。

[英]安德鲁 · 海伍德:《政治学核心概念》,吴勇译,天津人民出版社 2008 年版。

[英]安东尼 · 史密斯:《民族主义——理论、意识形态、历史》,叶江译,上海世纪出版集团 2006 年版。

[英]安东尼 · 史密斯:《全球化时代的民族与民族主义》,龚维斌、良警宇译,中央编译出版社 2002 年版。

[英]戴维 · 米勒、韦农 · 波格丹诺:《布莱克维尔政治学百科全书》,邓正来等译,中国政法大学出版社 1992 年版。

[英]厄内斯特 · 盖尔纳:《民族和民族主义》,韩红译,中央编译出版社 2002 年版。

[英]雷蒙 · 威廉斯:《关键词:文化与社会的词汇》,刘建基译,生活 · 读书 · 新知三联书店 2005 年版。

[美]曼纽尔 · 卡斯特:《认同的力量》,夏铸九、黄丽玲等译,社会科学文献

出版社 2003 年版。

[英]梅因:《古代法》,沈景一译,商务印书馆 1959 年版。

[英]诺曼·费尔克拉夫:《话语与社会变迁》,殷晓蓉译,华夏出版社 2003 年版。

[英]齐格蒙特·鲍曼:《共同体》,欧阳景根译,江苏人民出版社 2003 年版。

三、中文期刊

习近平:《把握新发展阶段,贯彻新发展理念,构建新发展格局》,《求是》2021 年第 9 期。

习近平:《辩证唯物主义是中国共产党人的世界观和方法论》,《求是》2019 年第 1 期。

[加]威尔·金里卡:《多元文化主义的兴衰?关于多样性社会中接纳和包容的新争论》,焦兵译,《国际社会科学杂志(中文版)》2019 年第 3 期。

[加]威尔·金里卡:《多民族国家中的认同政治》,刘曙辉译,《马克思主义与现实》2010 年第 2 期。

[意]恩佐·科伦波:《多元文化主义:西方社会有关多元文化的争论概述》,郭莲译,《国外理论动态》2017 年第 4 期。

[英]安东尼·吉登斯:《全球时代的民族国家》,郭忠华、何莉君译,《中山大学学报》2008 年第 1 期。

巴特尔:《深入学习贯彻习近平新时代中国特色社会主义思想奋力开创新时代民族工作新局面》,《中国民族》2018 年第 1 期。

本刊评论员:《坚定不移走中国特色解决民族问题的正确道路》,《求是》2014 年第 20 期。

曹正汉:《“强政权、弱国家”:中国历史上一种国家强弱观》,《开放时代》2019 年第 2 期。

常安:《理解民族区域自治法:社会主义的视角》,《中央社会主义学院学报》2019 年第 4 期。

陈建樾:《激荡与互动:中国共产党民族团结思想的提出与清晰化》,《西南民族大学学报》2017 年第 2 期。

陈建樾:《认同与承认——基于西方相关政治理论的思考》,《民族研究》2010 年第 3 期。

陈连开:《关于中华民族结构的学术新体系——中华民族多元一体格局理论的评述》,《民族研究》1992 年第 6 期。

陈连开:《中华民族之含义及形成史的分期》,《社会科学战线》1996 年第 4 期。

陈美萍:《共同体(Community):一个社会学话语的演变》,《南通大学学报》2009 年第 1 期。

陈永亮:《关于“加强民族交往交流交融”理论的思考》,《民族论坛》2014 年第 12 期。

成伯清:《社会建设的情感维度——从社群主义的观点看》,《南京社会科学》2011 年第 1 期。

费孝通:《简述我的民族研究经历和思考》,《北京大学学报》1997 年第 2 期。

费孝通:《中华民族的多元一体格局》,《北京大学学报》1989 年第 4 期。

费孝通:《中华民族研究的新探索》,《北京大学学报》1990 年第 4 期。

高永久、陈纪:《论中华民族共有精神家园的内涵与价值核心》,《科学社会主义》2008 年第 2 期。

高永久、朱军:《论多民族国家中的民族认同与国家认同》,《民族研究》2010 年第 2 期。

龚群:《当代社群主义的共同体观念》,《社会科学辑刊》2013 年第 1 期。

谷苞:《中华民族多元一体格局赖以形成的基本条件》,《西北民族研究》1993 年第 1 期。

关凯:《建构中华民族共同体:一种新的文化政治理论》,《中央社会主义学院学报》2017 年第 5 期。

关凯:《社会竞争与族群建构:反思西方资源竞争理论》,《民族研究》2012 年第 5 期。

郝时远、张海洋、马戎:《构建新型民族关系》,《西北民族研究》2014 年第 1 期。

郝时远:《改革开放四十年民族事务的实践与讨论》,《中央社会主义学院学报》2018 年第 4 期。

郝时远:《坚持马克思主义民族理论的指导地位》,《民族研究》2004 年第 3 期。

郝时远:《民族团结进步的新境界:铸牢中华民族共同体意识》,《西部蒙古论坛》2020 年第 3 期。

郝时远:《习近平新时代中国特色社会主义思想与民族工作》,《民族研究》2017 年第 6 期。

郝亚明、秦玉莹:《中华民族共同体意识研究的热点分析与路径演化——基于 Citespace 的知识图谱分析》,《中南民族大学学报》2021 年第 2 期。

郝亚明:《城市与移民:西方族际居住隔离研究述论》,《民族研究》2012 年第 6 期。

郝亚明:《美国的种族居住隔离:理论与现实》,《世界民族》2013 年第 1 期。

郝亚明:《少数民族文化与中华民族共有精神家园建设》,《广西民族研究》2009 年第 1 期。

郝亚明:《心理学视角下的国家认同与族群认同关系探究》,《南开学报》2019 年第 6 期。

郝亚明:《中华民族认同:中华民族共有精神家园的建设目标》,《广西民族研究》2011 年第 1 期。

何叔涛:《论多民族国家民族认同与国家认同的特点及互动》,《云南民族大学学报》2011 年第 6 期。

胡鞍钢、胡联合:《第二代民族政策:促进民族交融一体和繁荣一体》,《新疆师范大学学报》2011 年第 5 期。

焦兵:《族群冲突:基于安全困境的解释》,《国际论坛》2014 年第 3 期。

焦兵:《族群冲突理论:一种批判性考察》,《青海社会科学》2013 年第 3 期。

金炳镐、周传斌:《马克思主义民族理论与中国民族理论学科——纪念马克思逝世 120 周年》,《民族研究》2003 年第 5 期。

郎维伟、陈瑛、张宁:《中华民族共同体意识与“五个认同”关系研究》,《北方民族大学学报》2018 年第 3 期。

李崇富:《论治国理政的“底线思维”》,《马克思主义研究》2016 年第 3 期。

李大龙:《对中华民族(国民)凝聚轨迹的理论解读——从梁启超、顾颉刚到费孝通》,《思想战线》2017 年第 3 期。

李慧凤、蔡旭昶:《“共同体”概念的演变、应用与公民社会》,《学术月刊》2010 年第 6 期。

李强:《丁字型社会结构与结构紧张》,《社会学研究》2005 年第 2 期。

李荣山:《共同体的命运——从赫尔德到当代的变局》,《社会学研究》2015 年第 1 期。

李荣山:《共同体与道德——论马克思道德学说对德国历史主义传统的超越》,《社会学研究》2018 年第 2 期。

李翔海:《中华民族伟大复兴需要中华文化发展繁荣——学习习近平同志在山东考察时的重要讲话精神》,《求是》2013 年第 24 期。

李晓霞:《聚居还是混居——新疆南部汉族农民的居住格局与维汉关系》,《新疆大学学报》2011 年第 3 期。

李智环:《民族认同与国家认同研究述论》,《西南科技大学学报》2012 年第 2 期。

梁茂春:《南宁市区汉壮民族的居住格局》,《广西民族学院学报》2001 年第 5 期。

刘力达:《高认同与高冲突:反思共和模式下法国的移民问题及其政策》,《民族研究》2013 年第 5 期。

刘朦、王磊裔:《历史、记忆及民族认同——兼谈王明珂的两本著作》,《西北民族大学学报》2014 年第 3 期。

刘有安:《多民族城市中的族际交往及和谐民族关系构建》,《内蒙古社会科学》2012 年第 6 期。

麻国庆、关凯、施爱东等:《多学科聚力铸牢中华民族共同体意识研究》,《西北民族研究》2020 年第 2 期。

马德普:《跳出西方民族国家话语的窠臼》,《政治学研究》2019 年第 2 期。

马俊毅:《中华民族共同体与人类命运共同体视角下的民族研究》,《贵州民族研究》2019 年第 11 期。

马戎、潘乃谷:《居住形式、社会交往与蒙汉民族关系——从赤峰调查看影响民族关系的因素》,《中国社会科学》1989 年第 3 期。

马戎:《拉萨市区藏汉民族之间社会交往的条件》,《社会学研究》1990 年第 3 期。

马戎:《理解民族关系的新思路——少数族群问题的“去政治化”》,《北京大学学报》2004 年第 6 期。

马戎:《中国各族群之间的结构性差异》,《社会科学战线》2003 年第 4 期。

马戎:《中国社会的另一类“二元结构”》,《北京大学学报(哲学社会科学版)》2010 年第 3 期。

马戎:《重建中华民族多元一体格局的新的历史条件》,《北京大学学报》1989 年第 4 期。

马宗保、金英花:《银川市区回汉民族居住格局变迁及其对民族间社会交往的影响》,《回族研究》1997 年第 2 期。

宁亚芳:《中国民族地区现代化建设成效与基本经验》,《民族研究》2021 年第 6 期。

潘广辉、吴婧:《民族问题与苏联解体——欧、美学界的研究》,《世界民族》2006 年第 1 期。

庞金友:《族群身份与国家认同:多元文化主义与自由主义的当代论争》,《浙江社会科学》2007 年第 4 期。

平维彬、严庆:《从文化族类观到国家民族观的嬗变——兼论“中华民族共同体意识”的理论来源》,《贵州民族研究》2017 年第 4 期。

钱雪梅:《从认同的基本特性看族群认同与国家认同的关系》,《民族研究》2006 年第 6 期。

青觉、徐欣顺:《论新时代党的民族理论政策:思想内涵与实践要求——基于第五次中央民族工作会议精神的解读》,《广西民族研究》2022 年第 2 期。

青觉、徐欣顺:《中华民族共同体意识:概念内涵、要素分析与实践逻辑》,《民族研究》2018 年第 6 期。

卿文辉、张润:《农业文明、工业文明与民族主义——盖尔纳民族理论解读》,《欧洲研究》2004 年第 1 期。

饶志华、于春洋:《论民族建设与国家建设》,《西南民族大学学报》2013 年第 11 期。

邵和平:《论炎黄文化与建设中华民族共有精神家园的关系》,《学习与实践》2008 年第 3 期。

宋蜀华:《认识中华民族构成的一把钥匙——〈中华民族多元一体格局〉读后》,《中央民族大学学报》2000 年第 3 期。

唐世平、王凯:《族群冲突研究:历程、现状与趋势》,《欧洲研究》2018 年第 1 期。

唐世平:《“安全困境”和族群冲突——迈向一个动态和整合的族群冲突理论》,《欧洲研究》2014 年第 3 期。

汪火根:《社会共同体的演进及其重构》,《重庆社会科学》2011 年第 10 期。

王建娥:《多民族国家建构认同的制度模式分析——以加拿大为例》,《民族研究》2013 年第 2 期。

王建娥:《国家建构与民族建构:内涵、特征及联系——以欧洲国家经验为例》,《西北师大学报》2010 年第 2 期。

王建基:《乌鲁木齐市民族居住格局与民族关系》,《西北民族研究》2000 年第 1 期。

王俊敏:《呼和浩特市区的民族迁移与居住格局》,《西北民族研究》1997 年第 2 期。

王凯、唐世平:《安全困境与族群冲突——基于“机制+因素”的分析框架》,《国际政治科学》2013 年第 3 期。

王立:《共同体之辨》,《人文杂志》2013 年第 9 期。

王露璐:《共同体:从传统到现代的转变及其伦理意蕴》,《伦理学研究》2014 年第 6 期。

王平:《反思与检讨:“中华民族共同体”研究规范化的若干基本问题》,《思想战线》2017 年第 3 期。

王文光、徐媛媛:《中华民族共同体意识形成与发展的历史过程研究论纲》,《思想战线》2018 年第 2 期。

王希:《美国历史上的“国家利益”问题》,《美国研究》2003 年第 2 期。

王希恩:《论“民族建设”》,《中国社会科学院研究生院学报》2004 年第

3 期。

王希恩:《民族的融合、交融及互嵌》,《学术界》2016 年第 4 期。

王延中:《扎实推进中华民族共同体建设》,《民族研究》2022 年第 1 期。

王延中:《铸牢中华民族共同体意识建设中华民族共同体》,《民族研究》2018 年第 1 期。

王卓君、何华玲:《全球化时代的国家认同:危机与重构》,《中国社会科学》2013 年第 9 期。

项飚:《普通人的“国家”理论》,《开放时代》2010 年第 10 期。

肖滨:《两种公民身份与国家认同的双元结构》,《武汉大学学报》2010 年第 1 期。

许纪霖:《国族、民族与族群:作为国族的中华民族如何可能》,《西北民族研究》2017 年第 4 期。

许章润:《论现代民族国家是一个法律共同体》,《政法论坛》2008 年第 3 期。

闫伟杰:《当代西方民族主义研究范式述论》,《民族研究》2008 年第 4 期。

严庆:《本体与意识视角的中华民族共同体建设》,《西南民族大学学报》2017 年第 3 期。

杨鹍飞:《居住空间与民族关系再造:民族互嵌型社区的文献述评与研究展望》,《新疆师范大学学报》2019 年第 2 期。

杨立峰:《论多民族国家的双重内涵》,《学术界》2020 年第 8 期。

杨寿川:《我国民族经济政策与实践》,《思想战线》2000 年第 4 期。

杨须爱:《“三交”理念提出以来的争论及反思》,《西南民族大学学报》2016 年第 4 期。

杨须爱:《马克思主义民族融合理论在新中国的发展及“民族交往交流交融”提出的思想轨迹》,《民族研究》2016 年第 1 期。

姚大志:《什么是社群主义》,《江海学刊》2017 年第 5 期。

尤权:《做好新时代党的民族工作的科学指引——学习贯彻习近平总书记在中央民族工作会议上的重要讲话精神》,《求是》2021 年第 21 期。

余彬:《国际移民认同危机与族群身份政治运行机制研究》,《民族研究》2013 年第 5 期。

俞可平:《当代西方社群主义及其公益政治学评析》,《中国社会科学》1998年第3期。

袁娥:《民族认同与国家认同研究述评》,《民族研究》2011年第5期。

袁光锋:《“人民”概念与政治现代性》,《党史研究与教学》2015年第2期。

悦中山等:《当代西方社会融合研究的概念、理论及应用》,《公共管理学报》2009年第2期。

张宝成:《民族认同与国家认同之比较》,《贵州民族研究》2010年第3期。

张凤阳:《西方民族—国家成长的历史与逻辑》,《中国社会科学》2015年第6期。

张国祚:《谈谈“底线思维”》,《求是》2013年第19期。

张会龙、朱碧波:《中华国家范式:民族国家理论的省思与突破》,《政治学研究》2021年第2期。

张金岭:《欧洲文化多元主义:理念与反思》,《欧洲研究》2012年第4期。

张力、常士訚:《国家建构与民族建构:多族群国家政治整合两要务》,《东南学术》2015年第6期。

张三南:《“两个共同体理念”与马克思主义民族理论中国化》,《学术界》2020年第1期。

张三南:《论马克思主义民族理论中国化的历史发展——从经典作家民族理论到“中国模式”》,《民族研究》2010年第1期。

张少春:《团结之路70年:新中国民族团结理论与实践的历史脉络》,《西北民族研究》2019年第3期。

张雪雁:《主体性视域下少数民族的国家认同建构逻辑》,《民族研究》2014年第6期。

张莹瑞、佐斌:《社会认同理论及其发展》,《心理科学进展》2006年第3期。

张永红、刘德一:《试论族群认同和国族认同》,《中南民族大学学报》2005年第2期。

郑杭生、李路路:《社会结构与社会和谐》,《中国人民大学学报》2005年第2期。

周光辉、刘向东:《全球化时代发展中国家的国家认同危机及治理》,《中国社会科学》2013 年第 9 期。

周平:《对民族国家的再认识》,《政治学研究》2009 年第 4 期。

周平:《多民族国家的国家认同问题分析》,《政治学研究》2013 年第 1 期。

周平:《民族政策的价值取向及我国民族政策价值取向的调整》,《学术探索》2002 年第 6 期。

周平:《中华民族:中华现代国家的基石》,《政治学研究》2015 年第 4 期。

周平:《铸牢中华民族共同体意识的双重进路》,《学术界》2020 年第 8 期。

周少青:《论两个共同体理念的世界意义》,《西北民族研究》2020 年第 2 期。

周伟洲:《中华文化与中华民族共有精神家园的建设》,《民族研究》2008 年第 4 期。

朱碧波:《论中华民族共同体的多维构建》,《青海民族研究》2016 年第 1 期。

朱慧玲:《共同体主义还是共和主义?——桑德尔政治哲学立场评定与剖析》,《世界哲学》2011 年第 3 期。

朱伦:《论“民族—国家”与“多民族国家”》,《世界民族》1997 年第 3 期。

四、中文报纸

《2019 年度中国十大学术研究热点》,《光明日报》2020 年 1 月 22 日。

《高举中国特色社会主义伟大旗帜,全面贯彻新时代中国特色社会主义思想——习近平同志代表第十九届中央委员会向大会作的报告摘登》,《人民日报》2022 年 10 月 17 日。

《共享民族复兴的伟大荣光——习近平总书记关于民族团结进步重要论述综述》,《人民日报》2021 年 8 月 25 日。

《汪洋出席全国政协民宗委主题协商座谈会》,《光明日报》2020 年 12 月 3 日。

《习近平在参加党的二十大广西代表团讨论时强调 心往一处想劲往一处使推动中华民族伟大复兴号巨轮乘风破浪扬帆远航》,《人民日报》2022 年 10 月 18 日。

《习近平在第二次中央新疆工作座谈会上强调 坚持依法治疆团结稳疆长期建疆团结各族人民建设社会主义新疆》,《人民日报》2014 年 5 月 30 日。

《习近平在二十届中共中央政治局常委同中外记者见面时强调　始终坚持一切为了人民一切依靠人民　以中国式现代化全面推进中华民族伟大复兴》,《人民日报》2022 年 10 月 24 日。

《习近平在中共中央政治局第二十次集体学习时强调　坚持运用辩证唯物主义世界观方法论提高解决我国改革发展基本问题本领》,《人民日报》2015 年 1 月 25 日。

《习近平在中央民族工作会议上强调　以铸牢中华民族共同体意识为主线　推动新时代党的民族工作高质量发展　李克强主持　栗战书王沪宁赵乐际韩正出席　汪洋讲话》,《人民日报》2021 年 8 月 29 日。

《中共中央关于党的百年奋斗重大成就和历史经验的决议》,《人民日报》2021 年 11 月 17 日。

《中共中央关于制定国民经济和社会发展第十四个五年规划和二〇三五年远景目标的建议》,《人民日报》2020 年 11 月 4 日。

《中共中央政治局召开会议研究进一步推进新疆社会稳定和长治久安工作》,《人民日报》2014 年 5 月 27 日。

《中央民族工作会议暨国务院第六次全国民族团结进步表彰大会在北京举行》,《人民日报》2014 年 9 月 30 日。

丁凡平:《全面小康:一个民族都不能少》,《内蒙古日报》2017 年 6 月 12 日。

高长武:《全面把握“两个大局”》,《人民日报(海外版)》2020 年 7 月 16 日。

哈正利、杨胜才:《中华民族共同体意识基本内涵探析》,《中国民族报》2017 年 2 月 24 日。

郝亚明:《建立各民族相互嵌入型社会结构》,《中国社会科学报》2014 年 7 月 11 日。

郝亚明:《深刻把握“两个大局”时代背景》,《中国民族报》2021 年 11 月 16 日。

马戎:《中国和中华民族不等于汉族》,《中国民族报》2010 年 6 月 11 日。

沈桂萍:《从六方面着力,铸牢中华民族共同体意识》,《中国民族报》2017 年 11 月 3 日。

《中央民族工作会议暨国务院第六次全国民族团结进步表彰大会在北京举

行》,《人民日报》2014 年 9 月 30 日。

宋月红:《历史虚无主义问题的实质是历史观问题》,《光明日报》2018 年 2 月 14 日。

吴瀚飞:《努力掌握和善于运用科学思维方式——深入学习习近平同志关于思维方式的重要论述》,《人民日报》2017 年 6 月 8 日。

《中办国办印发〈关于全面深入持久开展民族团结进步创建工作铸牢中华民族共同体意识的意见〉》,《人民日报》2019 年 10 月 24 日。

中共国家民委党组:《以铸牢中华民族共同体意识为主线　推进新时代党的民族工作高质量发展的纲领性文献——深入学习贯彻习近平总书记在中央民族工作会议上的重要讲话》,《人民日报》2021 年 11 月 8 日。

朱维群:《如何铸牢中华民族共同体意识》,《环球时报》2018 年 5 月 3 日。

五、外文著作

Allport G.W., *The Nature of Prejudice*, Reading, MA: Addison-Wesley, 1954.

Amartya Sen, *Development as Freedom*, New York: Anchor Books, 2000.

Ashmore R.D., Jussim L.J., Wilder D.(eds.), *Social Identity, Intergroup Conflict, and Conflict Reduction*, Oxford University Press, 2001.

Baker P.E., *Negro-White Adjustment*, New York: Association Press, 1934.

Bar-Tal D., Staub E.(eds.), *Patriotism in the Lives of Individuals and Nations*, Chicago, USA: Nelson-Hall, 1997.

Bramfield T., *Minority Problems in the Public Schools* , New York: Harper & Brothers, 1946.

Breakwell G.M., Lyons E.(eds.), *Changing European Identities: Social Psychological Analysis of Social Change*, Oxford: Butterworth-Heinemann, 1996.

Carles Boix and Susan C.Stokes(eds.), *Oxford Handbook of Comparative Politics*, Oxford: Oxford University Press, 2007.

Charles Tilly (ed.), *The Formation of National States in Western Europe*, New Jersey: Princeton University Press, 1975.

Deutsch M.& Collins M.E., *Interracial Housing: A Psychological Evaluation of a*

Social Experiment, Minneapolis, MN: University of Minnesota Press, 1951.

Eric J.Hobsbawm, *Nations and Nationalism Since 1870*, Cambridge: Cambridge University Press, 1991.

Eric J.Hobsbawm, *The Age of Extremes*, London: Michael Joseph, 1994.

European Commission, *Joint Report on Social Inclusion* 2004, Brussels, 2004.

Forbes H.D., *Ethnic Conflict: Commerce, Culture, and the Contact Hypothesis*, New Haven, CT: Yale University Press, 1997.

Gordon M., *Assimilation in American life*, New York: Oxford, 1964.

Gottdiener Mark and Ray Hutchison, *The New Urban Sociology*, New York: McGraw-Hill, 1994.

H. Esser and J. Friedrichs (eds.), *Generation und Identität*, Opladen: Westdeutscher Verlag, 1991.

Henry Pratt Fairchild (ed.), *Dictionary of Sociology*, New York: Philosophical Library, 1944.

Hewstone, M., Brown, R. (eds.), *Contact and Conflict in Intergroup Encounters*, Oxford, England: Blackwell, 1986.

J.Berman (ed.), *Cross-cultural Perspectives: Nebraska Symposium on Motivation*, Lincoln: University of Nebraska Press, 1990.

J.Goering (ed.), *Housing Desegregation and Federal Policy*, Chapel Hill, NC: University of North Carolina Press, 1986.

John F. Cuber, *Sociology: A Synopsis of Principles*, New York: Appleton-Century-Crofts, 3rd ed., 1955.

Karen Christensen & David Levinson (eds.), *Encyclopedia of Community: From the Village to the Virtual World*, Thousand Oaks, California: Sage Publications Ltd, 2003.

M.Brewer (ed.), *Groups in Contact: The Psychology of Desegregation*, Orlando, FL: Academic Press, 1984.

M.J.Saks & L.Saxe (ed.), *Advances in Applied Social Psychology*, New York: Erlbaum, 1986.

Malcolm Harrison, Lan Law & Deborah Phillips, *Migrants, Minorities and Housing:Exclusion,Discrimination and Anti-discrimination in* 15 *Members of the European Union*,Vienna:EUMC,2005.

Massey D.S.& Denton N.A.,*American Apartheid:Segregation and the Making of the Underclass*,Cambridge,MA:Harvard University Press,1993.

Michael Sandel,*Liberalism and the Limit of Justice*, Cambridge, UK: Cambridge University Press,1982.

Michael T.Klare,*Resource Wars*,New York:Metropolitan,2001.

R.M.Sorrentino & E.T.Higgins(ed.),*Handbook of Motivation and Cognition:The Interpersonal Context*,New York:Guilford,1996.

Ratcliffe P.,*Race,Ethnicity and Difference:Imagining the Inclusive Society*,Maidenhead:Open University Press,2004.

S. Oskamp (ed.), *Reducing Prejudice and Dscrimination*, Hillsdale, NJ: Erlbaum,2000.

Schlesinger A.M.,*The Disuniting of America:Reflections on a Multicultural Society,Revised edition*,New York:W.W.Norton,1998.

Sherif M., Harvey O.J., White B.J., Hood W.R., & Sherif C.W., *Intergroup Conflict and Cooperation: The Robbers Cave Experiment*, Norman, OK: University of Oklahoma Book Exchange,1961.

Smelser N.J. &Baltes P.B., *International Encyclopedia of the Social and Behavioral Sciences*,Oxford:Elsevier,Oxford Science Ltd,2001.

Smith A., *The Ethnic Revival in the Modern World*, Cambridge, England: Cambridge University Press,1981.

Smith F.T.,*An Experiment in Modifying Attitudes toward the Negro*,New York: Teachers College,Columbia University,1943.

Turner J.C., Hogg M.A., Oakes P.J., et al., *Rediscovering the Social Group: A Self-Categorization Theory*,Basil Blackwell,1987.

UNDP,*Human Development Report. Cultural Liberty in Today's Diverse World*, New York:United Nations Development Programme,2004.

Watson G., *Action for Unity*, New York: Harper, 1947.

Williams R.M.Jr., *The Reduction of Intergroup Tensions*, New York: Social Science Research Council, 1947.

Williams R.M., *Strangers Next Door: Ethnic Relations in American Communities*, Englewood Cliffs, NJ: Prentice-Hall, 1964.

Zelinsky W., *The Enigma of Ethnicity: Another American Dilemma*, Iowa City, IA: University of Iowa Press, 2001.

六、外文期刊

Amichai-Hamburger Y.& McKenna K.Y.A., "The Contact Hypothesis Reconsidered: Interacting via the Internet", *Journal of Computer-Mediated Communication*, Vol. 11, No.3(2006), pp.825-843.

Amitai Etzioni, "The Responsive Community: A Communitarian Perspective", *American Sociological Review*, Vol.61(1996).

Anita I.Drever, "Separate Spaces, Separate Outcomes? Neighborhood Impacts on Minorities in Germany", *Urban Studies*, Vol.41, No.8(2004), pp.1424-1426.

Banting Keith, and W.Kymlicka, "Is there Really a Backlash Against Multiculturalism Policies? New Evidence from the Multiculturalism Policy Index", *Comparative European Politics*, Vol.11, No.5(2013), pp.577-598.

Barry R.Posen, "The Security Dilemma and Ethnic Conflict", *Survival*, Vol.35, No.1(1993).

Berry J.W., Phinney J.S., Sam D.L., et al., "Immigrant Youth: Acculturation, Identity, and Adaptation", *Applied Psychology*, Vol.55, No.3(2006).

Blascovich J., Mendes W.B., Hunter S.B., Lickel B.& Kowai-BellN., "Perceiver Threat in Social Interactions with Stigmatized Others", *Journal of Personality and Social Psychology*, Vol.80, No.2(2001), pp.253-267.

Brint Steven, "Gemeinschaft Revisited: Rethinking the Community Concept", *Sociological Theory*, Vol.19, No.1(2001).

Brophy I.N., "The Luxury of Anti-Negro Prejudice", *Public Opinion Quarterly*,

Vol.9,No.4(1946),pp.456-466.

Chih Hoong Sin,"The Quest for a Balanced Ethnic Mix:Singapore's Ethnic Quota Policy Examined",*Urban Studies*,Vol.39,No.8(2002),pp.1348-1349.

Crisp R.J.& Turner R.N.,"Can Imagined Interactions Produce Positive Perceptions? Reducing Prejudice through Simulated Social Contact",*American Psychologist*, Vol.64,No.4(2009),pp.231-240.

Dan Rabinowitz, "Community Studies: Anthropological", *International Encyclopedia of the Social & Behavioral Sciences*, Vol.4,No.2(2015),p.369.

David Varady, "Muslim Residential Clustering and Political Radicalism", *Housing Studies*,Vol.23,No.1(2008),p.54.

De la Garza R.O., Falcon A., Garcia F.C., "Will the Real Americans Please Stand up:Anglo and Mexican-American Support of Core American Political Values", *American Journal of Political Science*,Vol.40,No.2(1996).

Deborah Phillips,"Minority Ethnic Segregation,Integration and Citizenship: A European Perspective", *Journal of Ethnic and Migration Studies*, Vol. 36, No. 2 (2010),pp.211-212.

Dowley K.M., Silver B.D., "Subnational and National Loyalty: Cross-national Comparisons",*International Journal of Public Opinion Research*,Vol.12,No.4(2000).

Elias N.,Blanton J.,"Dimensions of Ethnic Identity in Israeli Jewish Families Living in the United States",*Psychological Reports*,Vol.60,No.2(1987).

Elkins Z.,Sides J.,"Can Institutions Build Unity in Multiethnic States?",*American Political Science Review*,Vol.101,No.4(2007).

Fiona Kate Barlow,Stefania Paolin,et al.,"The Contact Caveat:Negative Contact Predicts Increased Prejudice More Than Positive Contact Predicts Reduced Prejudice",*Personality and Social Psychology Bulletin*,Vol.38,No.12(2012),pp. 1629-1643.

Fuller - Rowell T.E.,Ong A.D.,Phinney J.S.,"National Identity and Perceived Discrimination Predict Changes in Ethnic Identity Commitment:Evidence from a Longitudinal Study of Latino College Students",*Applied Psychology*,Vol.62,No.3(2013).

Gaertner S. L., Dovidio J. F., Anastasio P. A., et al., "The Common Ingroup Identity Model: Recategorization and the Reduction of Intergroup Bias", *European Review of Social Psychology*, Vol.4, No.1 (1993), pp.1-26.

Gaertner, S.L., Dovidio, J.F., & Bachman, B.A., "Revisiting the Contact Hypothesis: The Induction of a Common Ingroup Identity", *International Journal of Intercultural Relations*, Vol.20 (1996), pp.271-290.

Galster George, "Residential Segregation and Interracial Economic Disparities: Simultaneous Equations Approach", *Journal of Urban Economics*, Vol.21 (1987), pp. 22-44.

George A.Hillery Jr., "Definitions of Community: Areas of Agreement", *Rural Sociology*, Vol.20, No.2 (1955), pp.111-123.

Heere B., Walker M., Gibson H., et al., "Ethnic Identity over National Identity: An Alternative Approach to Measure the Effect of the World Cup on Social Cohesion", *Journal of Sport & Tourism*, Vol.20, No.1 (2016).

Hornsey M.J., Hogg M.A., "Assimilation and Diversity: An Integrative Model of Subgroup Relations", *Personality and Social Psychology Review*, Vol.4, No.2 (2000), pp.143-156.

Hornsey M.J., Hogg M.A., "Subgroup Relations: A Comparison of Mutual Intergroup Differentiation and Common Ingroup Identity Models of Prejudice Reduction", *Personality and Social Psychology Bulletin*, Vol.26, No.2 (2000).

Horowitz E.L., "The Development of Attitude toward the Negro", *Archives of Psychology*, Vol.194 (1936), p.47.

Huo Y.J., "Procedural Justice and Social Regulation across Group Boundaries: Does Subgroup Identity Undermine Relationship-based Governance?", *Personality and Social Psychology Bulletin*, Vol.29, No.3 (2003).

Huo Y.J., Molina L.E., "Subgroup Respect", *Group Processes & Intergroup Relations*, Vol.9, No.3 (2006), pp.359-376.

Huo Y.J., Molina L.E., Sawahata R., Deang J., "Leadership and the Management of Conflicts in Diverse Groups: Why Acknowledging versus Neglecting Subgroup

Identity Matters", *European Journal of Social Psychology*, Vol.35, No.2(2005).

Inman Arpana G., "South Asian Women: Identities and Conflicts", *Cultural Diversity and Ethnic Minority Psychology*, Vol.12, No.2(2006).

John F.Dovidio, Samuel L.Gaertner & Kerry Kawakami, "Intergroup Contact: the Past, Present, and the Future", *Group Processes & Intergroup Relations*, Vol.6, No.1 (2003).

Kirk McClure, "Deconcentrating Poverty Through Homebuyer Finance Programs", *Journal of Urban Affairs*, Vol.27, No.3(2005), pp.211-233.

Koopmans R., "Multiculturalism and Immigration: A Contested Field in Cross-national Comparison", *Annual Review of Sociology*, Vol.39 (2013), pp. 147-169.

LaFromboise T., Coleman H. L., Gerton J., "Psychological Impact of Biculturalism: Evidence and Theory", *Psychological Bulletin*, Vol.114, No.3(1993).

Ludi Simpson and Ceri Peach, "Measurement and Analysis of Segregation, Integration and Diversity: Editorial Introduction", *Journal of Ethnic and Migration Studies*, Vol.35, No.9(2009), p.1377.

Mazziotta A., Mummendey A. & Wright S. C., "Vicarious Intergroup Contact Effects Applying Social-cognitive Theory to Intergroup Contact Research", *Group Processes & Intergroup Relations*, Vol.14, No.2(2011), pp.255-274.

Mcmillan D.W., Chavis D.M., "Sense of Community: A Definition and Theory", *Journal of Community Psychology*, Vol.14, No.1(1986), pp.6-23.

Mueller C., "Integrating Turkish Communities: A German Dilemma", *Population Research and Policy Review*, Vol.25, No.5(2006).

Nick Buck, "Identifying Neighborhood Effects on Social Exclusion", *Urban Studies*, Vol.38, No.12(2001), p.2251.

Paul Collier and Anke Hoeffler, "On Economic Causes of Civil War", *Oxford Economic Papers*, Vol.50, No.4(1998).

Peach C., "Good Segregation, Bad Segregation", *Planning Perspectives*, Vol.11 (1996), p.379.

Pettigrew T.F.& Tropp L.R.,"How Does Intergroup Contact Reduce Prejudice? Meta-analytic Tests of Three Mediators",*European Journal of Social Psychology*,Vol.38,No.6(2008),pp.922-934.

Pettigrew T.F.,"Intergroup Contact Theory",*Annual Review of Psychology*,Vol.49(1998),pp.65-85.

Pettigrew T.F.& Tropp L.R.,"A Meta-analytic Test of Intergroup Contact Theory",*Journal of Personality and Social Psychology*,Vol.90,No.5(2006).

Pettigrew, T. F., "Generalized Intergroup Contact Effects on Prejudice", *Personality and Social Psychology Bulletin*,Vol.23,No.2(1997),pp.173-185.

Phinney J.S.,Devich-Navarro M.,"Variations in Bicultural Identification among African American and Mexican American Adolescents",*Journal of Research on Adolescence*,Vol.7,No.1(1997).

Phinney J.S.,Horenczyk G.,Liebkind K.,et al.,"Ethnic Identity,Immigration, and Well - being:An Interactional Perspective",*Journal of Social Issues*,Vol.57,No.3(2001).

R.Park,"Human Ecology",*American Journal of Sociology*,Vol.42,No.1(1936), pp.1-15.

Rashid H.M.,"Promoting Biculturalism in Young African-American Children", *Young Children*,Vol.39,No.2(1984).

Robert Jervis,"Cooperation Under the Security Dilemma",*World Politics*,Vol.30,No.2(1978),pp.167-214.

Sako Musterd & Marielle De Winter,"Conditions for Spatial Segregation:Some European Perspective",*International Journal of Urban and Regional Research*,Vol.22(2002),pp.670-671.

Sako Musterd & Wim Ostendorf,"Residential Segregation and Integration in the Netherlands",*Journal of Ethnic and Migration Studies*,Vol.35,No.9(2009),p.1529.

Sarkissian W., "The Idea of Social Mix in Town Planning: an Historical Review",*Urban Studies*,Vol.13(1976),p.244.

Schiappa E.,Gregg P.& Hewes D.,"The Parasocial Contact Hypothesis",*Com-*

munication Monographs, Vol.72, No.1(2005), pp.92–115.

Schwarzweller H.K., "Parental Family Ties and Social Integration of Rural to Urban Migrants", *Journal of Marriage and the Family*, Vol.26, No.4(1964).

Shiping Tang, "The Onset of Ethnic War: A General Theory", *Sociological Theory*, Vol.33, No.3(2015), pp.256–279.

Sidanius J., Feshbach S., Levin S., et al., "The Interface between Ethnic and National Attachment: Ethnic Pluralism or Ethnic Dominance?", *The Public Opinion Quarterly*, Vol.61, No.1(1997).

Sims V.M.& Patrick J.R., "Attitude toward the Negro of Northern and Southern College Students", *Journal of Personality and Social Psychology*, Vol.7, No.2(1936), pp.192–204.

Singer H.A., "The Veteran and Race Relations", *Journal of Educational Sociology*, Vol.21, No.7(1948), pp.397–408.

Sonia Arbaci, "(Re) Viewing Ethnic Residential Segregation in Southern European Cities: Housing and Urban Regimes as Mechanisms of Marginalization", *Housing Studies*, Vol.23, No.4(2008), pp.609–610.

Stephan W.G.& Stephan C.W., "Intergroup Anxiety", *Journal of Social Issues*, Vol.41, No.3(1985), pp.157–175.

Stonequist E.V., "The Problem of the Marginal Man", *American Journal of Sociology*, Vol.41, No.1(1935).

Tajfel H., "Social Psychology of Intergroup Relations", *Annual Review of Psychology*, Vol.33, No.1(1982).

Tajfel, H., & Turner, J., "An Integrative Theory of Intergroup Conflict", *Social Psychology of Intergroup Relations*, Vol.33(1979), pp.94–109.

Tausch N., Hewstone M., Schmid K., Hughes J.& Cairns E., "Extended Contact Effects as a Function of Closeness of Relationship with Ingroup Contacts", *Group Processes & Intergroup Relations*, Vol.14, No.2(2011), pp.239–254.

V.P, Gagnon, Jr., "Ethnic Nationalism and International Conflict: The Case of Serbia", *International Security*, Vol.19, No.2(1994), pp.132.

William H. Sewell, Jr., "A theory of structure: Duality, agency, and transformation", *American Journal of Sociology*, Vol.98, No.1(1992).

Works E., "The Prejudice-interaction Hypothesis from the Point of View of the Negro Minority Group", *American Journal of Sociology*, Vol.67, No.1(1961).

Wright S. C., Aron A., McLaughlin - Volpe T. & Ropp S. A., "The Extended Contact Effect: Knowledge of Cross-group Friendships and Prejudice", *Journal of Personality and Social Psychology*, Vol.73, No.1(1997), pp.73-90.

Young I.M., "Polity and Group Difference: A Critique of the Ideal of Universal Citizenship", *Ethics*, Vol.99, No.2(1989).

Zeligs R.& Hendrickson G., "Racial Attitudes of 200 Sixth Grade Children", *Sociology & Social Research*, Vol.18(1933), pp.26-36.

责任编辑：吴明静
封面设计：汪　阳

图书在版编目(CIP)数据

铸牢中华民族共同体意识 ：基础议题与话语构建 / 郝亚明著. -- 北京 ：人民出版社，2025. 3. -- ISBN 978 -7-01-026863-7

Ⅰ. C955. 2

中国国家版本馆 CIP 数据核字第 2024X3X391 号

铸牢中华民族共同体意识:基础议题与话语构建
ZHULAO ZHONGHUA MINZU GONGTONGTI YISHI JICHU YITI YU HUAYU GOUJIAN

郝亚明　著

人民出版社 出版发行
（100706　北京市东城区隆福寺街 99 号）

北京汇林印务有限公司印刷　新华书店经销

2025 年 3 月第 1 版　2025 年 3 月北京第 1 次印刷
开本:710 毫米×1000 毫米 1/16　印张:22
字数:280 千字

ISBN 978-7-01-026863-7　定价:79.00 元

邮购地址 100706　北京市东城区隆福寺街 99 号
人民东方图书销售中心　电话 (010)65250042　65289539